부동산 투자 황금 로드맵

부의 초격차를 만드는 레버리지 투자 시스템

부동산 투자
황금 로드맵

부동산 김사부(김원철) 지음

다산
북스

추천의 말

저는 김사부 님의 가르침을 받은 지 5년 차 되는 회원입니다. 5년 이라는 시간이 짧은 시간 같지만, 거침없는 상승장도 맛보고 무시무시한 하락장도 겪어봤습니다. 상승장과 하락장을 한 번씩 겪으며 살아남았으니 이제 초보 딱지는 뗴도 될 것 같은데, 모임을 통해 내공 있는 회원들과 만나면 자산과 경험의 초라함에 역시 아직은 초보라고 느껴지곤 합니다.

그런데 제 지인들은 초보인 저를 꽤 부러워합니다. 이따금 들어오는 자금으로 다니는 해외여행 때문일까요, 순탄히 늘어나는 순자산이 부러워서일까요. 한번은 제가 실패하지 않았던 이유를 곰곰이 생각해본 적이 있습니다. 약간의 운과 노력 그리고 올바른 가르침 덕분이었다는 것을 오랜 고민 끝에 깨달았습니다. 이 중 하나라도 없었다면 저는 실패했을 겁니다. 노력은 의지이고 운은 내 마음대로 되는 것이 아니지만, 올바른 가르침은 스스로 선택할 수 있습니다.

저는 상승장 때 문어발식 확장을 하지도 않았고, 수십억 원의 자산가가 되지도 못했습니다. 대신 무리하지 않은 만큼 하락장에서 웃으면서 살아남았습니다. 안정적으로 실거주를 하면서도 포트폴리오를 조정한 채로 다음 사이클을 맞이하고 있습니다. 그 덕에 보통 사람인 제가 월급으론 평생 모아도 불가능할 순자산을 이미 마련했습니다. 자산이 안정되니 마음이 안정되고 어느새 삶이 여유로워지는 것 같습니다. 비록 큰 부자는 아니지만 느리더라도 확실하게 벌고 있으니 조바심낼 필요가 없습니다.

살아 있는 생물같이 변화하는 부동산 시장 속에서, 정치적 상황에 따라 수시로 방향을 트는 불확실 속에서, 이번 책 역시 저에게 수많은 지혜와 질문을 안겨줄 것입니다. 그리고 그 질문 속에서 스스로 반문하며 그만큼 성장할 것이라 믿어 의심치 않습니다. 저와 같은 평범한 사람들이 이 책을 통해 작은 부자가 되고 삶의 안정을 얻기를 간절히 기도합니다.

백동오

직장생활을 하며 열심히 월급 모으는 것밖에 몰랐던 제가 2017년 김사부 님을 만나고 맘우투 회원이 된 지 벌써 8년이 넘었네요. 투자에 대해 막연히 의심하고 안정을 추구하는 성향인지라 매우 소심했던 저인데, 김사부 님의 구체적이고 꽉 짜인 논리와 근거로 무장한 투자법은 저절로 실행력을 불러일으켰습니다. 급하지 않게 차곡차곡 안정적인 투자를 해나가다 보니 어느덧 남부럽지 않은 부동산 자산이 만들어져 있는 뿌듯한 경험을 하고 있습니다.

근로소득 외의 경제적인 안정감이 생기니 원하는 방향의 삶을 위해 변화를 시도할 용기도 생겼습니다. 그토록 곤욕스러워했던 오랜 직장생활의 끈을 놓고, 현재는 안정적인 1인 사업을 운영하며 좀 더 자유롭고 유연한 삶을 살 수 있게 되었어요. 이렇게 제 삶의 큰 변화를 만들어낼 수 있었던 것은 부동산 투자를 통한 자산 증식과 함께 근거리에서 다방면의 멘토로서 아낌없는 조언을 주시는 김사부 님의 든든한 백업이 있었기에 가능했던 것 같아요!

부동산 투자의 혜안뿐 아니라 너무도 인간미 넘치는 김사부 님과의 즐거운 관계 덕분에 투자에 대한 관심과 실행 또한 꾸순히 이어나가고 있습니다. 마음 편하고 안전하게 그리고 꾸준하게 증식하는 부동산 투자를 추구하신다면 김사부 님에게 배우는 것이 과연 정석입니다.

박민정

부동산이라는 낯설고 어려운 세계에서 헤매고 있던 저희 부부는 어디서부터 어떻게 시작해야 할지 막막했습니다. 그러다 우연히 접한 책을 통해 김사부 님을 만났고, 사부님의 진심 어린 가르침과 맘우투라는 따뜻한 공동체 안에서 저희는 조금씩 용기와 희망을 얻고 걸음마를 떼기 시작했습니다.

그렇게 몇 년의 시간 동안 김사부 님의 가르침 아래에서 평균을 뛰어넘는 자산 증식뿐만 아니라 그 이상의 것을 배웠고 그 과정에서 참 멋지고 좋은 사람들과 연결되며 삶의 깊이가 달라졌습니다.

이 책에는 김사부 님이 걸어오신 길, 그리고 그 길에서 전하고자 하는 소중한 메시지들이 담겨 있습니다. 이 책이 단순한 부동산 지침서를 넘어 누군가에게 '내 인생도 이렇게 새로운 시작이 가능하구나'라는 용기를 주는 전환점이 되기를 진심으로 바랍니다. 저희처럼 김사부 님의 책을 통해 더 나은 삶의 방향을 찾게 되는 분들이 많아지기를 바라며 진심을 담아 추천합니다.

종준, 나래 부부

그동안 부동산 공부를 몇 년 동안 하면서 여기저기에서 강의도 들어보고 부동산 모임도 다녀 보았지만 이상하게 공부를 하면 할수록 더 어려워지고, 효율적이지 않은 방법으로 인해 시간과 에너지를 낭비하고 있다는 생각이 들었습니다.

그때 김사부 님의 책과 유튜브를 접하게 되었고, 김사부 님이 추구하는 마음 편한 투자 철학에 반해 회원이 되었습니다. 그 후로 예전에 잘못 투자했던 물건도 김사부 님 덕분에 큰 손해 없이 과감히 매도할 수 있었습니다. 시간이 지난 지금 시장 상황을 보아도 옳은 결정을 했다고 생각합니다.

가장 많이 달라진 것은 제 마음가짐입니다. 어떻게 해야 부동산 투자를 통해 돈을 더 많이 벌까 항상 동동거리던 저였는데, 김사부 님을 만난 뒤 돈은 시장이 벌어준다는 것을 알게 되었습니다. 투자로 돈을 벌면 어떤 인생을 살지 구체적으로 생각해 볼 만큼의 여유가 생겼고, 투자는 미래에 상상하는 내 모습으로 살기 위해 오늘을 더 열심히 살게 만드는 동력이 되었습니다. 불안한 마음에 여러 부동산 강의를 들으며 막상 실천은 하지 못하고 고민했던 분이라면 투자 멘토 김사부 님의 인사이트를 꼭 만나보시길 추천합니다.

정희영

저는 자칭 김사부 님의 1호 제자입니다. 2004년에 김사부 님의 주옥같은 부동산 칼럼을 접한 뒤 오늘까지 정규강의에 한 번도 빠지지 않고 20년 넘게 듣고 있으니까요. 무려 20년간의 세월 동안 직장을 바꾸기도 하고, 작은 자영업을 해보기도 하고, 생활고를 겪은 적도 있었습니다. 힘들고 고단한 시기도 많았지만 그때마다 김사부 님에게 현명한 조언을 들어가며 좋은 판단을 할 수 있었습니다.

김사부 님의 20년 제자로서 저는 이 순간 마음이 너무 편안합니다. 한순간의 실수가 돌이킬 수 없는 상처가 되기도 하기에 투자는 인생에서 정말 중요한 일입니다. 김사부 님에게 배우면 조금 느리더라도 절대 실패하지 않을 것입니다. 저 혼자라면 평생 생각하지도 못했을 자산이 어느새 차곡차곡 쌓여 있는 것을 발견했습니다. 또 이것이 끝이 아니고 앞으로도 지속할 수 있다는 자신감도 함께 생겼습니다.

정지은

11년 전 외벌이하는 가난한 공무원에 전세난으로 지쳐 있던 저는 우연히 김사부 님의 책을 읽게 되었는데, 그 작은 선택이 인생의 방향을 송두리째 바꾸는 결정적인 전환점이 되리라곤 상상조차 하지 못했습니다. 책을 다 읽자마자 '바로 이분이다!'라고 본능적으로 느꼈고 바로 회원이 되어 지금까지 많은 가르침을 받고 있습니다.

김사부 님은 수많은 실전 경험과 검증된 노하우를 바탕으로, 투자의 수익을 넘어 '왜'라는 본질적 질문에까지 해답을 제시해 주는 진정한 멘토이자 길잡이입니다. 단순한 정보가 아닌 통찰이며, 투자를 넘어 인생 전반에 대한 철학과 올바른 길을 제시해 주시고 있습니다.

이 책은 그 모든 정수가 응축된 결정체입니다. 단순히 투자서로만 보기엔 아까운, 삶을 다시 설계하게 하는 나침반이 되어줄 것입니다. 이 책을 보는 분들 역시 저처럼 인생에 깊은 울림과 전환의 순간을 경험하길 진심으로 기원합니다.

이호석

제 인생은 김사부 님을 만나기 전과 후로 나뉩니다. 처음엔 부동산 공부를 하기 위해 만났지만 김사부 님께 인생에 대해 많은 것을 배우고 깨달아 실천하며 살고 있습니다. "회원들 모두 마음 편하게 부동산 투자하고 우수한 성과를 올리게 하겠다"라는 김사부 님의 말처럼 언제나 한 사람 한 사람의 미래를 고민하고 진심으로 아껴주셨기에 오늘의 제가 존재한다고 생각합니다.

이진규

시장의 변화에 기회가 있다

매년 2500만 원씩 12년간 모으면 어떻게 될까? 당연히 3억 원이 된다? 에이, 최소한 이 책을 읽는 사람들은 그렇게 단순하게 계산하지 않을 것이다. 재테크 공부를 조금이라도 했을 테니 머리가 좀 더 복잡하게 돌아갈 것이다. 처음에 모은 2500만 원은 11년간 복리로 이자가 붙을 것이고, 그다음 해에 모은 2500만 원은 10년간 복리로 늘어나고, 그다음은…

이렇게 계산을 하면, 12년 후에는 얼마의 자금을 만들 수 있을까? 연 복리 7% 정도로 굴린다고 가정한다면(그 정도 금융상품을 찾아내기란 거의 불가능하지만) 12년 후의 자금은 4억 2000만 원 정도다. 만약 투자를 매우 잘해서 연 12% 정도의 수익을 12년간 꾸준히 복리로 이익을 냈다면, 12년 후의 자금은 5억 7800만 원 정도가 된다.

어떤가? 만족할 만한가? 물론 우리가 12년 동안만 돈을 모을 수 있는 것은 아니다. 직위가 올라 연봉이 늘어나고 사업 능력이 향상되면 수입도 더 많아질 것이다. 그렇게 되면 자금도 더 많이, 더 오랫동안 모을 수 있다. 하지만 현실은 그렇게 만만하지 않다. 30살부터 자산을 축적한다고 가정해 보면, 42살까지 매년 2500만 원 정도의 자금을 모으기란 굉장히 어려운 일이다. 나이가 들수록 돈 쓸 곳이 여기저기 생기기 때문이다. 아이들이 커가면서 들어가는 비용도 점점 커지고, 양가 부모님에게 드리는 용돈이나 의료비용 등 돈 들어갈 데가 많아진다. 위아래로 돈이 계속 나가는 상황이기 때문에 저축액을 늘리기는 쉽지 않다.

이런 현실적인 생각을 하면 갑자기 숨이 턱 막히면서 답답한 마음이 든다. 그런데 나는 감히 이렇게 말하겠다. "매년 2500만 원씩 12년간 모을 수 있고, 좋은 부동산을 볼 줄 알고, 부동산의 사이클을 이용할 줄 안다면 12년 뒤의 자금은 20억 원이 되어 있을 것"이라고! 일반적인 수익률보다 무려 10배 이상의 상승을 만들어낼 수 있다! 과연 이런 일이 가능할까? 이 책에서는 그 거짓말 같은 일이 가능하다는 사실을 보여줄 것이다. 이 말이 현실적인 일인지, 아니면 서점가에 흔하게 널려 있는 자기계발서의 말처럼 "간절히 바라면 우주의 기운이 도와줘서 모든 것을 이룰 수 있게 된다"라는 식의 뜬구름 잡는 이야기인지 꼼꼼히 살펴보면서 따라오길 바란다.

이 모든 메커니즘과 결론들은 김사부가 부동산 투자의 현장에서

25년 이상 몸담고 있으면서 실제로 경험하고 가르치고 직접 확인해 본 내용들이다. 상상으로, 또는 어느 책에서 읽은 내용들로, 또는 어디서 들은 이야기들로 만든 내용이 아니다.

내가 처음 『부동산 투자의 정석』을 세상에 내놓았을 때는 2007년이었다. 이때의 반응은 대부분 이랬다. "이게 말이 돼?" "이렇게 쉽게 돈을 버는 거면 누구나 하겠다" "책 팔려고 애쓴다~"

그러나 이런 대중의 생각과 달리, 어떤 사람들은 책의 내용을 유심히 살펴보고 이 내용이 '되는 내용'이라는 것을 알아차리고 과감하게 실천했다. 결과는 어떻게 되었는가? 매우 큰 부를 이루며 놀라운 결과를 만들어냈다. 그 후 2016년과 2022년에 두 번 개정판을 냈을 때도 거의 대부분의 사람이 '이 기법이 아직도 되나?' 하는 의심을 품었지만, 이 방법을 직접 실천한 이들은 여지없이 큰 부를 쌓을 수 있었다.

이렇게 부동산으로 돈을 벌 수 있는 가장 쉽고도 확실한 방법을 알린 지 어느덧 20년이 다 되어간다. 여전히 『부동산 투자의 정석』에서 이야기한 기법은 시장에서 통하는 이야기일까? 솔직히 말하면 꼭 그렇지만은 않다. 20년 동안 부동산 시장이 많이 바뀌었는데, 특히 그사이에 부동산 투자 시장에는 거의 혁명적인 변화가 일어났기 때문이다. 변화는 크게 세 가지다.

첫째, 주택을 개수 상관없이 지속적으로 매입할 수 없게 되었다. 취득세가 중과되어 있고, 중과된 세율이 워낙 커서 함부로 주택 수를 늘릴 수 없어졌다. 취득세가 완화될 거라는 이야기는 여전히 나오고 있으나, 설령 취득세가 완화된다고 해도 과거처럼 몇 채를 사든 1.1%의 단일 세율로 돌아가기는 힘든 상황이 되었다고 봐야 한다. 취득세뿐만이 아니다. 보유세도 상당히 올랐다. 그러다 보니 주택의 수를 계속 늘리기 굉장히 어려운 상황, 아니 오히려 독이 되는 상황이 왔다. 그래서 그 반대인 '똘똘한 한 채' 열풍이 분 지 이미 오래된 상황이다.

둘째, 정보의 공유화다. 지난 20년 동안 우리는 인터넷 혁명을 겪었다. 인터넷 혁명은 당연히 부동산 시장에도 강력한 영향을 미쳤다. 이제는 부동산 정보를 알기 위해 옛날처럼 발품과 시간을 많이 들일 필요가 없어졌다. 그저 클릭 한 번으로 어마어마한 내용들을 다 접할 수 있는 세상이 되었다. 그리고 누구나 공부하겠다고 마음만 먹으면 얼마든지 부동산에 대한 웬만한 정보와 지식은 다 알 수 있는 세상이 되었다. 사람들이 매우 똑똑해졌다.

자, 우선 이 두 가지 상황만 먼저 살펴보자. 부동산으로 돈을 벌 수 있는 환경은 더 혹독해졌다. '옛날이 좋았지' 하는 푸념이 나올 만한 상황이다. 옛날처럼 주택을 아무리 사도 취득세 부담도 없고, 보유세 부담도 거의 없던 시절, 그리고 전세가가 80~88%에 육박해 전세금에 돈을 조금만 보태면 아파트를 매수할 수 있는데도 매수하지 않던 시절, 그야말로 부동산 투자에 대해서 아무것도 모르는 사람들이 더 많던 시절, 돈을 벌기에 너무나 쉬웠던 시절은 갔다.

이렇게 결정적으로 두 가지 환경이 바뀌었기 때문에 많은 돈을 벌어서 꼬박꼬박 오르는 똘똘한 한 채를 사는 수준이 아니라면 일반인들이 부동산으로 돈을 버는 일은 거의 불가능한 것처럼 보인다.

그런데 이런 일이 벌어지면서 부동산 투자 시장에는 아주 커다란

세 번째 변화가 일어났는데, 이 변화는 대부분의 사람이 눈치채지 못하고 있다. 그렇지만 변화는 이미 확실하게 일어났고, 앞으로 오랜 세월이 지나면 대중도 '아, 그때 그런 변화가 시작되었구나' 하며 느끼게 될 것이다.

세 번째 변화는 바로 부동산 사이클이 더욱 명확해졌다는 점이다. 대중이 가진 지식이 변했기 때문에 그렇다. 앞서 잠깐 언급했듯 부동산에 대해 무지한 사람들이 많으면 '뻔히 돈이 되는 좋은 물건'을 싼값에 살 수 있는 일들이 버젓이 벌어진다. 매도자에게 사기를 치거나, 살살 꼬드겨서 매수하지도 않는다. '뻔히 돈이 되는 좋은 물건'을 가지고 있는 사람들이 오히려 애원한다. 제발 이 물건을 사달라고. 과거에는 그런 물건들을 그저 줍듯이 챙겨놓고만 있어도 돈을 벌었다.

지금의 문제는 '뻔히 돈이 되는 좋은 물건'이 도대체 얼마나 더 떨어질지 알 수 없다는 점이다. 바보들이 던지는 좋은 물건을 받으면 좋지만, 더한 바보가 나타날지 알 수 없다. 게다가 이런 일이 언제 끝날지도 모르는 일이다. 언젠가는 그 가치를 알아주는 때가 와야 할 텐데, 계속 바보들만 존재한다면 그때가 언제 올지 도대체 알 수 없다. 그래서 사실 엄밀히 따지자면 과거에는 '좋은 물건'을 고르는 능력보다는 '이제는 더한 바보가 나타날 수 없어'라고 생각하는 시점을 맞춰야 돈을 벌 수 있었다.

그런데 이제는 시장에서 그런 바보들이 모두 사라져 버렸다. 모두 똑똑해져 버렸다. 그럼 앞으로 모든 부동산이 다 비싸지기만 할까? 그렇지 않다. 세상의 어떤 물건도 절대적인 가격으로 유지되지 않는다.

수요와 공급에 따라 변동된다. 석유, 구리, 철 등 원자잿값도 비싸졌다 싸졌다 하며 가격이 오르내리고, 최첨단 제품이라 해도 계속 가격이 오르지 않고 기술혁신이 일어나거나 경쟁이 치열해지면 오히려 가격이 내려간다. 하물며 부동산은 어떤가? 부동산은 그 자체로 실용적인 재화이지만, 태곳적부터 이어져 온 전통적인 투자 자산이기도 하다. 이런 고유의 속성 때문에 언제나 일정한 가격을 유지하지 않고 비싸졌다 싸지기를 반복하는 사이클이 생긴다. 그런데 바로 이 사이클이 이제는 예측할 수 있는 수준, 더욱 명확해진 수준이 되었다. 왜일까? 사람들이 똑똑해졌고 더 이상 시장에 바보가 존재하지 않기 때문이다.

우리의 희망이 바로 이 세 번째 변화에 있다. 그리고 이 세 번째 변화는 아직 대중이 눈치채지 못했기 때문에 이때를 적극적으로 활용해야 한다. 마치 과거에 '전세 레버리지 기법'으로 돈을 버는 쉬운 방법이 있었음에도 대부분의 사람들은 활용할 생각조차 못 했듯이 말이다.

『부동산 투자의 정석』을 발간한 지 거의 20년 가까이 된 이 시점에 부동산 시장에서 일어난 가장 큰 변화를 활용해 부동산으로 재산을 극적으로 키울 수 있는 새로운 비법을 공개한다. 역사를 보면 알 수 있지만, 언제나 큰돈은 세상의 큰 변화와 함께 만들어진다. 산업혁명이 일어나 공장이 생겨나는 과정에서 자본가가 나타났고, 증권시장이 형성되면서 정보력이 좋은 유대인들이 대부호가 되었으며, 자동차가 발명되어 교통혁명이 일어나면서 재벌 기업 포드가 탄생했고, 석유가 개발되면서 에너지 혁명이 일어나 막대한 부를 이룬 자본가 록펠러가 탄생했고, 20세기에는 인터넷 혁명으로 마이크로소프트, 구글, 애플,

아마존이 탄생했다.

부동산 투자를 하면서 무슨 이런 인류의 대혁명과 비교를 하느냐고? 역사에서 부동산 투자가 어떤 영향을 미치는가는 별로 중요하지 않다. 그보다 부동산 투자가 내 개인의 인생에 어떤 영향을 미치는지가 훨씬 더 중요하다. 그 영향이 본인에게 있어 인류 대혁명과 같은 영향과 맞먹는다면 그건 대혁명이라 말할 수 있다. 그리고 여러분들은 바로 그 기로에 서 있다.

이 책에서는 크게 변화한 부동산 환경을 적극 활용해서 부를 일구는 '부동산 사이클링 기법'을 소개할 것이다. 이름에서부터 눈치챌 수 있겠지만, 명확해진 부동산 사이클을 적극적으로 활용함으로써 재산을 키우는 방법이다. '부동산 사이클링 기법'을 활용하면 적은 재산만으로도 극적인 성장을 만들어낼 수 있다.

그런데 이게 끝이 아니다. '부동산 사이클링 기법'을 통해서 재산을 키운 다음에는 여유를 만끽하면서 인생을 풍성하게 즐길 수 있는 길까지 나아가야 한다. 그러기 위한 다음 단계는 '수익형 전세 레버리지 기법'이다. '수익형 전세 레버리지 기법'을 활용하면 그저 돈 많은 늙은이가 되어가는 삶이 아니라, 돈을 충분히 쓰며 인생을 즐기면서 살 수 있게 된다. '수익형 전세 레버리지 기법' 역시 매우 놀라울 것이라고 자부한다. 여태껏 그 누구도 생각하지 못했던 방법이고, 가장 탁월하게 현금을 만들어내면서도 재산을 계속 키워갈 수 있는 기법이다.

나는 지금 이 글을 쓰면서도 이 책을 읽고 충격받을 독자들의 얼굴이 떠오르고, 의심을 품은 얼굴이 떠오른다. 그러나 단언컨대 이 내용들은 반드시 실현 가능하다. 이미 테스트를 다 거쳤고, 이 기법을 활용해서 성공한 사례들을 무수히 많이 만들어왔기 때문에 그렇다.

끝으로 30년 넘게 함께 지냈는데도 여전히 재밌고, 매일 만나도 반가운 좋은 친구 같은 아내에게 감사하다. 첫 번째 책을 낼 때 호기심 가득한 눈으로 아빠에게 사인받으러 오는 사람들을 껌뻑껌뻑 쳐다보았던 우리 아이들이 이제는 다 큰 어른이 되었어도 여전히 존경의 눈으로 아빠를 바라봐 줘서 감사하다. 그리고 비록 나는 부자로 자라진 않았지만, 사랑도 물질도 부족함 없이 커나갈 수 있도록 지원해 주신 아버지 어머니께 감사한다. 지금까지 건강히 살아계셔서 아들의 7번째 책의 출간을 봐주셔서 너무 기쁘다.

또 나를 여기까지 오게 해준 맘우투 회원들께 한없는 감사를 드린다. 특히 내가 저녁 먹자고 부르는 날만 기다리고 있는, 언뜻 '왜 그러는지' 이해가 안 가는 김사부 골수팬들에게도 감사하며, 어려운 상황에서도 좋은 책을 내겠다고 결심을 해주신 다산북스 관계자분들에게도 감사드린다.

2025년 6월
부동산 김사부

차례

황금 숫자,
4년에 100%

1장

2장

첫 번째 황금 로드맵, 부동산 사이클링 기법

3장

두 번째 황금 로드맵, 수익형 전세 레버리지 기법

4장

성공률 90%! 돈 되는 부동산 고르기

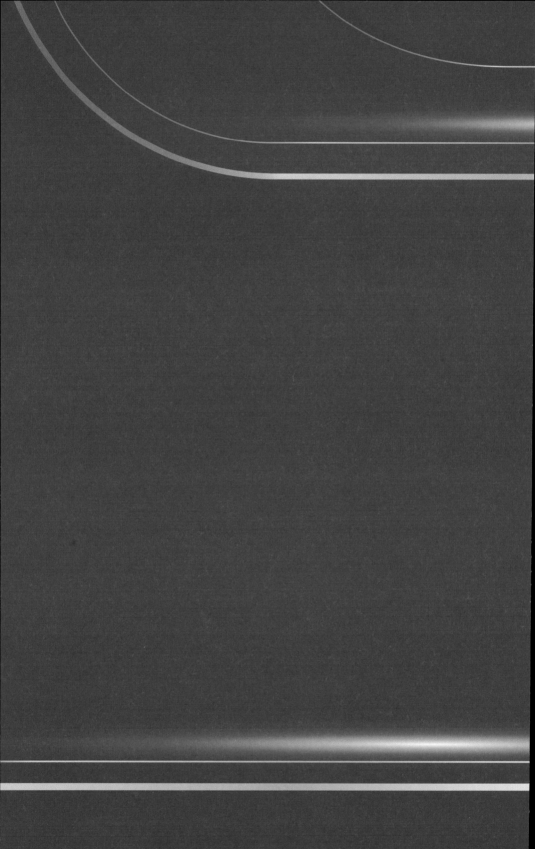

황금 숫자,
4년에 100%

부동산 시장을 이해하면
4년에 100% 수익률이 가능하다

얼마가 있어야 부자인가?

"얼마가 있어야 부자일까?"라는 질문에 대한 답은 각자 다를 것이다. 돈에는 절대치가 없다. 게다가 돈은 없어서 그렇지 많으면 많을수록 얼마든지 쓸 곳이 생긴다. '얼마면 충분하지'라는 개념은 사람마다 다르기 때문에 '경제적 자유'를 향하다 보면 우리의 마음은 한도 끝도 없이 자유로워지고 싶어 하고 결국 그 욕심을 채우지 못해서 오히려 불만족스러워지기도 한다. 돈이 어느 정도 있다고 해도 우리의 모든 욕심을 채울 수는 없다. 그래서 나는 자유보다는 '경제적 여유'라는 개념의 '리치 라이프'를 목표로 한다.

우리가 추구해야 할 최고의 목표는 경제적으로 여유로운 상태다. 돈 때문에 크게 구애받지 않는 삶이면 되지, 돈 때문에 어떤 불편함도 느끼지 않는 삶 같은 목표가 절대 아니다. 최고가 아파트 중의 하나인 나인원한남에 살아도 불편함을 느끼는 사람은 있고, 잠실 롯데 시그니엘 레지던스에 살아도 마찬가지다. 그러니 자유롭게 살려고 하기보다는 여유롭게 살겠다는 정도로 방향을 정해 망나니처럼 날뛰는 우리의 욕망을 다스리는 것이 좋다. 그것이 진정한 리치 라이프의 삶이다.

　오랜 기간 직접 투자하고 많은 이들의 삶을 지켜보며 경제적으로 여유로운 삶은 평범한 사람도 이룰 수 있고, 또 가장 안정적인 상태라는 걸 알게 되었다. '리치 라이프'의 시작은 20억 원 정도면 우선 일차적인 목표에 근접한 수준이 되었다고 본다. 그리고 그 금액은 12년 정도면 충분히 만들어낼 수 있었다. 20억 원이라는 금액을 듣자마자 벌써 '나에게는 너무 먼 이야기'라고 느끼는 사람이 있는가 하면, '그 정도 가지고는 골프를 치면서 살기도 힘든데'라고 생각하는 사람도 있을 것이다.

　사실 20억 원이 있어도 계속해서 여유로운 생활을 할 수는 없다. 아니, 본질적으로 이것은 숫자의 문제가 아니다. 어떤 숫자를 대입해도 마찬가지다. 내가 얼마를 보유하고 있느냐의 문제가 아니라 '계속 수익을 창출할 수 있는 시스템이 있느냐 없느냐'의 문제다. 즉, 계속 수익을 창출할 수 있는 시스템까지 마련되어야 리치 라이프의 완성이라고 할 수 있다. 그 시스템을 만들기 위한 첫 번째 단계로 20억 원 정도의 자금을 우선 마련하고 시작해야 한다. 그래야 그다음 시스템을 만들 수 있다.

빨리 달성하는 사람도 있고, 조금 늦게 달성하는 사람도 있을 수 있다. 그리고 이 금액보다 적어도 충분한 사람이 있고, 이 금액보다 훨씬 많은 금액을 원하는 사람도 있을 수 있다. 그러나 내가 오랫동안 부동산 투자 자문을 해보니 아주 소액을 가지고 있는 사회초년생들도 차근차근 부동산 투자를 하면 대부분 이 목표를 충분히 달성한 수준이 되었다. 이런 경험에 바탕을 둔 숫자로, '12년에 20억 원'이라는 기준을 첫 번째 단계로 정했다. 그래서 1장에서는 먼저 12년 만에 20억 원이라는 기준이 왜 필요한지, 어떻게 만들 수 있는지 알아보도록 하겠다.

우선 12년 만에 20억 원을 만들기 위해서는 단계적으로 순서를 밟아야 한다. 기본기부터 탄탄히 다져야 성공적인 결과를 만들어낼 수 있다. 첫 번째 기본기는 바로 4년에 100%의 수익을 목표로 해야 한다는 것이다.

기본 1

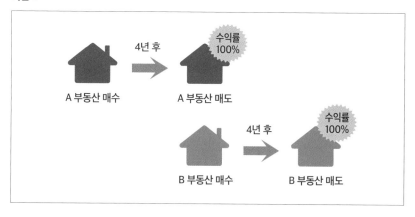

A 부동산을 매수하고 4년이 지난 후 A 부동산을 매도한다. 이때 A 부동산의 수익률은 100%다. 그리고 B 부동산을 매수한다. B 부동산 역시 4년이 지난 후 매도하는데, 수익률 100%를 달성한 상태다.

혹은 이런 방법도 있다. A 부동산을 매수하고, 2년 후 B 부동산을 매수한다. 그리고 다시 2년이 지나면 A 부동산을 수익률 100%에 매도한다. 한 부동산을 4년간 보유한다는 방식은 같지만, 2년이 지난 시점에 다른 부동산을 매수한다. 이러한 텀을 두고 부동산을 매수·매도하는 이유는 부동산 시장의 사이클에 맞춘 타이밍과 양도세 비과세

기본 2

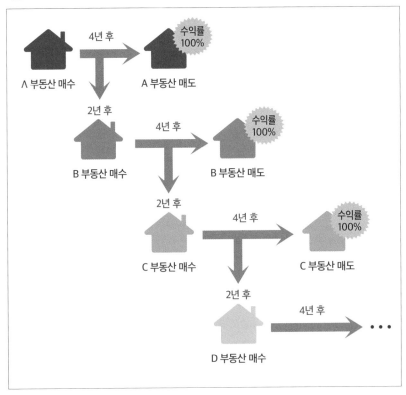

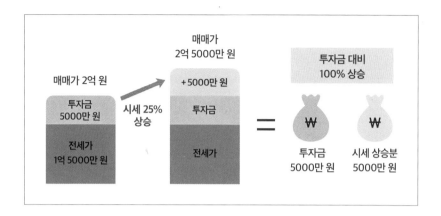

등 여러 이점이 있기 때문인데, 이는 뒤에서 다시 자세히 살펴볼 예정
이다.

여기서 수익률 100%는 투자 금액 대비 상승률을 말한다. 만약 매
매가 2억 원인 물건에 투자했다고 해보자. 전세가가 1억 5000만 원이
라면 투자금은 5000만 원이다. 여기서 시세가 25% 상승해 5000만 원
의 수익이 발생하여 매매가가 2억 5000만 원이 되었다면 어떨까? 내
투자금 5000만 원 대비 100% 상승한 것이다.

너무 간단한 내용이다. 전략이라고 할 것도 없다. 그래서 사실 이런
방법 자체가 특별하지는 않다. 그런데 여기서 진짜로 중요한 것은 바
로 수치다. 왜 4년이고, 왜 100%라는 수치가 나왔는지, 그리고 왜 이
것을 목표로 해야 하는지가 중요하다. 나는 이것을 감히 '황금 숫자'라
고 하겠다. 가이드라인을 정하지 않고 하는 투자와 이러한 숫자를 기
본 가이드라인으로 세워놓고 하는 투자는 완전히 다른 결과가 나온다.

예를 들어 A와 B가 각자 투자를 했다고 하자. A와 B는 둘 다 2년

만에 50%의 수익을 냈다. 이때 둘은 심각한 고민을 하게 될 것이다. 이 시기쯤이면 일반과세가 가능하고, 1주택자라면 비과세를 받을 수 있다. 게다가 50%의 수익이면 웬만한 투자치고는 아주 높은 수익이 났다고 볼 수 있다. 꽤 만족할 만한 결과다. 게다가 이렇게 작은 성공을 하고 나면 자신감도 붙는다. 이 물건을 매도한 후 더 좋은 물건을 매수하면 이보다 더 큰 성공을 할 수 있으리라는 예감이 든다. 그래서 A는 매도를 했다. 그런데 B는 가이드라인을 따라 100%의 수익이 날 때까지 참기로 했다. 최종적인 결과는 어떻게 되었을까?

대부분의 경우 B가 월등히 좋은 성적을 내게 된다. 물론 A가 더 좋은 성적을 낼 때도 있지만, 대부분의 경우 A의 성적은 B보다 좋지 않을 것이다. 게다가 이런 일이 여러 번 반복되면 더욱 뚜렷하게 B가 승자라는 사실이 밝혀진다. 일시적으로는 A가 더 나은 결과를 내는 경우도 있지만, 가이드라인을 준수한 B와 스스로 매도할 만하다고 판단한 A의 격차는 점점 더 벌어지게 된다. B는 지속적으로 성공적인 결과를 맞이하지만, A는 어쩌다 한번 발생하는 좋은 성적과 매우 좋지 않은 성적이 합쳐지면서 평균적으로는 B보다 한참 떨어지는 결과가 나온다.

왜 가이드라인을 지켰을 때 이런 결과가 나오게 되고, 왜 이것을 황금 숫자라고 부르는지는 이제부터 자세히 살펴보도록 하자.

부동산 투자의 속성

부동산은 거의 동시에 오른다

부동산 시장은 일반적으로 동시에 오르고 동시에 내린다. 그렇다고 해서 딱 같은 날 오르고 같은 날 내린다는 뜻은 아니다. 지금이 오르는 때라면 웬만한 부동산은 거의 다 오르고, 지금이 내리는 때라면 강남의 부동산이라고 해도 내린다. 그래서 내 물건이 올랐다고 해서 좋다고 팔았다면, 다른 부동산을 사기가 여의치 않다. 다른 부동산도 결국 오른 가격에 사야 하고, 심지어는 새로 산 부동산과 내가 이미 팔아버린 부동산이 같이 올라가는 경우도 흔하다. 그럴 바에는 차라리 보유하고 있는 게 더 나을 때도 있다.

물론 그렇게 따지면 부동산을 매도하는 건 아무런 의미가 없다는 결론이 나온다. 결국 모든 부동산이 같이 오르고 같이 내린다면 말이다. 하지만 일반적으로 같이 오르고 같이 내린다는 뜻일 뿐, 그런 상황에서도 시차가 나기도 하고, 특별히 저평가된 물건도 분명 있다. 우리는 그러한 시차를 이용하고, 시장에서 충분히 저평가된 물건을 찾도록 노력을 해야 한다.

그러나 이런 일은 쉽지 않기 때문에 일단은 내가 보유한 물건을 매도할 때, 충분한 수익을 낸 다음에 매도하는 방식이 좋다. 그런 다음 다른 부동산으로 옮겨 타기를 했는데 만약 그 부동산과 내가 이미 매도한 부동산에서 같은 결과가 나온다고 해도 별로 억울하지 않다. 어차피 이미 매도한 부동산으로 충분한 수익을 냈고, 새로 매수한 부동산도 오를 만큼 오르고 있으니 잘못된 결정은 아니다. 목표한 대로 저평가된 부동산, 더 많이 성장할 부동산을 골랐으면 더 좋은 일이다.

그러니 일단 내 것을 매도하려고 할 때는 충분히 만족할 만한 수익인 100%는 확보하고 넘어가자. 그래야 이후에 어떤 일이 벌어져도 불만족스러운 상황을 마주할 가능성이 확 줄어든다.

부동산은 순식간에 오른다

부동산은 오를 때에는 매우 무섭게 오른다. 단위가 크기 때문에 더욱 그렇다. 예를 들어 주식은 하루에도 30%의 변동이 나타날 수 있어서 더 대단한 상승이라고 생각할 수 있으나, 그렇게까지 변동성이 큰 주식에 1억~2억 원씩 넣어둘 사람은 거의 없다. 그런 건 대주주나 작전 세력이나 할 수 있는 일이지 일반인들은 생각도 할 수 없는 일이다. 한국을 대표하는 주식인 삼성전자 같은 주식에도 억대를 투자하기가 쉽지 않다. 1억 원만 넣어두었다고 해도, 10%만 빠져도 1000만 원이 없어진다. 그러니 주식과 같은 변동성이 큰 투자 자산에는 큰돈을 넣어둘 수가 없다.

반면 부동산은 비교적 변동성이 낮아 큰돈을 넣어둘 수 있다 보니, 약간의 변동만 있어도 수천만 원이 움직이는 상황이 벌어진다. 그래서 부동산의 상승이 더 가파르게 느껴진다. 심지어 부동산은 레버리지 효과까지 있다. 전세를 끼고 있다면 대출 이자를 내지 않는데도 엄청난 레버리지가 만들어진다. 매매가가 약 10%만 상승한다고 해도, 투자 금액 대비 20~30%의 상승이 일어날 수 있다.

그렇다면 이런 상승효과를 노리기 위해 부동산 시세만 쳐다보고 있으면 될까? 그렇지 않다는 사실은 누구나 알 것이다. 어떤 호재 때문이든 상황이 바뀌었든 부동산 시세는 이유가 발생하자마자 즉시 반영된다. '급등'은 어느날 갑자기 일어난다. 그러니 그 효과를 누릴 수 있는 유일한 길은 미리 사놓고 여유를 가지고 그날을 기다리는 일뿐이다. 또한 이렇게 순식간에 오른다고 해도 순식간에 목표한 수익률만큼 올라가지는 않는다. 몇 달 만에 30% 정도 올랐다가 다시 한 1년쯤 뒤에 또다시 몇 달 만에 30%가 오르는 식으로 시세가 변동될 수 있다. 그 '순식간'의 순간이 언제 올지 모르기 때문에 목표 상승률이 나올 때까지는 충분히 기다리는 편이 좋다.

부동산은 저평가의 내용도, 성장성도 모두 다르다

투자 수익은 대부분 이 두 가지를 통해 얻을 수 있다. 하나는 저평가된 물건을 고르는 것이고, 다른 하나는 미래의 성장성이 높은 물건을 고르는 것이다. 두 가지 다 쉽지는 않으나 그래도 저평가된 물건을 고르는 것은 비교적 어려운 일이 아니다. 다양한 비교 기준들이 있으며, 그 비교 기준으로 분석을 해보면 실제로 '제 가격'에 비해서 싸게 거래되고 있는 물건들을 발견할 수 있다.

그러나 저평가된 물건을 발견했다고 하더라도 그게 투자 수익으로 바로 연결되진 않는다. 저평가된 물건으로 투자 수익을 내려면, 머지않은 미래에 지금의 저평가된 상황에서 벗어나야만 한다. 결국 저평가된 물건을 볼 땐 저평가에서 벗어날 가능성이 있는지까지 볼 수 있어야 한다.

아마 부동산을 매수하려고 중개소를 돌아다녀 본 사람들은 이런 이야기를 굉장히 많이 들어봤을 것이다. "사장님, 저 아파트가 10억 원이에요. 그런데 여기에 이렇게 대규모 쇼핑몰이 있고 기반 시설이 좋은 곳의 아파트가 7억 원이에요. 완전히 저평가죠. 그러니깐 지금 사면 돈이 돼요" 하는 식의 말을 들을 수 있다. 물론 사탕발림인 경우도 많다. 내용 자체는 모두 사실이긴 하지만 그 모든 장점을 뛰어넘을 만한 더 큰 단점이 있는데 그것을 숨겼다거나 한다면 그건 저평가가 아니고 그냥 정상적인 평가다. 혹은 진짜로 그 말이 다 사실인 경우도 있다. 확실히 저평가다. 그럼 이런 물건에 투자하기만 하면 대박이 날까? 진짜 현장에서 오가는 '혹하는' 말을 소개해 본다면 이렇다.

"지금 강남의 집값이 얼마죠? 새 아파트가 35억 원 정도 합니다. 그런데 그 아파트의 대지 지분이 얼마인시 알아요? 대지 지분이 10평 정도입니다. 그러니깐 대지 지분 평당 3억 5000만 원이라는 거예요. 그런데 이 빌라는 현재 대지 지분이 10평인데, 매매가가 10억 원입니다. 평당 1억 원밖에 안 하는 거예요. 아무리 건축비가 비싸진다고 해도 얼마나 들겠습니까? 그러니까 이 빌라는 가지고만 있으면 아무리 못해도 평당 2억 원은 간다는 얘기예요."

이런 식이다. 어떤가? 저평가 같은가? 사실 고민할 필요도 없이 저평가가 맞다. 그런데 저평가가 맞다고 해도 본인이 돈 버는 것과는 전혀 연결되지 않는다. 결국 빌라가 아파트가 되어야 그 가치가 발현되는 것인데, 그 빌라가 내 생애 동안에는 아파트가 되지 않는다면, 결국 그 빌라는 영원히 저평가로 남을 가능성이 크다. 그래서 '저평가'만 고르면 대박이 날 거라는 생각은 전형적인 투자 초보자의 실수이다.

다음은 성장성을 살펴보자. 앞서 부동산 시장을 설명하면서 부동산은 일반적으로 같이 오르고 같이 내린다고 설명했다. 그런데 이건 일반적이고 광범위하게 관찰되는 현상일 뿐이다. 내부로 들어가서 자세히 본다면 같이 오르더라도 그중에 더 많이 오르는 물건이 있다. 그리고 이러한 '상승'이 일시적으로 끝나지 않고, 장기적으로 더 높은 성장률을 보이는 경우 의미가 있다. 흔히 회자되는 말을 생각해 보면 된다. "그때 강북의 주택을 팔면 강남 아파트를 3채 살 수 있었는데, 아파트 살면 답답해서 강북에 계속 있었어요. 지금은 강북의 주택을 팔면 강남의 전세도 들어가기 힘들어졌어요."

아주 많이 들어본 이야기일 것이다. 이게 바로 성장성이다. 미래에는 소비자들이 어떤 물건을 더 선호할지 생각해 보고 어느 쪽에 좀 더 유리한 환경이 펼쳐질지 생각해 보자. 유리한 쪽에 있는 물건이 훨씬 더 많이 성장하고, 긴 시간을 놓고 보면 그 격차는 상상을 초월할 정도가 된다. 부동산 투자에서는 이와 같은 대상을 잘 찾아내야만 뛰어난 성적을 낼 수 있다(사실 모든 투자에서 이러한 원칙은 똑같이 적용된다. 다만 부동산 투자가 가장 쉽고 적중 확률이 높을 뿐만 아니라 리스크가 가장 적다).

그럼 지금은 저평가이지만 곧 제대로 평가받을 수 있는 대상을 고르기가 쉬울까, 아니면 지속적으로 성장할 대상을 고르기가 쉬울까? 이에 대한 대답을 할 정도라면 정말 고수라고 할 수 있다. 보통 닥치는 대로 공부하고 투자하려는 사람들은 이를 구분하기조차 힘들다. 둘 중에 어떤 경우가 더 쉽다고 답을 내릴 수 있는 문제가 아니라, 때에 따라 다르다고 보는 것이 정답이다.

강세장의 초입에서는 저평가된 물건을 찾기 쉽다. 성공 확률도 높고 리스크도 적다. 저평가를 찾기만 하면 투자 수익으로 연결될 확률이 높은 시기이다. 그런데 강세장에서는 시장이 계속 강세로 가는 상황이기 때문에 저평가가 빠르게 해소될 가능성이 높다. 앞서 말한 경우처럼 저평가 자체가 중요하지 않다. 저평가가 빠르게 해결되는 상황이 더 중요하다. 그렇기 때문에 저평가가 빠르게 사라질 수 있는지는 '대상' 자체보다는 시장의 힘의 영향을 더 많이 받는다. 그래서 강세장 초입에서는 그런 대상을 찾으려는 노력이 의미가 있다.

반면 약세장에서는 대부분 움직임이 없거나 아니면 완만하게만 상승한다. 말 그대로 매수 세력이 약한 시기가 약세장이다. 그런데 이런 때에는 미래 가치가 너무나 분명한 물건도 미래 가치를 반영하지 못한 채 시장에서 거래되는 경우가 많다. 성장성 있는 대상을 찾기가 강세장보다 더 쉽다. 앞서 강남의 사례를 들었지만, 강남이 이렇게 큰 성장을 하리라 예측하기는 매우 어려운 일이었다. 그래서 이런 말도 있다. '강남은 단 한 번도 싼 적이 없었다.' 강남은 언제나 비쌌다. 그러니 '지금도 이렇게 비싼데, 더 비싸질 수 있다고?' 하는 의구심이 항상 들 수밖에 없었다.

반포의 아크로리버파크가 분양할 당시 5000만 원으로 책정된 평당 분양가를 보고 모두 놀랐었다. '아파트 하나에 20억 원 가까이 하는 것이 말이 되냐!'라는 생각이었다. 완판에 성공했을 때도 많은 사람이 '너무 비싸다'라고 했고, 곧 가격이 떨어질 거라 했다. 그에 대해서 반론을 펼치는 사람에게는 '이대로 가다가는 강남 아파트가 평당 1억 원까지 가겠어. 아파트 하나가 30억~40억 원이 되겠어. 하하하' 하며 비꼬는 말을 하곤 했다. 그런데 지금 아크로리버파크 84형의 가격은 50억 원을 넘었다. 부동산은 이런 식으로 움직이기 때문에 미래의 성장성을 보기가 쉽지 않다. 모든 부동산이 다 똑같이 오르는 것 같아 보여도 더 많이 오르는 부동산이 있고, 상승세를 장기간 유지하는 부동산이 있다. 우리가 해야 하는 일이 그런 대상을 찾는 일이다.

분명 시장에는 저평가된 부동산이 존재한다. 가까운 시일 내에 저평가에서 벗어나는 부동산이 있고, 그렇지 않은 부동산이 있다. 그런 물건의 발견이 곧 투자의 수익으로 연결된다. 또한 이미 제 가치를 평가받고 있는 부동산이라고 해도 어떤 부동산은 그 상태에서 더욱 성장한다. 그것을 발견하는 것이 우리의 과제다. 그리고 이것은 부동산 사이클을 알고 나면 다른 어떠한 일보다 쉬운 일이기 때문에 부동산으로 우리의 재산을 늘리는 일 또한 매우 쉽다.

큰 이익은 다시 부동산으로 들어간다

100%의 수익을 한번 생각해 보자. 최소 금액 5000만 원으로 투자를 시작한다고 가정했을 때, 100%의 수익금은 5000만 원이다. 이렇게 5000만 원이 내 손 안에 들어왔다. 이제 이 돈을 어떻게 할 것인가? 5000만 원씩이나 공돈(?)이 생겼으니, 이제 이 돈으로 차도 사고, 여행도 다니고, 핸드백도 하나 사고 그렇게 해볼까?

아마도 거의 그렇게 하지 않을 것이다. 그렇게 써버리기에 너무 큰 돈이다. 투자하는 금액은 개인마다 모두 다를 테니 꼭 5000만 원이 아닐 수도 있다. 그렇지만 각자 투자할 수 있는 금액 전부를 투자하는 경우가 일반적이다. 그렇다면 그 자금은 전 재산까지는 아니어도 거의 절반 혹은 그 이상의 수준일 테고, 그렇다면 4년 만에 내 전 재산만큼 재산이 늘어난 셈이다. 전 재산만큼 재산이 늘어났는데, 그 돈으로 바로 차를 사고, 가방을 살 수 있을까? 대부분은 그렇게 하지 못한다. 자신을 칭찬하는 의미에서 그중 일부를 사용할 수도 있고, 혹은 정말 자동차나 가방을 살 수도 있고, 여행도 갈 수 있다. 그러나 수익의 거의 대부분은 다시 부동산 투자로 들어가서 더 큰 재산을 만드는 데 사용할 가능성이 더 크다.

원래 자잘한 돈은 소비하는 데 부담이 없다. 자잘한 돈도 티끌 모아 태산이긴 하지만 그렇게 모았다가는 시간이 너무 오래 걸린다는 문제도 있고, 더 큰 문제는 태산을 만들기 전에 자꾸만 써버리고 싶은 유혹에 빠진다는 점이다. 태산은 머나먼 미래에 있고, 지금 내 수중에는 딱 핸드백을 살 만큼의 돈이 있기 때문이다. 반대로 큰돈은 쓰라고 해도 잘 쓰지 못한다. 핸드백 20개를 살 돈이 생기면 오히려 핸드백을 살 생각을 하지 않는다.

게다가 이제 투자로 재미를 맛본 것 아닌가? 그럼 보통은 계속해서 돈을 더 벌고 싶다는 생각에 투자에 맛이 들린다. 사람이 어찌 5000만 원에 만족할 수 있겠는가? 투자를 하지 말라고 해도 '어디에 투자해야 하냐'며 돈을 들고 서성거린다. 그래서 스스로 가슴이 떨릴 만큼 큰돈을 만지는 경험을 한 번이라도 해보아야 한다. 그래야 그 돈이 계속 투자 자산으로 굴러가게 된다.

왜 4년이라는 기간을 설정했는가

4년이라는 숫자는 내가 부동산 시장을 거의 30년 가까이 경험하면서, 그리고 이전 자료들을 검토하면서 내린 결론이다. 4년 정도를 기다리다 보면, 좋은 부동산을 좋은 시기에 잘 골랐다고 가정했을 때 투자 금액 대비 자금이 거의 2배가 되곤 했다.

4년이라는 기간은 실제로 사람의 심리와도 매우 깊은 연관이 있다. 일단 보통 사람들은 양도세가 일반과세가 되는 기간(1주택자의 경우에는 비과세가 되는 기간)인 2년은 잘 기다린다. 그래서 일반과세가 되는 시점이 되면 매도를 하고 싶어 하거나, 아니면 완전히 반대가 된다. 즉 매도를 하지 않으면 그때부터 지루해지기 때문에 거의 관심을 끊게 된다. 이렇게 관심이 멀어진 사람들이 다시 관심을 가지는 시점은 모든 대중이 부동산에 열광해서 신문에 매일 '부동산 가격 연일 폭등'과 같은 기사가 나오고, 직장에서도 직원들이 모이기만 하면 부동산 이야기를 하고, 커피를 마시러 커피숍에 가든 밥을 먹으러 식당에 가든 꼭 어디선가 부동산 이야기가 들리는 시점이다. 그런 시기가 되어서야 다시 관심을 가지고 부동산 투자를 해야겠다고 생각한다. 만약 그때 투자를 하면 어떻겠는가? 100% 안 좋은 시기에 투자를 한 셈이다.

타이밍을 잡지 못하는 투자가 바로 이런 식이다. 4년보다 짧은 시기에 매도를 한다면 이익도 적고, 포트폴리오를 변경하는 과정에서 위험도 발생한다. 반대로 길게 보유하겠다고 생각하다 보면 자기도 모르게 관심을 놓아버리기 쉽다. 그래서 일단 4년이라는 기간을 정해놓고 보는 것이다.

또 1차 목표가 투자 금액의 2배라는 점을 생각해 봐도 그렇다. 일단 투자 금액의 2배가 되는 기간이 언제일지에 대한 일반적인 통계가 4년이다. 시장에는 크게 세 가지 국면이 있다. 강세장, 하락장, 약세장이다. 이 중 가장 긴 기간은 약세장이고 가장 짧은 기간은 하락장이다. 우리는 이 사이클에서 약세장과 강세장의 초입 또는 중간 정도까지 매수할 예정이다. 그 외의 구간에서는 매수를 하지 않는다.

그 이유를 알기 위해 하나씩 시뮬레이션을 해보자. 첫째, 강세장 초입에서 매입해서 4년을 보낸다. 강세장에서는 당연히 2배 이상 상승할 가능성이 높다.

둘째, 강세장 중반에 매입해서 4년을 보낸다. 강세장 중반이라고 하면 곧 최고조를 찍고 하락할 가능성이 있는 때다. 그렇다고 해도 아직 완전히 하락장이 펼쳐지는 건 아니기 때문에 매도할 타이밍은 충분히 잡을 수 있다. 그리고 계속 강세장이 펼쳐지는 시점이기 때문에 4년이 지나지 않았어도 이미 그 이전에 2배의 수익을 달성했을 가능성이 높다. 꼭짓점을 찍고 내려온다고 해도 투자 금액의 2배는 달성할 수 있다고 봐야 한다.

물론 이때는 매우 주의가 필요한 시기로, '4년'이라는 숫자를 고정적으로 생각해서는 안 된다. 시장이 지나치게 과열되었다는 생각이 들면 2년 만이든 3년 만이든 매도하는 쪽으로 방향을 선회해야 한다.

셋째, 약세장에서 매입해서 4년을 보낸다. 약세장에서 매입했는데 그사이에 시장이 강세장으로 진입하게 된다면 더할 나위 없는 최고의 투자가 된다. 여러 고민을 할 필요도 없이 그냥 보유만 하고 있어도 알아서 높은 상승이 이뤄진다. 문제는 약세장에서 매입했는데 계속 약세장이 진행되는 경우다. 이런 경우에는 시장에 큰 변화가 없기 때문에 2배의 수익을 내기가 쉽지 않다.

그런데 이건 '일반적인 경우'에만 그렇다. 약세장에서는 전체적으로 상승이 없어 투자가 꺼려진다는 단점이 있으나, 매우 좋은 장점이 하나 있다. 성장성 높은 대상이 무엇인지 비교적 분명하게 보인다는 것이다. 왜냐면 약세장에서는 사람들의 관심이 적고, 그러다 보니 좋은 부동산도 가격이 오르지 않은 채 남아 있는 경우가 많기 때문이다. 게다가 가격의 변동도 크지 않으니 신중하게 생각하면서 좋은 가격에 매수할 기회가 생긴다. 아무리 약세장이라고 해도 결국 실수요자들이 찾는 시점(분양권 및 입주권은 입주 시점, 기존의 아파트는 전세 만기 시점)이 되면 결국은 제 가치를 찾을 수밖에 없다. 공급은 부족하고, 수요는 넘쳐나기 때문이다. 결국 목표한 수익을 달성하는 데에는 지장이 없다.

너무 오래 보유하면 수익률은 평균에 회귀한다

4년에 100%의 수익이 날 때까지 기다려야 한다는 사실은 알았다. 그런데 군이 매도할 필요가 있을까? 200%, 300%의 수익이 날 때까지 계속 가지고 있는 게 낮지 않을까? 100%가 되면 꼭 매도를 해야 하나? 여기까지 읽었다면 이런 의문이 들 수 있다.

뒤에서 더 자세히 이야기하겠지만 고수가 되고 자산이 커지면 매도를 하지 않는 편이 더 나을 수 있다. 4년에 100%라는 목표를 세운다 해서 4년이 되면 반드시 매도해야 한다는 뜻은 아니다. 그러나 이단계에 이르려면 좀 시간이 걸린다. 순자산의 규모도 최소 10억 원대 이상은 되어야 하고(일반적으로는 순자산 20억 원대 이상은 되어야 포트폴리오를 더 이상 바꾸지 않고 계속 가져가는 전략을 해볼 만하다), 투자하는 시점이 어떤 상황이냐에 따라서 달라진다.

그런데 이제 막 적은 자금으로 자산을 불려나가는 입장에서 너무 오랫동안 그냥 시간만 보낸다면 적극적으로 재테크를 할 기회를 모두 날려버리게 된다. 특히 자산이 적은 경우라면 4년 100%라는 목표를 지키는 편이 훨씬 더 유리하다. 일반적으로 부동산을 장기로 보유하는 경우는 상위권에 있는 부동산일 때가 많다. 이때는 매도 후 다른 물건을 매수하려고 해도 마땅한 대상이 없으므로 수익률은 좀 낮더라도 계속 보유하는 편이 낫다. 그런데 자산을 키우는 과정일 때는 자산의 규모가 가볍기 때문에 움직이기가 더 용이하다. 그래서 충분한 수익(100%)이 났다면 비과세 혜택을 받으며 매도하는 편이 좋다.

아주 결정적인 이유가 또 하나 있다. 바로 시장의 상황이 계속 바뀐다는 사실이다. 시장은 언제나 강세장도 아니고 언제나 약세장도 아니다. 그러니 상황에 가장 적합한 전략을 취해야 할 필요가 있다. 4년이라고 하면 일단 하나의 장이 마무리될 여지가 있고, 새로운 장이 펼

처질 여지가 있다. 왜냐면 우리가 귀신처럼 그야말로 강세장의 초입에 물건을 사서 4년을 보낼 수 있지도 않고, 약세장이 마무리되기 딱 4년 전에 물건을 사는 것도 아니기 때문이다. 확률적으로 보면 어떤 장의 중간쯤 들어간다고 봐야 하니, 그런 상황에서 4년 정도를 보내면 시장의 사이클이 바뀔 가능성이 크다. 그래서 마냥 '300%의 수익이 날 때까지는 무조건 보유하겠다'라는 전략으로 가게 되면 그동안에 강세장과 약세장이 다 지나가고, 결국 목표 금액에 이르기까지 너무 오랜 시간이 걸릴 수 있다. 그래서 '4년 100%'가 되면 매도를 고려하면서 그때의 시장 상황에서는 어떤 전략이 좋을지, 어떤 대상에 관심을 두어야 할지를 유동적으로 생각해 보는 편이 좋다.

게다가 개인적으로 자금을 모으는 시점도 시장 상황에 딱 맞게 이루어지지 않는다. 자금을 모았는데 그때가 마침 딱 강세장의 초입이라면 최상이겠지만, 그 시점이 약세장일 수도 있다. 그런 상황이라고 한다면 강세장까지 기다릴 필요가 없다. 마냥 기다려봐야 얻어지는 수익은 없다. 그보다는 기대치를 낮추고 약세장에서는 약세장에서 얻을 수 있는 수익을 얻으면서 기다려야 한다.

보유의 차원에서도 그렇다. 우리는 부동산의 속성상 함께 오르고 함께 내린다는 사실을 알고 있다. 또한 그중에서 '저평가를 벗어날 대상'과 '더 높은 성장을 할 대상'을 찾아내야 투자에서 성공한다고도 알고 있다. 그렇기 때문에 적절한 시점이 되면 그런 조건에 맞는 대상으로 옮겨 갈 필요가 있다. 그렇지 않다면 일부 부동산(강남 초고가 아파트처럼 진입장벽이 아주 높은 대상)을 제외하고는 성장성이 평균으로 수렴

한다. 그러니 가장 많이 성장할 시점 동안 보유하고, 성장이 낮아지리라 예상되는 시점에서는 매도하겠다는 전략으로 임하는 것이 좋다.

포트폴리오를 자주 바꾸면 오히려 실수가 커진다

4년이라는 기간은 실수를 줄이기 위한 목적도 있다. 포트폴리오를 자주 바꾸면 오히려 실수가 커진다. 그 이유로는 첫째, 부동산은 사고팔 때 거래비용이 상당히 크기 때문이다. 물론 아무리 부동산을 자주 사고판다고 해도 1~2년에 한 번 정도일 테니 비용이 커도 별문제가 아니라고 생각할 수 있지만, 그렇지 않다. 앞서 말했듯 부동산은 일반적으로 같이 오르고 같이 내린다. 만약 어떤 부동산을 매도하면서 거래비용을 냈다면, 자금이 모자라게 되어 같은 급의 부동산으로 수평이동을 하기가 거의 불가능해진다.

둘째, 시간차의 문제다. 물건을 매도한 뒤 바로 다른 물건을 매수하기가 생각보다 쉽지 않다. 왜냐면 본인의 예산 범위에 해당하는 물건을 미리 선정해 놓았다고 해도 층과 향에 따라서 금액이 다 다른 데다 금액마저 계속 변동된다. 게다가 본인이 생각한 매물이 마침 딱 나온다는 보장도 없다. 또한 몇백만 원, 몇천만 원씩 네고를 하다 보면 물건을 놓치는 경우도 빈번하다. 그렇게 되면 시간이 지체되고, 때로는 상당한 시간이 흐르면서 결국 갈아타기가 별로 만족스럽지 못할 수 있다.

셋째, 저평가된 물건을 고르는 건 생각보다 어려운 일이다. 이는 고수의 영역이다. 그래서 많은 훈련이 필요하고, 오랫동안 시장의 움직임을 지켜보는 노력이 필요하다. 그런데 초보자일수록 포트폴리오를 교체하는 일을 대단히 매력적으로 생각한다. 내가 열심히 어떤 행위를 해야 돈을 더 많이 벌 거라는 생각 때문이다. 내가 더 열심히 노력해야 더 빨리 좋은 물건을 찾아낼 수 있다고 생각한다. 그러나 투자는 우리가 여태까지 알고 있던 당연한 원리를 거스르는 행위이다. 무조건 열심히 해야 결과가 좋은 것이 아니라, 원리를 알고 그에 맞게 자제심을 발휘해야 오히려 좋은 결과가 따라오는 것이 부동산 투자다.

만약 내가 보유하고 있는 물건에서 충분한 수익을 냈다고 해보자. 그리고 갈아타기를 시도했는데, 좋지 못한 결과를 냈다. 이때 좋지 못한 결과는 크게 잘못되었다는 것이 아니라, '갈아타나 그렇지 않으나 별 차이가 없는 수준' 정도다. 그런데 4년에 100%의 목표를 달성하고 갈아탔다면 이런 일이 발생한다 해도 별문제가 되지 않는다. 기존에 보유한 부동산에서 충분한 수익이 났기 때문이다. 성공하려면 많은 노하우가 필요하니 갈아타기를 하기 전에 우선 충분한 수익을 챙겨놓았다면 설령 갈아타기가 아주 성공적이지 않다고 해도, 재산을 형성하는 데 큰 지장이 생기진 않는다.

우리는 지금까지 한 번도 이에 대해 공부해 본 적도 없고, 경험해 본 적도 없다. 그저 대학입시를 위해 공부하고 승진을 위해 노력하듯이 투자도 그렇게 열심히만 하면 되는 줄 착각한다. 그러나 부동산 투자에 있어서는 지금까지 배워왔던 성공방정식은 잊고 완전히 다른 방식을 택해야 한다.

그래서 투자 고수일수록 포트폴리오를 잘 변경하지 않는다. 물론 고수일수록 변경하지 않아도 될 만큼 좋은 포트폴리오를 가지고 있기도 하다. 아무리 투자에 성공한 고수라 하더라도 포트폴리오 변경에 대한 욕심은 늘 생기기 마련이다. 하지만 투자에 성공했고, 정석대로 투자의 길을 걸어왔다면 잦은 포트폴리오 변경이 얼마나 위험에 노출되는 행위인지 잘 알게 된다. 그래서 고수들이 욕심을 버리고 포트폴리오 변경에 신중을 기하는 것이다. 내가 4년이라는 기간을 강조하는 이유도 여기에 있다. 만약 1차 목표를 4년에 100%라고 설정해 놓는다면, 그사이에 군이 포트폴리오를 변경해야 한다는 유혹이나 압박감에 시달리지 않을 수 있다.

그렇다면 아예 포트폴리오를 변경하지 않으면 어떨까? 이 경우 수익률은 평범해질 가능성이 높다. 모든 투자 자산은 크게 성장하는 시점이 있고, 또 저평가되는 시점이 있다. 비록 그것을 정확하게 알기 힘들더라도 알기 위해 노력해야 하는 것이 우리의 과제다. 그렇게 해야 재산을 극적으로 증대시킬 수 있기 때문이다. 결국 쓸데없이 포트폴리오를 변경해서 위험에 노출되는 것도 피하고, 그렇다고 해서 저평가된 물건으로 갈아타지 않아서 수익률이 평범해지는 결과도 피하는 기준이 바로 '4년'이다.

4년이란 기간은 대중으로 하여금 심리적 허점을 만든다

4년이라는 기간은 심리적인 효과도 있다. 인간이 심리적으로 느끼는 '신경을 쓰면서 집중할 수 있는 가장 긴 시간'이 보통 3년이다. 즉 무심히 있으면 10년이고 20년이고 순식간에 지나가지만, 신경을 쓰면 시간은 무척 더디게 간다. 그래서 3년이란 기간 동안 신경을 쓰면서 보내면 대부분은 집중력을 상실하게 된다. 3년이 지나면 대부분 부동산에 대한 관심을 잃거나, 별 희망이 없다고 판단해 매도하는 경우가 많다. 그런데 대중이 부동산에 대한 관심을 잃어버리고 매도해야, 우리는 좋은 가격으로 매수할 수 있다. 그래서 3년을 살짝 넘긴 4년까지 기다리는 것이다.

이때 이런 의문이 들 수 있다. 각자 부동산에 관심이 생기기 시작하는 시점이 다를 텐데, 4년이란 숫자가 대중의 무관심과 일치하기는 커녕 대중의 행동과 정확히 일치해서 남들 살 때 같이 사고, 남들 팔 때 같이 파는 꼴이 되면 어떡하는가? 하는 의문이다. 이럴 때는 이 사실을 기억하라. 나는 이 책을 어떤 마음으로 쓰겠는가? 많은 사람이 부동산 투자의 본질을 잘 이해해서 성공적인 투자를 했으면 하는 마음에서 책을 쓰고 있다.

그러나 이게 전부인 것만은 절대 아니다. 책을 내는 이상 잘 팔리길 바란다. 그럼 이 책은 언제 잘 팔리겠는가? 결국 대중이 부동산에 관심을 많이 가질 때 가장 잘 팔린다. 여러분이 이 책을 집어 들어 꼼꼼히 읽고 감동한다면, 그때는 다른 사람들도 모두 관심을 가질 때일 가능성이 매우 크다. 즉, 대중이 부동산 공부를 시작하려고 할 때 여러분도 부동산 공부를 시작할 가능성이 매우 크다. 그러나 공부를 같이 시작했다고 해도 대중은 4년을 참지 못하고 더 일찍 관심을 끊거나, 아니면 좀 더 이른 시기에 '부동산은 오를 만큼 올랐다'라고 멋대로 판단할 것이다. 그래서 '4년이라는 기간을 배우고 기다린 사람'의 결과는 달라진다. 물론 대중이 관심을 갖기 전에 조금이나마 빨리 이 책을 읽고 실천했다면 결과는 더욱 좋을 것이다.

투자의 기본은 인내다

투자를 성공적으로 하기 위해서는 마음가짐이 매우 중요하다. 어떻게 보면 마음가짐이 전부라고 해도 과언이 아니다. 마음가짐에서 가장 중요한 요소는 바로 인내다. 투자라는 건 내가 어떤 결과물을 만드는 것이 아니기 때문이다. 투자는 항상 시장이 만들어주는 결과물을 받아들이는 것이다. 시장이 결과물을 안 만들어주면 좋은 결과물을 만들어줄 때까지 기다려야만 한다. 그래서 '인내'가 가장 중요하다. 좋은 결과물이 만들어질 때까지 믿음을 가지고 끈기 있게 기다리고, 촐싹거리거나 안절부절하지 않고, 확신을 가지고 기다려야만 한다.

'인내'는 노력하면 만들어지는 기술이 아니다. 계속 훈련해야 하는 과제다. 고수라도 인내하는 일이 쉽지만은 않다. 오히려 늘 어렵다. 다만 고수라면 그 어려움을 받아들여야 한다는 당위성을 인정하고 받아들이려고 노력할 뿐, 인내 자체가 쉬워지진 않는다. 그런데 '4년에 100%'라는 기준을 정해놓으면 인내하고 싶지 않아도 인내해야 하는 상황이 자연스럽게 만들어진다.

이렇게 4년을 인내했다고 해서 인내가 몸에 배지는 않는다. 그러나 일단 기본기를 익히는 과정이고, 이렇게 몸과 마음이 인내에 익숙해지도록 환경을 만드는 시간이다. 그래야만 평생 성공하는 투자자의 길을 갈 수 있다.

그래서 4년이다! 다시 한번 말하지만, 대중은 최대한 참아봐야 3년이다. 대중의 속성을 뛰어넘으려면 거기서 딱 1년만 더 참아봐라. 인생이 달라진다.

4년 100%의 목표를
변경해야 하는 경우

4년에 100%의 수익률을 목표로 잡았어도 상황에 따라 변경해야 할 때가 있다. 더 성공적일 수도 혹은 기대보다 못 미칠 수도 있는데, 이때 변수를 어떻게 다룰지 알아보자.

목표를 일찍 달성한 경우

100%를 2년 만에 달성했다면 어떻게 할까? 목표한 기간의 절반 정도밖에 걸리지 않았으니 당연히 신나는 일이다. 그럼 바로 부동산을 매도해야 할까?

이때는 고평가 여부를 파악해 매도를 할지 말지 결정해야 한다. 매도해야 하는 경우는 빠르게 고평가된 경우다. 투자에는 저평가만 있는 것이 아니다. 고평가도 있다. 저평가가 결국 시간이 지나면 정상 가치가 되어 오르는 상황처럼, 고평가도 마찬가지다. 결국은 정상 가치로 회귀한다. 그러니 고평가된 물건이라면 정상 가치로 돌아올 때까지 보유하고 있을 이유가 하나도 없다. 고평가된 물건이라면 목표를 달성했을 때 더 이상 기다리지 말고 반드시 매도해야 한다.

일단 시장에서 그렇게 평가가 되었다면 그만한 이유가 있다. 문제는 고평가를 보는 일은 저평가를 보는 일만큼이나 쉽지 않다. 하지만 고평가에 대한 판단이 설령 잘못되었다고 해도 큰 문제가 되지 않는다. 일단 목표를 달성하지 않았는가? 게다가 빠르게 목표를 달성했으니 매도하여 수익을 취한다고 해서 위험에 처할 일은 없다. 물론 고평가라고 판단해서 매도했는데 계속 가격이 올라가면 배가 아플 수는 있다. 대신 새로운 저평가 대상의 물건을 찾았다는 사실에 만족해야 한다. 그렇게 고평가를 판단하려고 노력해야 강세장의 가장 끝자락도 알아볼 수 있는 능력이 생긴다.

강세장의 끝자락이 되면 부동산 가격은 계속 오르고, 사람들은 계속 매수하려고 한다. 하루가 다르게 가격이 오른다. 그러면 영원히 오를 것만 같다. 그러나 이렇게 모든 사람이 매수를 하려 드는 건 명백한 과열이고, 고평가되었을 가능성이 매우 높다. 이런 경우에는 아깝다고 생각하지 말고 과감하게 매도해야 한다. 고평가된 사실을 알지 못했던 사람들은 강세장의 꼭대기에서 매도하지 않아 아주 오랜 기간 후회했

대표적인 고평가 사례들

1. 강세장이 5년 이상 계속되었고, 여기를 가나 저기를 가나 부동산 이야기를 하는 사람들이 늘 있는 때

2. 개발 계획이 나와서 가격은 크게 올랐지만, 현실적으로 매우 오래 걸릴 것이 뻔한 계획
   : 교통에 대한 계획 발표, 재개발이나 재건축 등에서 특별한 혜택을 준다는 계획, 신도시 계획 등

3. 상식적으로 별로 선호하는 대상이 아닌데 갑자기 많이 오른 경우
   : 오피스텔, 나홀로 아파트, 빌라 등은 호재가 있다고 해도 선호도 자체가 크게 바뀔 수 없다

다. 그렇기 때문에 계획보다 빠르게 목표를 달성했다면 고평가는 아닌지 의심해 보고 매도해야 할지 잘 살펴볼 필요가 있다. 고평가되었다고 판단이 된다면, 설령 판단이 틀린다고 해도 위험에 처할 일이 아니기 때문에 과감하게 행동해야 한다.

갑자기 많은 자금이 생긴 경우

나에게 갑작스럽게 큰돈이 생길 일이 없을 것 같지만 살다 보면 꼭 그렇지도 않다. 정도의 차이가 있겠지만, 간혹 큰돈이 생기는 경우가

종종 있다. 상속이나 증여를 받는다든지 회사가 갑자기 잘돼서 스톡옵션 또는 보너스를 받게 된다든지 하는 경우다. 그렇게 갑자기 많은 자금이 생긴 경우라면 4년에 100%의 목표를 수정해야 한다.

왜냐면 지금은 자금이 생기는 대로 한도 끝도 없이 추가로 부동산을 매입할 수 있는 상황이 아니기 때문이다. 현재 취득세 중과를 풀어준다는 이야기가 지속적으로 나오고 있기는 하나, 그다지 가능성이 높아 보이지 않는다. 만약 풀어준다고 해도 현재의 중과세율을 좀 낮춰주는 정도이지, 과거처럼 10채든 100채든 똑같은 취득세율을 적용하던 때는 돌아오지 않을 것으로 보인다.

그러니 자금이 생기면 그 자금만을 이용해서 또 다른 뭔가를 매수하는 것은 비효율적일 수 있다. 이럴 경우 이미 투자하고 있는 부동산에서 목표한 수익이 나오지 않았더라도 더 효과적인 투자를 위해서 매도한 후 새로운 자금을 합쳐서 다시 세팅하는 편이 낫다. 한마디로 현금 여력을 모두 투자로 활용해서 결과물을 최대한 키우는 전략을 쓰는 것이다. 이럴 경우 4년 100%라는 목표에 너무 얽매이지 말고 유연하게 행동하는 편이 더 좋다.

승산이 없다고 판단되는 경우

목표를 달성할 승산이 없다고 판단되는 때도 있다. 좀 안타까운 경우다. 그러나 투자에는 정답이 없고, 리스크가 있는 행위이니 얼마든지 이런 경우가 발생할 수 있다. 물론 진짜로 승산이 없다고 판단하는 데까지는 많은 연구가 필요하다. 부정적인 기사가 몇 번 나왔다든지 주변 사람들에게 이야기했더니 '그런 걸 왜 샀어'라는 소리를 들었다든지 하는 이유로 승산이 없다고 판단해서는 절대 안 된다.

나는 내가 운영하는 회원제 모임 '맘우투(맘 편하고 우수한 투사)' 회원들에게 이런 이야기를 자주 한다. "아무리 내가 맨날 '여기가 돈 된다'라고 콕콕 찍어줘도 여러분들이 투자를 못 하는 이유는 바로 정작 거기에 투자하려고 하면 주변에서 다 말리기 때문이에요. 게다가 인터넷에 찾아봐도 좋다는 이야기 하나 없죠. 그런데 김사부 한 명만 거기에 투자하라고 하니 투자할 수 있겠어요?"

이런 식이다. 약세장에서 성장성 있는 물건을 살 때도 그렇고, 강세장 초입에서 저평가된 물건을 살 때도 마찬가지다. 대중은 항상 그런 물건을 사기 두려워하고, 사면 안 된다고 생각한다. 너도나도 좋다고 하는 물건만 사야 하는 줄 안다. 그러니 진정 성공하는 투자자로 가는 길이 마냥 쉽지만은 않다. 그러나 매스컴에서 뭐라고 한다고, 또는 주변 사람들의 반응이 좋지 않다고 해서 본인의 물건에 승산이 없다고 판단하는 건 바보 같은 짓이다. 처음부터 주변 사람들의 이야기를 듣고 매수한 것은 아닐 테니, 미래의 성장성에 대한 판단도 그렇게 해서는 안 된다.

이런 함정에 빠지지는 말아야겠지만, 진짜로 승산이 없는 때도 있다. 투자 초보자의 경우 주변의 이야기만 듣고 고평가된 물건을 매수했거나, 저평가가 도저히 해소될 가능성이 없는 물건을 매수했거나,

부동산 공부를 해보니 그야말로 상식적으로 투자해선 안 될 물건에 투자했다는 사실을 깨달을 수도 있다. 그렇게 명확하게 실수라는 판단이 든다면 그때는 '4년에 100%'라는 목표를 고집하고 있어서는 안 된다. 과감하게 실수를 인정하고 크게 손해가 나지 않는 선에서 빨리 매도하고 나와 다시 세팅을 해야 한다.

더 나은 대상이 없다고 판단되는 경우

이번엔 앞선 사례들과 반대되는 경우다. 4년 후에 매도를 하지 않고 아예 장기적으로 보유하는 경우다.

이렇게 생각해 보자. 강남의 새 아파트 두 채와, 서울의 입주권 두 개를 가지고 있다. 모두 좋은 시점에 매수를 했고, 4년이 지났다. 어떻게 되어 있을까? 아마 모두 목표를 달성한 상태일 가능성이 높다.

그럼 앞으로는 어떻게 해야 할까? 목표를 달성했으니 매도해야 할 것 같은데, 매도한 후 투자할 더 나은 대상이 보이지 않는다. 물론 더 나은 대상이야 끝도 없이 있을 수 있겠지만, 금액이 커질수록 양도세도 커진다. 비용이 들어갈 곳도 많다. 게다가 고가의 부동산인 만큼 더 높은 레벨로 올라갈수록 추가되는 금액도 매우 커진다. 실패에 따른 리스크도 커진다. 금액이 적을 때는 실패하더라도 다른 물건을 통해 만회하면 된다고 생각할 수 있으나, 금액이 큰 경우 매도라는 행위가 큰 실수가 된다면 치명적인 손해를 입게 된다. 그래서 여전히 수요층이 매우 두텁고 상대적으로 공급은 매우 제한적인 대상을 보유하고 있다면, 팔지 않고 계속 보유하는 편이 더 낫다.

너무 꿈 같은 사례라 '나한테는 해당하지 않는 이야기'라고 생각할 수도 있으나 그렇지 않다. 꼭 강남의 아파트를 갖고 있어야만 이런 일이 벌어지는 것이 아니다. 내 자금 수준에서 이보다 더 나은 대상을 보유하기 힘들 때도 해당하는 이야기다. 또 단순히 본인의 자금 능력이나 투자처를 발굴하는 능력의 한계에 대한 내용만도 아니다. 만족도의 측면에서도 생각해 볼 수 있다. 어떤 사람은 1년에 2억~3억 원의 수익이 나와야 충분하다고 생각할 수 있겠지만, 어떤 사람의 경우에는 1년에 5000만 원만 나와도 충분할 수 있다. 본인의 향후 경제적 여건을 함께 고려해서 목표한 현금흐름을 계속 만들 수 있는 수준만 된다면(현금흐름은 '수익형 전세 레버리지 기법'을 통해서 완성할 수 있다. 이 내용은 3장에서 더 자세히 설명하겠다) 매도를 하지 말고 계속 보유하는 편이 더 낫다.

4년이 되었지만 100%의 수익이 나지 않은 경우

목표한 4년이 되었지만 100%의 수익이 나지 않은 경우는 꽤 흔하다. 그런데 스스로 판단해 봐도 잘못 투자한 경우가 아니라면 매우 애매하다. 예를 들어 70~99% 사이의 수익률이라면 성공을 했다고 하기에도 뭐하고, 그렇다고 실패를 했다고 하기에도 애매하다. 이런 경우 좀 더 기다려서 100%를 채워야 할지, 아니면 4년이라는 기간을 보냈으니 일단 매도를 해야 할지 고민이 될 수 있다. 100%는 확실히 실현할 수 있는 목표이나 말 그대로 '목표'다. 그러니 매번 목표 수익률을 달성할 수 있지는 않다. 70% 이상의 수익이 나왔다면 어느 정도 목표는 달성했다고 볼 수 있다. 그러니 아쉽긴 하지만 매도를 고려하는 것이 좋다.

대신 투자를 지속하다 보면 반대의 경우도 많이 겪을 수 있다. 4년에 100%를 기다리고 있었는데, 순식간에 150%가 되었다든지 심지어는 200~500%의 수익이 나는 경우도 있다. 그러니 매번 100%를 달성하지 못했다고 해서 너무 예민하게 생각할 필요는 없다.

앞서 설명했듯 4년 100% 정도의 목표는 확률도 높지만 투자를 여러 번 거듭할수록 더욱 확실해진다. 그러니 첫 번째 투자 또는 두 번째 투자에서 4년에 100%의 수익률이 나오지 않았다고 해서 실패한 투자로 치부하지 않도록 하자.

첫 번째 황금 로드맵,
부동산 사이클링 기법

2500만 원씩 12년간 투자하면 20억 원이 된다

평범한 사람도 가능한 놀라운 부동산 수익률

종잣돈 5000만 원이 있다고 해보자. 연간 2500만 원씩 저축할 수 있다면, 5000만 원은 2년이면 모을 수 있는 돈이다. 종잣돈 5000만 원은 이 책에서 말하는 부동산 투자를 시작하기 위한 최소한의 자금이다. 물론 연간 2500만 원을 저축하는 일도 쉽지 않다. 1000만 원을 저축하기 힘든 사람도 상당히 많을 것이다.

그렇다고 좌절할 필요는 전혀 없다. 이 수치는 일종의 개념이다. 이렇게 부동산 투자를 해서 재산을 늘릴 수 있다는 사실을 구체적으로 보여주기 위해 예시로 사용하는 숫자일 뿐이다. 금액은 본인의 상황에 맞게 조정하면 된다. 꼭 20억 원이 있어야 행복한 것도 아니고, 12년 만에 목표한 금액을 달성해야 성공이라고 할 수도 없다. 그러니 숫자에 너무 집착할 필요는 없다. 상식을 뛰어넘는 성공이 바로 부동산 투자에 있고, 그 성공이 매우 쉽다는 사실을 이해하기만 하면 된다. 이미 5000만 원 이상의 종잣돈을 가지고 있는 사람도 많다. 그리고 매년 모으는 자금이 2500만 원을 훌쩍 넘는 사람도 있다. 그런 사람도 본인에게 맞는 수치를 적용하면 된다.

본격적으로 시작하기에 앞서 이 수치가 얼마나 대단한 숫자인지 다시 한번 계산해 보자. 매년 2500만 원씩 투자해서 12년 만에 20억 원의 순자산을 만들려면 연간 수익률이 무려 31%여야 한다. 그것도 단 한 해도 빠지지 않고 12년간 매년 복리로 늘어나야만 한다. 이렇게 계산을 해놓고 보니, 12년 만에 20억 원을 만드는 일은 더욱더 비현실적으로 느껴지기만 한다.

투자금	수익률	연수	복리계수	수익금
25,000,000원	1.31	1	1.31	32,750,000원
25,000,000원	1.31	2	1.72	42,902,500원
25,000,000원	1.31	3	2.25	56,202,275원
25,000,000원	1.31	4	2.94	73,624,980원
25,000,000원	1.31	5	3.86	96,448,724원
25,000,000원	1.31	6	5.05	126,347,829원
25,000,000원	1.31	7	6.62	165,515,655원
25,000,000원	1.31	8	8.67	216,825,509원
25,000,000원	1.31	9	11.36	284,041,416원
25,000,000원	1.31	10	14.88	372,094,255원
25,000,000원	1.31	11	19.50	487,443,475원
총합				1,954,196,619원

세계 최고의 투자자 워런 버핏의 수익률이 연 20%대다. 학교 다닐 때 반에서 1등을 해본 적이 있는 사람은 얼마나 될까? 많지 않을 것이다. 나 역시 학교 다닐 때 단 한 번도 반에서 1등을 해본 적이 없다(비공식 부문에서는 1등을 해본 적이 몇 번 있다. 닭싸움 1위, 윗몸일으키기 1위, 땅따먹기 1위). 한국도 아니고 전 세계에서 투자로 1등인 워런 버핏보다도 높은 수익률을 낸다는 가정도 상식적으로 말이 되지 않는다. 그런데 이 말이 되지 않는 일이 일어나는 곳이 지금 한국의 상황이고, 한국의 부동산 투자 수익률이다. 강남 아파트의 수익률을 따져본 적이 있는가?

반포 래미안퍼스티지(84형)

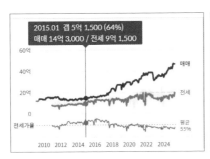

2015년 매매가	14억 3000만 원
2015년 전세가	9억 1500만 원 (전세 비율 64%, 투자금 5억 1500만 원)
2022년 매매가	38억 5000만 원
차익	24억 2000만 원
투자금 대비 상승률	470%

출처: 호갱노노

도곡 역삼럭키(84형)

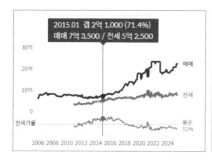
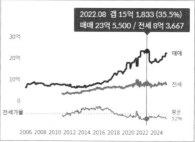

2015.01 갭 2억 1,000 (71.4%)
매매 7억 3,500 / 전세 5억 2,500

2022.08 갭 15억 1,833 (35.5%)
매매 23억 5,500 / 전세 8억 3,667

2015년 매매가	7억 3500만 원
2015년 전세가	5억 2500만 원 (전세 비율 71%, 투자금 2억 1000만 원)
2022년 매매가	23억 5500만 원
차익	16억 2000만 원
투자금 대비 상승률	771%

출처: 호갱노노

    반포 래미안퍼스티지와 도곡 역삼럭키에 2015년에 투자했을 경우 2022년 매매가 기준으로 투자금 대비 각 470%, 771%의 상승률을 보였다. 엄청난 결과가 나왔다.

    강남의 아파트만 이런 말도 안 되는 상승률을 보일까? 그렇지 않다. 광교 자연앤힐스테이트와 은평뉴타운 박석고개의 사례 또한 투자금 대비 479%, 397%로 놀라운 상승률을 보였다. 10년 만에 10배가 되는 수치를 보여주는 자료는 아니지만, 7~8년을 보유하고만 있어도 투자 금액 대비 4~8배 정도의 수익을 거두는 일이 이렇게 광범위하게 일어난다는 데 주목해야 한다. 한국의 부동산 시장이 이렇다. 그렇다면 '내가 노력을 조금 더 한다면 이보다 더 높은 수익을 만들어내는

광교 자연앤힐스테이트(84형)

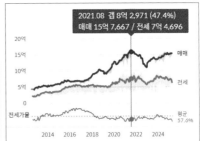

2015년 매매가	6억 2800만 원
2015년 전세가	4억 3000만 원 (전세 비율 68%, 투자금 1억 9800만 원)
2022년 매매가	15억 7600만 원
차익	9억 4800만 원
투자금 대비 상승률	479%

출처: 호갱노노

은평뉴타운 박석고개 12단지 힐스테이트(84형)

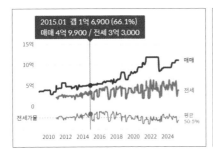

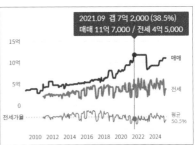

2015년 매매가	4억 9900만 원
2015년 전세가	3억 3000만 원 (전세 비율 66%, 투자금 1억 6900만 원)
2022년 매매가	11억 7000만 원
차익	6억 7100만 원
투자금 대비 상승률	397%

출처: 호갱노노

일이 가능하지 않을까?'라는 희망이 그저 헛된 희망이 아니라는 사실을 알 수 있다.

내가 말하는 희망의 로드맵은 로또 당첨 같은 일이 아니다. 로또 당첨자는 매주 뽑지만 나는 평생을 살아가면서 단 한 번도 주변에서 로또 당첨자를 본 적이 없다. 진짜 로또 당첨자가 있긴 있나 하는 의심마저 살짝 든다. 그렇게 극소수의 행운아들에게만 해당하는 일이라면 보통 사람들에게는 아무런 의미가 없다는 뜻이다.

그러나 이런 모습을 떠올려 봐라. 우리가 아무 모임 또는 아무 집단이나 가서 그곳 사람들과 조금 친해졌다고 생각해 보자. 은근슬쩍 재산에 관해 이야기를 나눠보면, 놀랍게도 부동산과 관련된 성공 사례를 가지고 있는 사람들이 상당히 많다. 부동산 투자가 확률이 매우 높은 성공 신화라는 뜻이다.

내가 운영하고 있는 '맘우투' 회원의 수많은 사례만 해도 그렇다. 지금 세간의 화제가 되고 있고, 많은 사람의 부러움의 대상인 올림픽파크포레온은 현재 84형 기준 26억 원 정도다. 그런데 이런 아파트가 불과 7년 전에는 1억 원의 투자금으로 매수할 수 있었다고 한다면 믿어지겠는가? 당시 둔촌주공이었던 이 아파트는 그때도 3000세대가 넘는 대단지였는데, 그중 약 100개 정도만 존재하는 초소형 아파트가 있었다. 투자 금액이 워낙 적어서 투자자들에게 항상 인기가 많은 평형이었는데, 갑자기 분담금이 오른다는 이슈가 발생했다. 그래서 웬만해선 시장에 잘 나오지 않던 초소형 평형 수십 개가 우르르 시장에 나오게 되었다.

나는 그 당시 '이건 찬스'라고 목에 힘을 줘가면서 이야기했다. 분담금 상승 이슈는 소위 말하는 건설사의 '조합원 길들이기' 차원에서 겁을 주는 쇼일 가능성이 높고, 설령 건설사가 말하는 대로 분담금이 늘어난다고 해도 충분히 이익이 되는 수준이라고 말이다. 게다가 이런 적은 금액으로 최고의 재건축 아파트를 살 수 있는 기회는 거의 없다며 적극적으로 투자를 권장했었다.

어떻게 되었겠는가? 당시 나온 매물의 절반 이상은 맘우투 회원들이 매수했다. 재밌는 것은 이 소식을 어떻게 주워듣고 매수에 참여했던 다른 사람도 있었는데, 이 사람은 계약을 했다가 오히려 계약금을 날려버리고 해지를 했다는 것이다. 왜인가 살펴보니, 돌아가는 상황이 무서워서 그냥 계약을 포기하는 게 낫다고 생각했다고 했다. 투자의 가치를 모르면 우연히 보석을 손에 쥐는 일이 발생해도 쓰레기통에 던져버리게 된다. 결국 분담금은 건설사가 제시한 조건보다 훨씬 낮은 금액으로(그래도 인상은 되었다) 결정되었다.

이후에는 어떻게 되었을까? 당시에는 너무 감정가가 낮아서 84형을 받을 수는 없고 59형을 받으리라 생각했지만, 최종적으로는 모두 84형을 받게 되었다. 그렇다면 분담금은? 분담금은 그 이후에도 올랐기 때문에 그때마다 건설이 중단되는 등 온갖 잡음이 있었으나 결국 입주 시점에 전세를 놓을 경우, 전세금으로 모든 분담금을 내고도 남는 수준이 되었다. 최종적으로 투자금 1억 원으로 26억 원짜리 아파트를 매입한 결과가 되었다.

이러한 성공 신화는 내가 알고 있는 회원들에게만 있는 게 아니다.

곳곳에 있다. 가까운 나의 주변만 돌아봐도 부동산 투자를 통해 이 정도의 성공 신화를 만들어낸 사람을 심심치 않게 만날 수 있다. 물론 주변에서 성공한 사례를 인정한다고 해도, 내가 제시한 20억 원이라는 숫자에 미치기에는 아직 한참 멀었다. 그래서 앞서 말한 대로 하나씩 순서를 밟아나가야 한다. 기본기를 이해해야 그다음 단계로 나아갈 수 있다.

하지만 부동산이 아무리 확률이 높다고 해도, 기회를 활용하지 못하는 사람이 훨씬 더 많다. 이렇게 성공 사례가 많은데도 왜 보통 사람들은 이런 기회를 활용하지 못하고 여전히 '서민의 삶'을 사는지도 이해할 수 있어야 한다. 왜냐면 본인도 결국 '보통 사람'일 가능성이 매우 높기 때문이다. 그러니 먼저 한국의 부동산 시장에서는 보통 사람도 수년 만에 4~8배쯤의 수익을 내는 일이 특별한 일이 아니라는 사실을 인정하고 받아들이는 것이 중요하다. 이걸 받아들인 후에는 왜 이런 일이 일어나는지에 대한 메커니즘을 잘 살펴봐야 한다. 메커니즘을 이해한 후에는 한 단계 더 나아가 그것을 적극적으로 활용하는 법을 익혀보라. 적극적으로 활용하는 법까지 익히면 그보다 더 높은 수익률이 가능해진다.

20억 원을 만들기 위한 조건

이제 본격적으로 20억 원을 만드는 과정을 알아보자. 조건은 다음과 같다. 첫째, 매년 2500만 원씩 12년간 모을 수 있어야 한다. 매년 정확히 2500만 원이 아니라 해마다 조금 다를 수도 있고, 금액 차이가 있을 수 있겠지만, 그 정도의 목표를 세우고 자금을 모아야 한다는 뜻이다. 그리고 목표를 달성하기 전까지는 어떤 상황이 와도 투자된 자금을 꺼내서 다른 곳에 쓰지 않아야 한다.

둘째, 좋은 부동산을 고를 수 있는 능력을 갖춰 투자를 시작해야 한다. 좋은 부동산을 고르는 일은 사실 어렵지 않다. 생각보다 훨씬 간단해서 놀라울 정도다. 좋은 주식을 고르는 것과는 비교조차 할 수 없다. 보통은 아무리 공부해도 좋은 주식을 고르기 힘든 것이 일반적이다. 사실 한국 시장에는 수익을 보기 좋은 주식이 거의 없기 때문에 그렇다. 없는데 있다고 생각하고 찾으려 하니 늘 실패하기 마련이다. 그러나 부동산은 다르다. 좋은 부동산이 아주 많다. 심지어는 금액대별로, 지역별로 깔려 있다. 정말 친절할 정도다. 나에게 돈을 벌게 해주기 위해서 시장이 최대한의 친절을 베풀고 있는 것이나 마찬가지다(좋은 부동산을 고르는 법은 뒤에서 자세히 설명하겠다).

셋째, 부동산의 사이클을 이용할 줄 알아야 한다. 부동산 시장에는 사이클이 있다. 강세장과 하락장, 약세장이 있다. 이 흐름에 따라 부동산은 수익률도 달라지고, 투자의 전략도 달라지고, 기대치도 달라진다. 다시 말해 이런 흐름에 따라 적절한 전략을 구사할 줄 알아야 한다는 뜻이다. 솔직히 말하면 이는 고수의 영역이긴 하다. 그 자체가 어렵다기보다는 이해한다 해도 정작 실천하기가 쉽지 않다. 항상 대중을 거스르는 일이기 때문이다. 그러나 우리에게는 12년의 세월이 있다.

12년이면 충분히 익힐 수 있고, 누구나 실천까지 가능하다.

이 세 가지 조건을 충족한다면 5000만 원으로 시작해도 12년 후에는 순자산 20억 원을 만들 수 있다.

부동산 사이클을 알아야
수익이 보인다

부동산 투자는 실제로 매우 높은 수익을 내는 것이 역사적으로 증명되어 있다. 그런데 정말 이상한 점은 이렇게 명백한 결과물이 있다면 모든 사람이 부동산 투자에 매달리고, 그래서 모든 사람이 부동산 투자로 큰 수익을 낼 것 같은데 정작 그렇지 않다는 점이다. 부동산 성공 확률이 높다고 해도, 전체적으로 보면 성공하는 사람은 여전히 소수에 불과하다. 게다가 한 1년쯤 공부하면서 부동산 가격을 추적해 보면 부동산 가격이 그다지 오르지 않는 것 같은 느낌을 받기도 할 것이다. 어떤 지역, 어떤 단지를 추적하느냐에 따라 다르지만, 대부분의 초보자는 부동산 시장의 핵심 단지를 조사하기보다는 본인이 거주하는 지역 주변부터 조사하는 경향이 있기 때문에 더욱 그렇다. 아무리 부동산이 놀라운 상승과 수익을 만들어낸다는 증거 자료를 들이밀어도 사람들은 '그건 돈 있는 사람들에게나 해당하는 일이겠지'라고 생각한다.

특히 이런 간극은 시장이 매번 그 모습을 달리할 때 크게 벌어진다. 시장은 언제나 같은 모습을 하고 있지 않다. 상세하게 들어가자면 더욱 세분화할 수 있지만, 크게 세 가지 모습을 하고 있다. 강세장, 약세장, 하락장. 시장은 이렇게 세 개의 얼굴을 가지고 있고, 각각의 얼굴은 이전의 얼굴을 상상할 수 없을 정도로 다르다. 그래서 부동산 투자를 하려는 사람이라면 시장이 각기 다른 세 개의 얼굴을 가지고 있다는 점을 우선 이해해야 한다. 지금 이 시점에서는 시장이 어떤 얼굴을 하고 나를 바라보고 있는지를 알아보는 것이 중요하다.

부동산 사이클 주기가 짧아지고 있다

부동산 사이클은 어느 정도 일정한 주기를 가지고 움직인다. 사이클은 갑자기 없어지거나 할 수 없다. 하나의 '원리'이기 때문에 존재할 수밖에 없다. 그런데 사이클이 늘 일정한 폭으로 움직이진 않는다. 언제나 일정하게 움직이지 않고 길이도 그때그때 다르고, 등락의 폭도 다르다. 그렇다면 지금 바로 이 시점에 부동산 사이클은 어떻게 움직이고 있을까? 결론부터 말하자면 부동산 사이클은 너무 놀랍게도 점점 짧아지고 있다. 그리고 부동산 사이클이 짧아지고 있다는 확실한 증거들도 있다.

가장 대표적인 단지로 먼저 살펴보자. 바로 도곡렉슬이다. 이곳의 움직임을 보면 84형을 기준으로 2006년 9월에 14억 7000만 원으로 고점을 찍었다. 그 후 계속 하락과 보합을 거쳐서 다시 전고점인 14억 7000만 원을 2017년 7월경 돌파했다. 얼마나 걸렸을까? 그렇다. 무려 11년이라는 세월이 걸렸다. 2006년 최고점에 산 사람들은 10년 정도 마음고생을 꽤 했을 터이다.

하지만 최근 상황은 많이 달라졌다. 현재 시장을 선도하는 대표 단지인 반포의 래미안퍼스티지는 84형 기준 2022년 8월에 38억 5000만 원으로 고점을 찍고 그 이후로 계속 하락했다. 그런데 2023년 12월, 39억 5000만 원의 실거래가 찍히며 전고점을 돌파해 버렸다. 불과 1년 만이다.

물론 최고점 하나가 찍힌 상황만을 가지고 전고점을 돌파했다고 볼 수는 없다. 마침 그 호수가 특별히 인테리어가 잘된 곳이라거나 특수한 조건이 있을 수 있기 때문이다. 그런데 당시 다른 매물들의 시세 또한 36억 5000만 원 정도로 높게 올라왔다. 전고점을 돌파한 매물을 제외하더라도 약 5% 차이밖에 나지 않는 상황이었다.

이렇듯 과거 11년씩 걸리던 때와 다르게 고점을 돌파하는 속도가 굉장히 빨라졌다. 강남이라서 그런 것 아니냐고? 그럼 마포로 한번 넘어가 보자. 마포래미안푸르지오 84형은 2021년 9월에 18억 8000만 원으로 최고점을 찍었다. 그런데 2023년 8월에 18억 2500만 원을 찍으며 올라왔다. 마찬가지로 2년 만에 전고점에 육박하게 되었고, 다른 매물들의 시세를 봐도 전고점에 비해 약 2.9% 정도 낮은 금액이 형성되어 있었다. 거의 전고점을 회복했다고 해도 과언이 아니다.

어떤 이들은 이런 현상을 보고 "일반적인 사례가 아니라 A급 아파트에만 해당하는 이야기 아닌가요?"라고 물을 수 있다. 하지만 부동산 공부를 조금이라도 해봤으면 알 수 있다. 부동산의 메커니즘은 변하지 않는다. 기본적으로 강남 같은 좋은 부동산이 먼저 올라가고, 나머지를 끌어올리며 점점 확산된다. 강남이 먼저 올라간 뒤 이 힘이 강하면 힘이 확산하다 나중에는 지방의 1억 원 이하 아파트에까지 힘이 미친다. 그게 강세장이다.

그러니 우선 과거에 비해 사이클이 짧아졌다는 것을 이해하고, 사이클의 힘이 어디까지 미칠 것인지, 내가 사려고 하는 부동산에는 언제쯤 미칠 것인지 파악하는 것이 지금 시장에서 해야 할 가장 중요한 일이다.

강세장 vs 하락장 vs 약세장

세 개의 각기 다른 시장은 매도와 매수의 힘의 균형에 의해서 만들어진다. 매도세가 매우 강하고, 매수세가 매우 약하면 하락장이 된다. 반대로 매수세가 매우 강하고, 매도세가 매우 약하면 강세장이 된다. 그렇다면 매도세와 매수세가 적정한 균형을 이루는 때도 있을 것 같지만, 사실 부동산 시장에서 그런 때는 거의 없다고 봐야 한다. 이상적

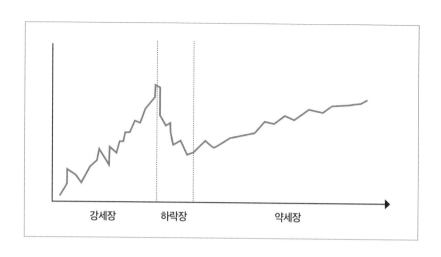

강세장   하락장   약세장

또는 이론적으로만 존재하고 실제로 그런 시장은 존재하지 않는다. 매도세와 매수세가 전체적으로 약해지는 상황은 있다. 그게 약세장이다. 전체 비중으로 보자면 약세장이 약 60%로 가장 긴 기간을 차지한다. 그리고 강세장이 약 30%, 하락장이 약 10% 정도를 차지한다. 각각의 장에 어떤 특징이 있는지 먼저 살펴보자.

가격이 계속 오르는 강세장의 상황

강세장은 매수세가 매우 강한 상황이다. 그에 비해 매도세는 약하다. 팔려는 사람이 별로 없다. 왜 그럴까? 가격이 계속 오르기 때문이다. 가장 큰 이유는 두 가지이다. 시장에 공급 물량이 적고, 유동성이 풍부해서다. 쉽게 설명하면 물건을 살 돈이 충분해서 물건을 사고 싶은데, 막상 물건은 별로 없는 상황이다.

유동성이 풍부해지는 이유는 본질적으로는 국가 경제가 좋아져서일 수 있지만 그런 경우는 드물고, 대부분은 금융의 문제다. 물론 국가 경제도 조금씩 나아지고 있거나, 최소한 심각하게 나쁘지는 않아야 한다. 그래야 금융으로 돈을 풀든 풀지 않든 조절을 할 수 있기 때문이다. 따라서 금융이 어떻게 움직이는지를 봐야 한다. 별것 아닌 것같지만 사실 굉장히 중요한 개념이다. 왜냐면 초보자들은 부동산을 사야 한다고 이야기하면 "국가 경제가 이렇게 안 좋은데 무슨 부동산이냐"라고 하거나 "지금 불경기인데 부동산이 오르겠어?"라고 반문하는경우가 상당히 많기 때문이다. 언뜻 생각하면 맞는 말처럼 들리지만,부동산 상승은 그다지 경제에 따라 좌우되지 않는다는 사실을 알아야한다.

시장에 돈이 풀리기 시작하면 사람들은 부동산을 사고 싶어 한다.그중에서도 아파트를 사고 싶어 하고, 그중에서도 신축을 사고 싶어하고, 그중에서도 더 좋은 지역에 있는 물건을 사고 싶어 한다. 그런데물건을 파는 사람들은 전문 장사꾼이 아니다. 이게 바로 보통의 시장과는 다른 구조가 만들어지는 핵심 원인이다. 우리가 어떤 물건을 사고 싶고, 그것이 수요와 공급에 의해서 결정될 때 대부분 그 물건을 파는 '전문적인 업자'를 통해 사게 된다. 그래서 사업자가 너무 폭리를취한다거나 하면 국가적으로 제재를 하기도 한다.

그런데 부동산은 그렇지 않다. 물론 부동산에도 전문적인 업자들이 있다. 건설사들이 전문적인 업자들이다. 그런데 전문 업자들이 공급하는 물량은 전체 거래량의 약 10%도 되지 않는다. 나머지는 모두 개인 간의 거래이다. 그러니 어떻겠는가? 내 물건을 서로 사겠다고 난리를 친다면? 인간의 욕심은 끝이 없다. 더 높게, 더 높게 받고 싶은 것이 인간의 심리다. 그래서 사람이 몰리면 몰릴수록 더욱 팔고 싶지 않게 되고, 그럴수록 가격은 더 오른다.

이때 전문 업자들이 나타나서 물건을 마구 풀어대면서 "자, 여기 물건이 잔뜩 있으니 사십시오"라고 한다면 좋겠지만, 전문적인 업자들도 그렇게 할 수 없다. 아파트는 만들어내는 데 긴 시간이 걸리는 데다가, 만드는 것 자체도 힘든 일이기 때문이다.

일단 토지를 사야 한다. 그런데 그렇게 대규모의 토지가 없기 때문에 여러 명의 토지를 합쳐서 사야 한다. 이때 '여러 명'이라는 데에서부터 삐걱거린다. 그 많은 사람의 마음이 다 맞을 리가 없고, 가격이나 조건에 모두 동의할 리가 없다. 그러니 일단 토지를 구입하는 데 매우 많은 시간이 걸린다. 또 건축하는 데에만 최소 3년의 시간이 필요하다. 심혈을 기울여서 수년간 연구한 끝에 품질도 좋고, 디자인도 좋은 신상 명품 가방을 만들어 내놓아도 며칠만 지나면 시장에는 모조품이 돌아다닌다. 대단한 기술력이다. 그런데 부동산은 그런 일이 도저히 불가능하다. 그러다 보니 한번 매수세에 불이 붙으면 물건은 게 눈 감추듯 더 빨리 사라지고, 매수세는 더 불붙는다.

당연히 가격은 하루가 다르게 달라지고, 가격 협상이고 뭐고 빠르게 결정하는 사람이 승자가 되는, 그야말로 상식적으로는 이해가 되지 않는 상황이 펼쳐진다. 물론, 이런 상황이 매일매일 벌어지지는 않는다. 그 과정에서 규제도 나오고 악재도 나오면서 주춤하기도 하고,

심지어는 약 1년 정도 잠잠해지기도 한다. 그러나 다시 똑같은 현상이 벌어지는 일이 반복되면서 한번 강세장이 시작되면 보통은 최소 5년에서 8년 정도 비슷한 현상이 계속 이어진다.

공포감이 지배하는 하락장

강세장 이후에 오는 것이 하락장이다. 약세장 이후에 하락장이 올 수도 있는데, 장기적으로 성장하는 시장이라면 하락장은 약세장 이후에는 오지 않는다. 약세장 이후에 하락장이 온다면 시장이 완전히 무너지는 꼴이기 때문이다. 그런 경우는 우리나라로 치자면 IMF 구제금융급 위기 정도가 아니라면 오지 않는다고 봐야 한다.

그래서 하락상은 일반적으로 강세장 이후에 오는데, 가장 큰 이유는 강세장에서 거품이 만들어졌기 때문이다. 앞서 말한 것처럼 강세장에서는 매수 세력이 워낙 강하다 보니 물건을 파는 사람은 한도 끝도 없이 가격을 올리려 하고, 그것을 받아주다 보면 결국 말도 안 되는 금액이 형성될 수밖에 없다. 공급업자도 마찬가지다. 아파트 공급은 쉽지 않은 일이지만, 모든 부동산이 그렇지는 않다. 비아파트 또는 아파트라고 해도 크게 선호도가 떨어지는 나홀로 아파트 같은 물건은 상대적으로 공급이 쉽다. 그런데 시장에 공급만 하면 다 사주는 매수자들이 존재하는 때가 바로 강세장이다. 그러니 어떻겠는가? 저급한 부동산을 시장에 마구마구 쏟아낸다. 그러다 어느 순간에 이르면 갑자기 그 가치가 시장에서 확인되는 순간이 온다.

거기에 시장의 자금줄까지 말라버리면 타격은 더욱 크다. 앞서 설명한 대로 시중의 자금은 경기의 흐름과 비례하지 않는다. 정책적으로 조절하는 부분이 매우 크다. 물론 정책적 조절의 근거에는 경기의 흐름이 있지만, 대중에게 현실적으로 와닿는 부분은 경기의 흐름보다는 금융 정책이다. 금융 정책으로 인해 시중의 돈은 언제든지 늘어날 수도 있고, 줄어들 수도 있다. 그런데 상당 기간 시중에 돈이 풀렸다면 경기의 속도를 조절하기 위해서 시중의 돈을 줄일 수밖에 없다. 그런데 '묘하게도' 시중의 자금이 줄어드는 때는 부동산 거품이 한창일 때와 거의 맥을 같이한다.

'묘하게도'라는 단어를 썼지만 사실 이 표현은 적절하지 않다. 사람들은 우연히 그렇게 된 듯 느끼지만, 사실은 전혀 우연이 아니기 때문이다. 부동산 경기는 정부가 유일하게 쓸 수 있는 경기 조절 카드다. 특히 우리나라와 같이 소규모 개방경제의 모습을 띤 나라에서는 더욱 그렇다. 우리나라는 수출로 먹고사는 나라인데, '수출'은 정부가 어떻게 할 수 있는 부분이 아니다. 물론 여러 가지 지원을 해줄 수는 있지만 그것이 명백하게 효과를 낸다고 보기는 어렵다. 그래서 내수를 이용해서 경기 조절을 해야 하는데, 여러 가지 방법이 있겠으나 가장 효율적이고 직접적인 영역이 바로 부동산이다. 부동산은 금액도 크고, 연관 산업 분야도 매우 크기 때문이다. 그래서 오랜 기간 강세장이 이어졌다면, 그 배경에는 정부의 금융 정책이 매우 큰 몫을 했다고 볼 수 있다. 하지만 이렇게 계속 돈을 풀 수만은 없다. 그래서 결국 어느 시점이 되면 다시 돈을 줄이기 시작하는데, 그게 부동산 거품이 꺼지는 과정과 맞물리면서 큰 폭의 하락이 만들어진다.

이제 반대의 현상이 벌어진다. 매도자들은 서로 자신의 매물을 팔려 하고, 매수자들은 아무도 관심을 갖지 않는다. 게다가 시장에는 이미 저급한 형태의 부동산도 깔려 있고, 그것을 산 매수자들도 넘치는 상황이다. 하루빨리 물건을 처리해야 하는 상황으로 반전된 것이다. 공포에 빠져버린 매도자들은 서로 경쟁하듯 낮게, 더 낮게 자신의 매물을 내놓는다. 빠른 속도의 하락이 이렇게 만들어진다.

일반적으로 하락장은 보통 6개월에서 1년 정도로 마무리된다. 기간은 부동산 사이클 전체로 봤을 때 가장 짧다. 그러나 그 정도만 되어도 시장에 미치는 타격감은 강력하다. 우선 하락폭이 매우 크다. 게다가 부동산은 레버리지를 쓴다. 레버리지의 특성상 상승장에서는 투자 금액 대비 수익의 규모를 늘리지만, 반대의 상황인 하락장에서는 손실의 규모를 늘린다. 그래서 하락장이 6개월 이상만 지속되어도, 사람들은 부동산에 대한 기대감을 완전히 버리게 된다. 즉 7~8년 동안 이어졌던 '부동산 불패' 신화에 대한 믿음을 단 6개월 만에 완전히 사라지게 할 만큼 강력하다.

하락장에서는 보통 30~50% 정도의 하락이 만들어진다. 그런데 전세 비율 70%로 부동산을 매입했는데 부동산이 30% 하락했다면 투자금 전액을 손실하는 일이 발생한다. 이런 시기는 대출을 받은 사람들에게는 지옥문이 열리는 것과 다름없다. 전세를 끼고 매입했는데 매매가가 30% 폭락해서 투자 금액이 전액 손실되는 상황이 발생한다고

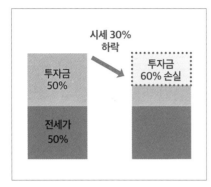
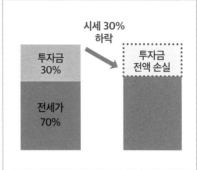

해도, 그건 평가 손실일 뿐이다. 안 팔면 그만이다. 그리고 하락장은 가장 짧은 기간이다. 아무리 길어도 1년이다. 그러니 투자 금액이 전액 손실되었다고 해도 그냥 버티면 된다. 버티다 보면 부동산은 놀랍게도 다시 회복된다.

문제는 대출을 받은 사람들이다. 대출을 받은 사람들은 하루하루 버티는 것이 너무 공포스러운 상황이다. 사람들은 하락장 때 '대출 이자가 너무 올라서 힘들다'라는 이야기를 하곤 하지만, 본질은 대출 이자가 올랐기 때문이 아니다. 고통의 본질은 '공포감'이다. 희망이 없고, 점점 더 수렁에 빠지는 듯한 공포감을 느끼기 때문에 정말로 힘든 것이다.

강세장 때는 스스로 '고금리'를 선택하는 사람들이 있다. 투자를 위해 2금융권 대출, 후순위 대출까지 받는다. 부동산 가격이 하루가 다르게 오르다 보니, 어떻게 해서든 자신의 자금보다 더 큰 부동산을 사고 싶다는 욕심 때문에 고금리도 마다하지 않는다. 아무리 높은 금리라 해도 부동산 가격이 오르기만 아무런 상관이 없다고 생각한다.

이론적으로는 맞다. 아무리 금리가 높다 해도 부동산이 그 금리보다 배로 뛰기만 하면 그야말로 손 안 대고 코 푸는 격이고, 빠르게 돈을 벌 수 있다. 하지만 현실은 녹록지 않다. 나중에 부동산이 떨어지게 되었을 때는 말할 필요도 없고, 당장 고금리를 감당하는 현실조차 견디기 힘들다. 부동산 가격이 아무리 오른다고 한들 그건 평가 이익일 뿐이고, 당장의 이자는 스스로가 감당해야 한다. 고금리의 이자를 매번 내기란 아무리 고액 연봉자라고 해도 상당히 힘들다. 그런데 부동산 가격이 계속 올라가기만 한다면 이자를 내는 것이 힘들다고 느껴지지 않는다. 오히려 매일매일 휘파람을 불면서 사는 수준이다. 왜 그럴까? 부동산 가격이 올라가고, 이제 곧 부자가 될 거라는 믿음과 희망 때문에 그렇다.

그러니 사실 이자 자체를 많이 낸다고 해서 곧바로 지옥을 경험하는 것은 아니다. 이자라는 실질적인 금액보다는 앞으로 나의 미래가 없어졌다는 공포감, 앞으로는 더 힘든 삶을 살아야 한다는 공포감, 앞으로 내 수중에는 초라한 재산만이 남게 될 거라는 공포감, 노후에는 더 힘든 삶을 살아야 할지 모른다는 공포감이 완전히 자리를 잡게 되면서 지옥을 경험한다.

이 공포감은 아무리 '부동산은 버티면 괜찮아진다'라고 이야기해도 이겨내기 어렵다. 매달 이자를 내기 때문에 그때마다 큰 심리적 타격을 받기 때문이다. 그래서 결국엔 매우 싼 가격에 매도를 한다든지 이자 내는 것을 포기하여 경매로 넘어가게 된다든지 하는 일이 벌어진다.

약세장에서도 수익을 낼 수 있다

하락장 후에는 필연적으로 약세장이 올 수밖에 없다. 부동산 불패에 대한 믿음이 완전히 깨져버렸고, 그렇게 해서 형성된 공포감은 꽤 오랜 시간 이어질 수밖에 없기 때문이다. 좋은 물건이 있고 이익이 확실하게 보인다고 해도 사람들은 주저하고, 심지어는 내 집 마련도 미룰 수 있으면 최대한 미루려고 한다. 아무리 좋은 물건이라고 해도 매수보다는 일단은 전월세로 사는 것이 더 유리하다고 여기는 경향이 강해진다. 세금에도 민감해진다. 강세장에서는 재산세와 종부세가 올라간다고 해도 '그까짓 거'라는 생각이 들지만, 약세장에서는 '부동산을 가지고만 있어도 매번 이렇게 돈을 내야 한단 말이야? 아이고, 관둬야겠다'라는 생각이 저절로 든다.

이런 시기는 부동산 전체 사이클을 통틀어 가장 오랜 기간 지속된다. 보통은 최소 5년, 길면 8년 정도 이어진다. 그러나 약세장에서 재산을 늘리는 것은 절대 어렵지 않다. 약세라는 것은 매수세가 매우 강하지 않을 뿐이지, 매수세 자체가 없어진 것도 아니고 무조건 매수 우위가 만들어지지도 않는다. 전체적으로 보면 좋은 부동산의 경우 완만하게 상승한다. 그러나 이때 매스컴은 특성상 자극적인 뉴스를 써내야 하다 보니 완만한 상승은 뉴스거리가 되지 않는다. 대신 '강남이 수십억 원이 되었다' '재건축이 평당 1억 원이 넘었다' 같은 뉴스들만 쏟아낼 뿐이다. 그러니 대중으로서는 '내가 끼어들 여지가 없구나' 하는 생각이 든다. 그러나 약세장 기간에 이런 초고가 아파트, 그리고 부자들이 선호하는 대상만 움직이는 것이 절대 아니다. 오히려 이런 때에 '돈이 되는 부동산'을 찾으려고 노력을 기울여야 한다. 완만한 상승이라고 해도 부동산은 기본이 억 단위이기 때문에 조금만 상승해도 상당한 이익을 얻을 수 있기 때문이다.

부의 본질을 잘 이해했다면 약세장이 불리할 것이 전혀 없다는 사실을 알 수 있다. 부의 본질은 안타깝게도 결국 비교 우위에 있냐가 중요하다. 남들 다 쌀밥을 먹을 때 나도 쌀밥을 먹으면 평범할 뿐이지 부자는 아니다. 그러나 남들 다 강냉이죽을 먹을 때 보리밥을 먹을 수 있다면 나는 부자이다. 자기계발서에 이런 비유가 많이 나온다. 우리는 지금 조선시대의 왕보다도 더 잘 먹고 더 잘살고 있다고. 그런데도 행복을 모른다고. 그렇다. 진짜로 우린 조선시대의 왕보다도 더 좋은 음식을 먹고 있고, 몇백 배는 편한 생활을 하고 있다. 하지만 지금의 일상에서 늘 행복감을 느끼는 사람은 아주 극소수일 것이다. 이런 사실을 알고 있어도 막상 행복감을 느끼기는 쉽지 않다. 인간이 그렇게 진화되어 왔기 때문이다.

부의 본질도 마찬가지다. 상대적으로 남들보다 우위에 있어야 한다. 그래야 부자라고 느낄 수 있다. 남들 다 자동차를 타고 다닐 때 나는 비행기를 타야 부자라고 느낄 수 있고, 남들 다 비행기를 탄다면 나는 비즈니스 클래스에 앉아야 부자라고 느낄 수 있다. 반대의 상황에서도 통한다. 남들이 연간 5000만 원을 번다면 나는 6000만 원이나 7000만 원을 벌어야 부자이지만, 반대로 남들이 연간 2000만 원을 번다면 나는 3000만 원, 4000만 원만 벌어도 부자가 될 수 있다. 이게 부의 본질이다. 그래서 약세장에서는 전체적으로 이슈가 될 만큼 가격이 오르지 않기 때문에 그중에서도 상위권의 상승률을 가진 물건을 고르기만 하면 된다. 상대적으로 월등한 수익을 내기만 하면 되는 것이지 몇 퍼센트냐가 중요하진 않다.

이때 이런 의문이 들 수 있다. '부동산 수익률만 비교할 수는 없지 않은가? 다른 자산들과 비교해서도 우월한 성적이 나야 하는 거 아닌가?' 맞다. 부동산 약세장에서 얻는 수익률이 정기예금보다도 못하다면 무슨 의미가 있겠는가? 그런데 이것도 걱정할 필요가 없다. 부동산은 약세장에서조차도 연 12% 이상의 수익을 낸다. 물론 좋은 부동산을 선택했을 때의 이야기다.

이렇게 높은 수익을 낸다면 사회적으로 굉장히 이슈가 될 텐데, 부동산 시장 전체가 아니라 약 10% 정도 되는 부동산만 그런 수익을 내기 때문에 큰 화제가 되지 않을 뿐이다. 또한 레버리지로 투자하는 부동산은 수익률이 12%라고 해도 부동산 가격 자체가 12% 오른 게 아니므로 데이터상으로는 별로 높은 상승을 하지 않은 듯 보이기 때문이다. 그러니 우리같이 경쟁을 피하고 조용히 돈을 벌고 싶어 하는 사람들에게 약세장은 최적의 시간이다.

약세장은 대중의 관심이 부동산에서 멀어져 있기 때문에 '뻔히 돈을 버는 물건'도 그냥 놔두는 경우가 많다. 돈 되는 부동산을 고르기가 그만큼 쉽다는 뜻이다. 정말 그런 물건들이 있을까? 가장 대표적인 물건이 입주권이나 분양권이다. 원래 분양권은 강세장에서는 가장 많이 오르고, 가장 레버리지가 높기 때문에(매매가의 10%의 계약금만 주고 사는 것이니까) 수익률이 가장 높다. 그런데 이런 것들조차 약세장에서는 별로 대접을 해주지 않는다. 대중은 '좋은 줄은 알지만, 굳이 미리 살 필요가 있을까'라고 생각한다. 쉽게 예를 들어보자.

매매가 6억 원인 입주권을 3억 원으로 투자해 매수했다고 해보자. 아파트가 다 지어져 입주 시에는 매매가가 9억 1000만 원으로 상승해 3억 1000만 원의 차익이 발생했다면, 투자금 대비 103%의 수익률이 난 것이다. 또한 새 아파트이기 때문에 일반적으로 주변 구축 아파트에 비해 높은 가격으로 형성된다.

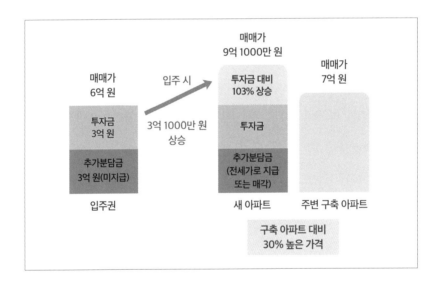

분양권의 경우에는 더욱 수익률이 높은 경우가 많다. 매매가 5억 원에 프리미엄 3000만 원인 분양권이 있다고 해보자. 투자금은 매매가의 10%인 계약금만 있으면 되므로 5000만 원에 프리미엄 3000만

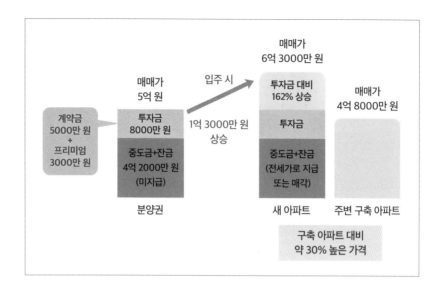

원을 더한 8000만 원이다. 시간이 흘러 입주할 때가 되었을 때는 6억 3000만 원으로, 투자금 대비 약 162% 상승했다. 역시 새 아파트라 주변 구축 아파트보다 가격이 높게 형성되고, 투자금이 적게 들어 수익률도 높다.

이처럼 약세장에서는 강세장보다 수익률이 약하다는 단점이 있긴 하지만, 뻔히 돈 되는 좋은 물건을 고를 수 있다는 장점이 있다.

부동산 사이클을
정확히 알아보는 법

일단 부동산 사이클을 이용허기 위해서는 기본적인 마음가짐이 중요하다. 부동산 사이클은 언제나 대중의 생각과 딱 반대로 흘러가기 때문이다. 그래서 늘 어렵다. 언제나 대중이 몰리지 않는 곳으로 갈 생각을 해야 한다. 늘 불안하고 공포스럽기 때문에 굳게 마음을 먹었음에도 불안함을 견디지 못해서 결국 대중이 가는 길을 선택하는 경우가 많다. 그러나 좋은 투자자가 되려고 마음을 먹었다면 이것부터 시작해야 한다. 대중과는 다른 길을 간다는 각오다.

부동산 시장의 사이클을 알아야 하는 이유는 사이클을 이용해서 큰돈을 벌기 위해서다. 그러니 이미 사이클이 시작된 지 한참 지나서 움직이는 것은 아무런 의미가 없다. 그때는 이미 대중이 참여했을 시기이기 때문에 대중과 반대의 길을 가기는커녕 대중과 부화뇌동하는 꼴밖에 되지 않는다.

강세장을 알아보는 법

첫째, 약세장이 3년 이상 지속된 경우

강세장의 시작을 알아보려면 그 전에 약세장이 얼마나 진행되었는지 파악하는 것이 중요하다. 약세장 기간을 충분히 거치지 않았는데 강세장이 오는 경우는 없다. 약세장으로 시장이 충분히 다져지지 않았다면, 강세장으로 도약할 수 있는 에너지가 모이지 않는다. 그러니 우선은 약세장이 이어진 기간이 중요하다. 약세장은 최소 3년 이상 보내야 한다. 일반적으로는 5년에서 7년 정도의 기간을 보내는데, 이 기간이 점점 단축되는 추세이기 때문에 일단 약세장이 시작된 지 3년이 지났다면 강세장으로 전환되는 건 아닌지 촉각을 곤두세울 필요가 있다.

둘째, 가장 대표되는 단지부터 가격이 오른다

어찌 보면 당연한 이야기이지만, 강세장 초기에는 부동산 시장에서 가장 대표되는 단지부터 가격이 오른다. 물론 약세장에서도 부동산 가격이 전혀 오르지 않는 게 아니라 대표적인 단지는 꾸준히 오르기 때문에 강세장이 시작되면서 오르는 건지, 약세장 가운데서 오르는 건지 구분하기 힘든 부분이 있다. 그러나 상승 정도를 보면 쉽게 파악할 수 있다. 약세장에서는 대표 단지들이 오른다고 해도 그다지 화제가 될 수준은 아니다. 그 단지에 유독 관심을 두고 있는 사람들만 시세 변화를 알 정도지만, 강세장에서는 뉴스거리가 되는 수준이다. 그리고 이것이 일시적으로 보도되지 않고 지속적으로 보도될 정도로 화제가 된다.

셋째, 몇 년간 지속적으로 전세가가 상승한 경우

전세가의 상승은 결국 매매가의 상승을 부추긴다. 전세가가 지속적으로 상승했다는 것은, 공급이 부족하다는 뜻이기도 하다. 또 전세 수요자들이 언제든 매매로 돌아설 준비를 하고 있다는 것을 의미한다. 이런 에너지가 모아졌다면 강세장이 펼쳐진다.

넷째, 상당 기간 신규 공급이 없을 때

우리나라는 전 세계 어디와 비교를 해봐도 변화가 빠른 나라다. 유럽 같은 곳은 100년도 넘은 건물들을 그대로 유지한 채 살아가지만, 한국은 전혀 그렇지 않다. 새로운 기술 도입이 아주 빠르고, 그것이 바로 비교됨으로써 서로의 욕망을 자극하는 사회다. 그래서 주택 신규 공급은 부동산 시장에서 매우 중요한 의미로 볼 수 있다.

신축 아파트는 끊임없이 욕망을 불러일으킨다. 즉 그냥 편하게 발 뻗고 누울 집만 있다고 욕망이 채워지지 않는다. 신축 아파트에 대한 욕망은 본능에 가깝다. 그래서 적당한 수준의 신축 아파트가 끊임없이 공급되어야 과도한 집값 상승을 일으키지 않는다. 문제는 이렇게 신축 아파트가 늘 적당히 공급될 수 없는 구조라는 점이다. 건축하는 시간도 문제고, 토지를 확보하는 것도 문제고, 토지주들의 합의를 끌어내는 것도 문제고, 분양 성적도 문제가 되기 때문이다. 쉽게 이야기하면 이렇다. 수요가 있다고 해서 공급을 빠르게 할 수 없는, 비탄력적인 재화이기 때문에 어쩔 수 없이 불균형이 찾아온다. 결국 이런 식으로 상당 기간 신축 공급이 부족해진다면 신축에 대한 수요는 급증하고, 결국 강세장이 만들어진다.

다섯째, 대중이 매수할 여력이 있을 때

가장 중요한 점이다. 앞서 말했지만 강세장이 시작되기 전에는 약세장이 꽤 오랜 시간 이어진다. 그러다 보니 부동산 경기가 별로 좋지 않아서 각종 규제를 푸는 경우가 많다. 규제는 시장의 움직임을 봐가면서 조금씩 푸는데, 그렇게 조금씩 풀다 보면 나중에는 부동산 매수에 상당히 유리한 상황까지 오기도 한다. 그래서 일반적으로는 금리가 낮아지고, 규제가 거의 없어지고, 정부에서 매수를 권장하는 분위기가 조성된다. 그렇게 되면 거의 모든 사람이 부동산을 매수하기 매우 '쉬운' 수준이 된다. 즉, 당장 부동산을 매수하지 않는다고 하더라도 마음만 먹으면 얼마든지 부동산을 매수할 수 있는 여건이 만들어진다. 이런 상황이 되어야 거의 모든 사람이 부동산 매수에 참여하는 강세장이 만들어진다.

하락장을 예측하는 법

강세장 다음에는 필연적으로 하락장이 온다. 안타깝게도 이 또한 피할 수 없는 일이다. 언제나 정부에서는 연착륙을 하도록 노력하지만, 그건 이상에 가깝다. 노력에 따라 하락의 폭을 줄이거나 하락 기간을 좀 줄일 수는 있으나, 하락장 자체를 피할 수는 없다. 그래서 하락장의 징후도 자세히 알고 있어야 한다.

첫째, 어딜 가나 사람들이 부동산 이야기를 하는 경우

하락장이 오는 건 결국 강세장에서 거품이 만들어졌기 때문이다. 거품을 알아보는 가장 중요한 지표는 결국 사람들의 행동이다. 이때는 아무 커피숍에나 들어가도 한두 팀은 꼭 부동산 이야기를 하고 있다. 식당이나 술집에 가도 마찬가지다. 어느 곳에 가도 부동산 이야기와 함께 "내가 얼마에 사서 벌써 얼마가 되었잖아"라는 화려한 무용담이 들려오며 "부동산 공부는 이렇게 해야 하는 거야" 하는 어설픈 조언을 하는 사람들을 여기저기서 만날 수 있다. 또한 부러움인지 시기인지 알 수 없는 눈빛들, 자학인지 원망인지 알 수 없는 한탄 섞인 한숨 소리가 쏟아져 나오는 모습을 흔히 볼 수 있다.

또 부동산에는 전혀 관심 없었던 사람들조차 부동산 강의를 듣는다든지 부동산 카페에 가입한다든지 한다. 주식시장의 오래된 농담인 "아기를 업은 엄마가 객장에 나타나면 그때는 끝난 거다"라는 말과 비슷한 셈이다. 이런 현상들을 목격한다면 곧 하락장을 앞두고 있다고 생각해야 한다.

둘째, 정부가 비합리적이라고 할 정도로 과한 정책들을 몰아붙이는 경우

세금도 언제나 세계적인 수준이 있다. 양도세, 재산세, 상속세, 소득세 등 모든 세금은 나라마다 다르지만 어느 정도 기준이 있고, 당연히 그 안에서 높은 수준과 낮은 수준이 있을 뿐 일반적인 범위에서 크게 벗어나지 않는다. 설령 크게 벗어나는 경우가 있더라도 그런 경우 대신 다른 세금이 매우 낮아서 전체적으로 결국은 비슷한 수준을 유지한다.

그런데 일반적인 부동산 세금에 OECD 수준의 범위를 크게 벗어난 규정을 두는 상황은 매우 비정상적인 일이다. 왜 그렇게 비정상적인 세금 규정을 두겠는가? 바로 시장이 지나치게 과열되어 있기 때문이다. 그렇게 해서라도 비정상적인 시장을 정상으로 돌려야 할 만큼 급한 상황이 된 것이다. 과거 강세장 때 만들어져서 지금까지 유지되는 취득세 규정을 보면 알 수 있다. 우리나라는 3주택자부터 13.2%라는 취득세가 매겨진다(조정지역의 경우). OECD 어느 국가를 봐도 이렇게 높은 취득세를 내는 경우는 없다.

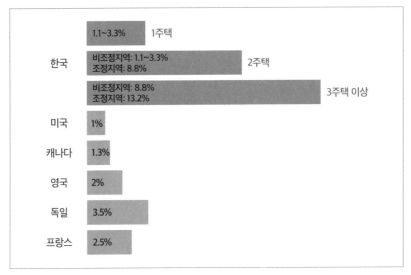

2025년 5월 기준(현재) 조정대상지역은 서초구, 강남구, 송파구, 용산구이다.

셋째, 소액 투자가 매우 활성화된다

원래 부동산 투자는 어느 정도 자금이 있어야 할 수 있는 영역이 맞다. 대부분의 사람에게 부동산은 소유하고 있는 자산 중 가장 큰 자산이다. 유독 한국 사람들의 자산 비중이 부동산에 더 많이 쏠려 있긴 하지만, 세계적으로도 역시 부동산은 개인 자산 중 가장 큰 비중을 차지하는 것은 확실하다.

그래서 소액(3000만 원 이하)으로 투자할 만한 가치 있는 부동산을 발견하는 것은 쉽지 않은 일이다. 아니, 쉽지 않다기보다 일반적이지 않다. 그래서 아주 특정한 때에 발견할 수 있거나 아니면 아주 제한적인 대상인 경우가 대부분이다.

그런데 소액 투자를 활발하게 한다? 이건 상당히 이상한 일이다. 어떻게 소액으로 살 수 있는 부동산이 그렇게 많겠는가? 물론 소액으로 살 수 있는 부동산은 널려 있다. 문제는 그런 부동산이 모두 가치가 있는 건 아니라는 점이다. 그런데 소액으로도 부동산을 쉽게 살 수 있고, 그런 부동산들로 모두 수익을 낼 수 있다고? 부동산 시장이 과열되면 그러한 확고한 믿음이 생겨나고, 사람들은 '세상이 변했다'라는 말을 공공연히 하게 된다. 지금이라도 '변한 흐름'에 올라타야만 한다는 이야기를 너도나도 한다. 다수가 그렇게 이야기하니 사람들은 그게 맞는 줄로 착각하고 쉽게 지갑을 열게 된다.

넷째, 지방 구석구석까지 투자를 한다

부동산이 오르는 가장 기본적인 원리는 결국 '희소성'에 있다. 희소하지 않다면 오를 이유가 하나도 없다. 생각해 보면 부동산은 시간이 지날수록 낡으니 오르긴커녕 감가상각이 되어야 맞다. 이런 상식을 깨고 부동산이 세월이 지나도 오르는 이유가 바로 대체할 대상이 없기 때문이다.

그런데 지방은 어떨까? 반드시 지방의 '그 지역'에 그리고 '그 아파트'에 살아야 하는 사람이 얼마나 될까? 지방은 여전히 비어 있는 땅이 많다. 수요가 늘어난대도 얼마든지 유연하게 대처할 방안이 있다는 뜻이다. 그래서 지방 중에서도 핵심 지역이 아닌 곳의 주택까지 가격이 오르는 상황은 상식에서 벗어난 일이다. 그런데도 투자자들이 그런 곳을 찾아다닌다? 그런 곳을 매수한다? 그리고 그런 곳의 가격이 오른다? 그렇다면 부동산 시장은 곧 하락장에 들어선다고 봐야 한다.

하락장은 이런 징조들을 거쳐서 시작된다. 하락장이 시작되면 매우 빠르게 가격이 떨어지게 된다. 사람들이 언제 그렇게 사려고 했었나 싶을 정도로 매물이 빠르게 쌓여간다. 상승할 수 있는 에너지가 계속 모이다가 결국 강세장에서 상승하는 상황과 마찬가지로 하락장도 하락할 수 있는 에너지들이 계속 축적된다. 그러다 어떤 트리거를 만나면서 하락으로 돌변한다.

트리거로 작용하는 요인으로는 금리 인상, 갑작스러운 경기 쇠퇴, 해외발 위기, 극단적인 규제 강화의 효과 등이 있다. 물론, 갑작스러운 경기 쇠퇴나 해외발 위기처럼 반드시 강세장의 끝자락에 온다는 보장은 없다. 강세장일 때 올 수도 있고, 약세장일 때 올 수도 있다. 강세장일 때 위기가 오면 강력한 힘으로 빠르게 극복하고 가격을 다시 밀고 올라가는 경향이 있지만, 약세장일 때 오면 어차피 많이 상승하지 않는 시기라 부동산에 미치는 영향은 별로 없다. 그러나 강세장의 끝자락에 이런 트리거가 작용하면 드라마틱한 효과를 내게 된다. 즉 따지고 보면 위기는 언제든지 올 수 있는데, 그 위기에 더 큰 충격을 받는 상황이냐 아니냐의 문제라 보면 된다. 그러니 트리거가 될 만한 현상이 나타나면 반드시 하락장에 대비해야 한다.

약세장을 알아보는 법

하락장이 끝나면 약세장이 시작된다. 그런데 하락장이 끝났다고 누가 어떤 선언을 하지 않는다. 정부에서 알려주는 것은 더더욱 아니다. 하락장은 말 그대로 부동산 가격이 하락하는 시기이기 때문에 쉽게 바닥을 단언할 수 없다. 기간도 단언할 수 없다.

그런데 하락이라 할지라도 묘하게 일반적인 수준이 있고, 거기서 크게 벗어나지 않는 모습을 보인다. 일반적으로 하락의 폭은 30% 수준에서 멈춘다. 그리고 일반적으로 하락 기간은 최대 2년 정도이고, 보통은 1년 이내에 마무리된다.

이 정도 선에서 멈추는 데에는 다 이유가 있다. 최고가에서 30% 하락한 정도라면, 투자 금액 대비 거의 절반 이상을 날리는 수준이다. 그렇게 되면 도저히 견디지 못하는 사람들은 공포감에 거의 다 손실을 보고 투자금을 날리게 된다. 추가로 하락하면 내 전 재산을 다 잃을지도 모른다는 공포, 또 추가로 하락하면 신용불량자가 될 수도 있다는 공포 등으로 인해 더 이상 견디지 못하고 손실을 확정해 버린다. 대출을 많이 받은 사람들의 경우에는 더하다. 20%만 하락해도 투자 금액을 전부 날리는 수준인 데다가, 이자 부담까지 2배로 늘어난다면 공포감과 고통의 정도는 상상하기 힘들 정도다. 결국 손해를 감수하고 눈물의 처분을 할 수밖에 없다.

이렇게 손해를 보고라도 물건을 처리하는 사람들이 모두 정리되면 이제 남은 사람들은 모두 버틸 만한 사람들이다. 그래서 더 이상 눈물의 땡처리 물건이 나오지 않는다. 일반적으로 최고가 대비 30% 수준이다. 하락이 마무리되면 거래가 뜸한 상태로 들어가게 되는데 그 기간은 1년, 길면 2년 정도 이어진다.

첫째, 상승세가 핵심 지역과 핵심 단지에 국한된다

약세장에 대한 가장 큰 오해는 부동산이 계속 하락한다고 생각하는 것이다. 앞서 말한 것처럼 부동산은 전체적으로 보면 우상향한다. 이유는 간단하다. 짜장면값이 30년 전과 지금 다른 것과 똑같은 원리다. 인플레이션 때문에 자산 가격은 상승한다(더 정확히는 통화팽창 때문이다. 인플레이션이 상승률의 개념이기 때문에 쉽게 설명하기 위해서 인플레이션이라는 단어를 썼다. 이에 관해서는 뒷장에서 더 자세히 설명하겠다). 그런데 부동산은 희소한 자산이다 보니 상승세가 인플레이션의 몇 배를 뛰어넘는다. 이쨌든 결국 부동산은 우상향한다. 그래서 하락을 멈추게 된다면 다시 완만한 상승을 한다.

그런데 이 '완만한 상승'을 오해하면 안 된다. 완만한 상승이라고 해도 부동산은 단위가 크기 때문에 일반인에게는 매우 의미 있는 상승이다. 10%만 상승했다고 해도 3억 원이면 3000만 원이고, 30억 원이면 3억 원이다. 부동산은 6개월 만에 3억 원이 오를 수도 있고, 약세장에서도 그런 일이 벌어진다.

그러나 약세장에서 이러한 상승은 아주 핵심적인 단지에 국한된다. 핵심 지역과 핵심 단지도 전체 부동산 시장으로 놓고 보면 비중이 극히 적기 때문에 큰 관심거리가 되지 않을 뿐이다. 이러한 상승세는 강세장 때와 마찬가지로 주변으로 퍼져나가기도 한다. 그런데 이 속도 역시 매우 느리다. 그래서 부동산에 촉각을 세우고 있지 않은 사람이라면 상승세를 전혀 알아차릴 수 없는 때이기도 하다.

반대로 부동산 공부를 하는 사람들에게는 가장 매수하기 좋은 때이다. 시장이 너무 빠르게 움직인다면 초보자의 경우 '이게 좋은 부동산인지 뭔지'도 모르고 매수를 해야 할 것 같은 압박감에 시달리다 엉뚱한 물건을 살 수도 있다. 아니면 좋은 부동산을 골랐다고 해도 너무 빨리 가격이 올라가니 변화된 가격에 적응할 수 없어 쳐다만 보다가 영영 매수를 못 하는 경우도 상당하다.

그에 비해 약세장은 초보자도 충분히 생각하고, 가치를 따져보고, 다른 것과도 비교한 뒤 매수할 여유가 있다. 그래서 부동산 공부를 제대로 하려고 한다면 약세장일 때 시작하는 편이 좋다.

둘째, 부동산은 안 좋다는 이야기가 여전히 주류를 이룬다

앞서 말한 것처럼 부동산은 실물이고, 필요로 하는 사람들이 언제나 많기 때문에 영원히 하락할 수는 없다. 그리고 수요가 많다는 사실도 변하지 않는다. 그래서 어느 정도 하락하면 매수를 생각하고 있었던 사람들이 '이 정도면 사도 되는 거 아닌가' 하는 생각을 하게 된다.

문제는 매스컴이다. 전체적인 부동산 시장은 여전히 좋지 않기 때문에 매스컴에서는 계속 부정적인 이야기를 한다. 그러다 보면 대중은 계속 매수를 미루게 된다. 혹은 지나치게 높은 금액대의 부동산 이야기만 뉴스에 나온다. 그러니 부동산 시장을 남의 이야기 같게만 느끼게 된다. 보통 사람들은 마음의 위안까지 느낀다. '내가 매수하려는 부동산은 가격이 전혀 움직이지 않은 채로 고요하게 있겠구나'라는 착각에 빠지고 만다. 본인이 매수하려는 부동산이 수요가 많이 몰리는 물건이라면 약세장이라도 가격은 계속 조금씩 오르는데, 그걸 느끼지 못한다.

셋째, 참여 인원이 제한적이다

약세장에는 대중이 참여하려 하지도 않지만, 참여할 여력이 되는 사람도 많지 않다. 우선 이미 한번 크게 휩쓸고 간 강세장의 영향이 크다. 어디를 가나 부동산 이야기를 하는 사람들이 있는 시대였으니 어땠겠는가? 그때 부동산을 하나라도 사지 않은 사람이 아무도 없다고 해도 과언이 아니다. 그런데 이런 사람들이 거의 다 물려 있는 상황이다. 그럼 누가 매수를 할 수 있겠는가?

원래 시장은 순환한다. 매도와 매수가 원활하게 이뤄지면서 계속 순환하고, 그렇게 순환이 잘 되는 때가 호황이다. 그런데 약세장일 때는 상당수의 자금이 묶여 있고, 매도도 잘 되지 않는 상황이다. 그러면 시장에 참여할 수 있는 사람들은 결국 사회생활을 처음 시작하는 사람들이거나 특이하게도 강세장에 참여하지 않았었거나 아니면 운이 좋게도 강세장의 끝자락을 잡지 않은 사람들이다. 그 외에는 일부 뛰어난 사람들로, A급 물건을 갖고 있어서 매도했거나 아니면 이전 약세장에서 워낙 물건을 싸게 매수해서 어떤 가격에 매도를 해도 이익이 되는 사람들 정도가 시장에 참여할 수 있게 된다.

또한 이쯤 되면 금융 조건도 매우 좋지 않은 것이 일반적이다. 이자가 높거나 각종 규제로 인해 대출 여건이 나쁜 상황일 가능성이 높다. 그렇게 되면 시장에 참여할 수 있는 인원은 더욱 제한적이다.

넷째, 강세장과 하락장이 일시적으로 나타난다

약세장에서 가장 주의해야 할 두 가지가 있다. 정말 좋은 기회임에도 그 기회를 놓치는 것, 그리고 약세장에서는 일시적으로 강세장과 하락장이 나타나는데 이것을 시장의 흐름이 바뀐 것이라고 착각해서는 안 된다는 것이다.

약세장은 전체적으로 가격이 완만하게 오르는 장이다. 그렇다고 해서 큰 변동 없이 안정적으로 가격이 오르는 건 아니다. 다시 강세장이 된 것처럼 가격이 매우 크게 오르는 경우가 발생하기도 한다. 그러면 사람들의 마음이 급해진다. 서둘러 매수 대열에 다시 참여하려고 하기도 한다. 매도를 하려고 계속 애써왔던 사람들은 오히려 마음을 돌리기도 한다. 이왕 이렇게 된 거 좀 더 참아서 이익을 내고 팔자 하며 생각을 바꾸기도 한다. 심지어 동작이 빠른 사람들은 이러한 흐름이 다시 지방까지 번질 것이라 생각하고, 지방의 물건을 미리 사두기도 한다.

그러나 이러한 판단은 큰 오판이다. 일반적으로 약세장 중에 일시적인 강세장이 만들어진 이런 흐름은 곧 꺾인다. 그럼 강세장과 어떤 차이가 있길래 흐름이 곧 꺾일 것이라 판단할 수 있을까? 사실 매스컴의 분위기로만 봐서는 강세장과 거의 유사하기 때문에 강세장이 온 것이 아닌가 헷갈리기 쉽다. 가장 큰 차이점은 시장에 참여할 수 있는 대상이다. 강세장은 마음만 먹는다면 누구나 매수 대열에 참여할 수 있는 여건이 만들어진 상황이다. 그래서 흐름이 계속 이어지는 것이다. 그러나 약세장 중에 오는 일시적인 강세장은 설령 시장의 힘이 강하다고 해도, 결국 매수 세력이 계속 이어질 수 없는 구조적인 모습을 하고 있다. 그런 상황에서 정부의 규제가 나온다든지 외부적으로 경기 충격이 온다든지 하면 즉각 힘을 상실한다. 이런 것들을 종합적으로 판단해서 일시적 강세 현상을 강세장으로 착각해서는 안 된다.

하락 현상도 마찬가지다. 약세장 중에서는 일시적으로 다시 하락장이 펼쳐지기도 한다. 매우 큰 하락 후에는 바닥을 다지고 다시는 하락장이 오지 않을 거 같지만 그렇지 않다. 약세장 중에 하락이 발생하는 원인도 상당히 많지만 결론적으로 똑같다. 그냥 악재가 발생하는 것이나. 금리기 갑자기 올라갈 수도 있고, 세계 경제가 갑자기 나빠질 수도 있고, 코로나와 같은 세계적인 전염병이 발생할 수도 있다. 그런 상황이 약세장에서 벌어진다면 일시적인 하락이 만들어질 수밖에 없다. 다만 이미 가격이 많이 낮아진 상태이기 때문에 하락장처럼 충격적이진 않고, 일시적인 상승 중이었다면 그동안 이뤄진 상승분을 반납하는 수준이다.

이러한 이유에 대해서도 본질을 잘 살펴보면 금방 이해할 수 있다. 돈은 우리 인생에서 목숨 다음으로 중요하다. 목숨 다음으로 중요한 것이 사랑이나 혹은 다른 것이라고 생각하는 사람도 있겠지만 돈은 곧 생존과 직결되기 때문에 적어도 그 못지않게 중요하다. 30%까지 하락하게 되면 사람들의 공포가 극에 달하는데, 이때의 공포는 생존에 대한 공포다. 이렇게 계속 가다가는 죽을지도 모르겠다는 공포를 느끼고, 죽기보다는 손해를 보는 편이 나으니 손실을 보고 매도를 한다. 그때까지도 매도를 하지 않는 사람들은 죽음의 공포를 느끼며 손해를 감수하는데, 죽지는 않을 만큼 여건이 되기 때문이다. 죽을 만큼의 상황이 아니라면 그다음으로 싫은 '손해 보는 일'만은 하고 싶지 않기에 버티게 된다.

그런데 약세장에서 다시 한번 충격이 오면 어떻겠는가? 상당히 많은 사람이 다시 생존의 공포에 빠지게 된다. 죽을지도 모르겠다는 생각이 드는 사람들이 다시 생겨난다. 그래서 손해를 보고 매도하는 사람들이 생겨난다. 그러면 가격은 하락한다. 그러나 곧 똑같은 메커니즘으로 하락이 멈춘다. 생존 걱정까지 할 정도가 아니라면 그다음으로 피하고 싶은 손실을 어떻게 해서든 피하려 하기 때문에 그렇다.

그래서 약세장 중에 나타나는 하락은 다시 하락장으로 이어지지 않고 일시적으로 하락하다가 다시 멈추게 된다. 이미 도저히 견딜 수 없는 사람들이 1차로 걸러졌고, 다시 2차로 걸러진 상황이므로 추가로 계속 매물이 나올 수 없기 때문이다.

약세장 중에 나타나는 일시적인 하락을 오해해서 좋은 물건을 잘 매수했음에도 이익을 보지 못하고 던져버린다거나, '부동산은 이제 진짜로 끝났구나'라고 생각하고 완전히 투자의 세계에서 떠나버리는 우를 범해서는 안 된다. 이때는 오히려 절호의 찬스가 만들어지는 상황이다.

부동산 사이클링 기법
실천하기

비과세 전략을 이용하라

지금까지 두 가지 기본기를 익혔다. 하나는 4년 만에 투자금을 2배로 만드는 방식을 기본으로 해야 한다는 것과, 또 하나는 부동산의 사이클을 이용해야 한다는 것이다. 이제 다음 단계로 넘어가 보겠다. 2500만 원을 투자해서 20억 원을 만드는 부동산 사이클링 기법을 위해서는 우선 비과세 전략을 이용해야 한다.

부동산을 양도할 때는 발생하는 차익만큼 양도세를 내야 하는데, 현재 우리나라에는 조건을 충족하면 양도세를 비과세 해주는 혜택이 있다. 1가구 1주택이면서 2년 이상 보유했고(조정대상지역은 2년 이상 거주 요건이 추가), 12억 원 이하의 주택이라면 양도세를 비과세 받을 수 있다(12억 원을 초과한다면 초과분에 대해서 양도세 부과). 또한 1가구에서 새로운 주택을 추가로 취득하고 기존 주택을 즉시 처분하지 못하여 일시적으로 2주택을 보유하게 될 때도 다음의 조건을 만족하면 '일시적 1가구 2주택' 비과세를 받을 수 있다.

일시적 1가구 2주택 비과세 특례 조건
1. 기존 주택 취득일로부터 1년 경과 후 신규 주택 구입
2. 기존 주택 보유 기간 2년 이상 경과
3. 신규 주택 취득 후 3년 이내 기존 주택 양도

그래서 이론적으로는 1년마다 하나씩 사고 보유한 지 2년 이후에 매도하면 된다. 첫 번째 부동산을 산 후 두 번째 부동산은 1년 이상 지나고 매수하면 된다. 그러면 매년 부동산을 하나씩 사고, 매년 부동산을 하나씩 파는 꼴이고, 보유한 2개의 부동산에서는 계속 비과세를 받을 수 있다.

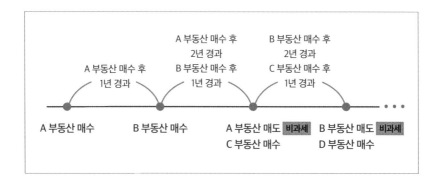

이는 사실 어마어마한 일이다. 우리에게 돈 벌 수 있는 탄탄대로에 레드카펫까지 깔아준 것과 같다. 알바를 해서 100만 원을 벌어도 원천 징수로 3.3%를 뗀다. 직장 건강보험에 가입했어도 연간 수입이 2000만 원이 넘으면 추가로 건강보험료를 더 내야 한다. 배당으로 2000만 원 이하를 받는다면 배당소득세 15.4%를 내야 하고, 2000만 원이 넘으면 월급 등 다른 소득과 합산되어서 최대 세율 45%를 내야 한다.

그런데 부동산 양도세의 경우 매매가 12억 원까지 비과세 혜택을 준다. 12억 원을 초과하는 양도차익에 대해서는 12억 원 초과 비율을 곱해 산출한 양도차익에 대해서만 세금을 내면 된다. 12억 원의 부동산을 사고파는 동안에는 돈 한 푼 내지 않을 수 있을 뿐만 아니라, 건강보험료도 전혀 내지 않아도 된다. 이런 최고의 혜택을 이용하지 않을 이유가 있겠는가?

우리 주변에는 '잘 생각해 보면 엄청난 혜택'들이 꽤 있다. 그런데 그 혜택을 많은 사람이 알게 되면서 점점 혜택은 줄어들고, 결국엔 '특별함'이 없어지는 경우가 상당히 많다. 예를 들자면, 2015년도의 '임대 사업자 제도'가 그랬다. 임대 사업자 제도는 예전부터 있었으나, 2015년에 관련 규정이 개정되면서 더 놀라운 혜택이 주어지게 되었다. 당시에는 임대 사업자에게 혜택을 주기 위한 정책이 아니라 부동산 시장이 너무 침체되어 있는 반면 전세값은 너무 오르고 있으니, 전세값을 별로 올리지 않으면서 부동산 시장을 활성화할 묘수가 필요했다. 그래서 '임대 사업자'라는 제도를 만들었는데, 잘 들여다보니 대단한 혜택이었다. 부동산을 몇 채를 사더라도 임대료를 매년 5%만 올리겠다는 규정을 잘 지키고 10년을 유지하기만 하면 등록한 모든 부동산의 양도차익을 거의 제로로 해주겠다는 내용이었다. 게다가 보유하고 있는 동안 재산세도 절반 또는 거의 내지 않아도 되는 수준이었고, 종부세는 아예 배제해 주겠다는 내용이었다.

잘 생각해 보면 그냥 세월만 보내면 저절로 돈이 벌리는 놀라운 돈벌이 수단이다. 웬만한 아파트라면 10년 동안 오르지 않을 리가 없는데다가, 조금만 오른다고 해도 보유하고 있는 동안 나가는 비용이 없어서 부담되지도 않고, 설령 작은 이익이라고 해도 그 모든 것이 순수익이라고 하면 이익을 내지 않기가 더 힘든 일이었다. 그런데도 사람들은 이 제도를 거의 활용하지 않았다. 부동산을 사고 10년을 기다리는 동안 어떻게 될지 모른다는 점이 가장 큰 이유였다.

그런데 부동산을 조금 볼 줄 안다면, 10년을 기다리면 뻔히 이익이 나는 물건들이 뭔지 알 수 있었다. 그런 물건들만 사면 됐었다. 매년 전월세를 5%(실제적으로는 2년에 5%지만)만 올리면 좀 답답할 수 있지만, 미래의 이익이 보장되어 있다면 그것도 그렇게 힘든 일은 아니다. 그래서 나는 당시에 '임대 사업자가 돼라' '매수해서 임대 사업으로 등록해라'라는 이야기를 했었다. 이런 절호의 찬스가 없다고 말이다. 나중에 어떻게 되었을까? 임대 사업자가 어마어마한 혜택이라는 것을 눈치챈 사람들이 서로 이 제도를 이용하려는 상황이 오게 되었다. 그러자 결국 정부에서는 그 혜택의 문을 닫아버리고 말았다.

이런 식이다. 1가구 1주택 양도세 비과세는 웬만해서는 사라지지 않겠지만, 일시적 1가구 2주택 비과세 혜택은 언제든지 조정이 가능한 상황이다. 실제로 일시적 1가구 2주택에 대한 규정은 계속 바뀌어 왔다. 신규 주택을 매수한 후 2년 이내에 팔아야 한다고 했다가 3년 이내로 바꾸기도 했고, 그 혜택을 평생 한 번만 준다고도 했다가 최종 1주택 개념이 나오면서 일시적 1가구 2주택 비과세 혜택이 없어지기도 했다. 그런데 현재 다시 일시적 1가구 2주택 비과세 혜택이 살아난 상황이다. 그러니 지금 1가구 1주택 비과세, 12억 원까지 비과세, 일시적 1가구 2주택 비과세 제도가 있는 상황에서는 이를 적극적으로 활용해야 한다.

자금이 적어야 더 유리하다

부동산 사이클링 기법은 자금이 클 경우 활용하기 어렵다. 매매 가격이 12억 원이 넘어가면 12억 원이 넘는 부분은 일정 부분 세금을 내야 하기 때문에 그렇다. 또한 종부세, 재산세 등 붙는 세금이 상당히 많아진다. 세금을 많이 내면 당연히 수익은 줄어든다.

자금이 커지면 그것을 모조리 굴릴 만한 대상을 고르기도 쉽지 않다. 돈에 대한 공부를 많이 하지 않은 사람들은 잘 이해하지 못하는 부분이다. 재테크 초보의 경우에는 오히려 이렇게 생각한다. '투자금이 많으면 얼마나 좋을까. 이것도 살 수 있고 저것도 살 수 있고. 나 같은 사람은 살 수 있는 물건이 거의 없거나, 겨우 한두 개밖에 없는데.'

이건 자금이 어느 정도 있는 사람들의 마음을 조금도 모르는 황당한 오해다. 과연 자금이 많으면 이것도 사고 저것도 살 수 있을까? 그렇지 않다. 자금이 어느 정도 있는 사람도 가장 좋은 성적을 내고 싶어 한다. 그래서 자신의 자금 범위에서 가장 좋은 것을 찾으려고 하지, 돈 많은 사람이 백화점에서 물건 사듯 이것도 사고 저것도 사는 것이 절대 아니다.

자금이 많든 적든 사람들은 자금의 범위 내에서 좋은 물건을 사려 하지 않고, 자신의 자금으로는 꽤 무리인 물건들만 쳐다본다. 그래서 10억 원이 있는 사람은 20억 원짜리 물건을 쳐다보고, 20억 원이 있는 사람은 40억 원짜리 물건을 쳐다보고, 100억 원이 있는 사람은 200억 원짜리 물건만 바라보면서 '아, 나는 왜 이렇게 돈이 없지'라고 생각한다. 대부분의 사람이 그렇다.

심리적인 이유를 떠나서 투자의 수익률 면에서 생각해 봐도 재산이 많을수록 불리하다. 자신의 자금에 딱 맞는 물건을 찾기가 쉽지 않기 때문이다. 가진 자금에 딱 맞는 투자 대상을 찾지 못해 일부만 투자했다고 가정해 보자. 10억 원의 초기 자금이 있었지만, 이를 모두 투자할 물건이 없어 8억 원을 투자하고 남은 2억 원은 현금으로 보관했다. 시간이 흘러 수익률 100%를 달성해 16억 원에 매도하고 8억 원의 차익을 얻을 수 있게 되었다. 이때, 투자한 8억 원 대비 100% 수익률을 달성하긴 했지만 초기 자금 10억 원 대비 수익률은 80%다. 자금이 커지고 딱 맞는 부동산을 찾기 힘들어지면 수익률 면에서 불리할 수밖에 없다.

물론 자금이 커진다고 해서 대출을 안 받지는 않지만, 대출을 받는

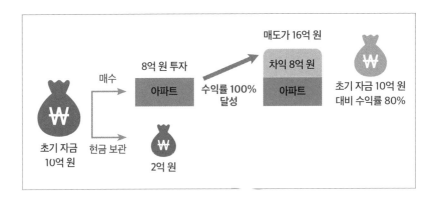

매도가 16억 원

8억 원 투자

차익 8억 원

초기 자금 10억 원
대비 수익률 80%

매수

아파트

수익률 100%
달성

아파트

초기 자금
10억 원

현금 보관

2억 원

다고 해도 마찬가지다. 자금이 커지면 커질수록 가진 자금을 모조리 굴리기가 쉽지 않아진다. 또한 투자 자산이 커질수록 리스크도 커지기 때문에 일정 부분 보관하고 있어야 하는 현금도 더 큰 비중을 차지하게 되고, 투자 대상을 찾지 못하면 상당 기간 투자를 하지 못하는 기간도 발생하게 된다. 그렇게 되면 그만큼 시간 대비 수익률은 낮아질 수밖에 없어진다.

그래서 매년 2500만 원씩 투자를 해서 최단기간에 가장 높은 성과를 낸 결과물은 최대 20억 원 정도라고 봐야 한다. 그 이상이 되면 전략도 달라야 하고, 기대수익률도 낮춰야 한다. 그러나 일단 20억 원 정도까지는 그야말로 폭발적인 수익률을 내면서 달려가 볼 수 있다. 마치 아우토반처럼 이 구간에서만큼은 속도제한이 없다. 맘껏 달려도 과태료를 내지 않는다. 이 구간만큼은 달리라고 정부가 인정을 해준 셈이니 굳이 달리지 않을 이유가 없다.

종잣돈 5000만 원으로 시작해서 매년 2500만 원씩 투자하고, 12년을 달려보자. 그렇게 20억 원으로 만드는 실제 과정을 시작해 보자.

부동산 사이클링 기법 로드맵

우선 기본 전략은 이렇다. 4년마다 투자금의 2배를 버는 물건을 잡을 수 있다고 가정한다. 앞서 말했지만 이런 물건을 고르기는 아주 어려운 일이 아니다. 어떤 물건이 투자 대상이 될 만한지 아는 기본적인 지식이 있고 부동산 시장 사이클을 이해하면 얼마든지 할 수 있다. 그러니 일단 첫 번째 과정은 무난히 할 수 있다고 가정하고 시작한다.

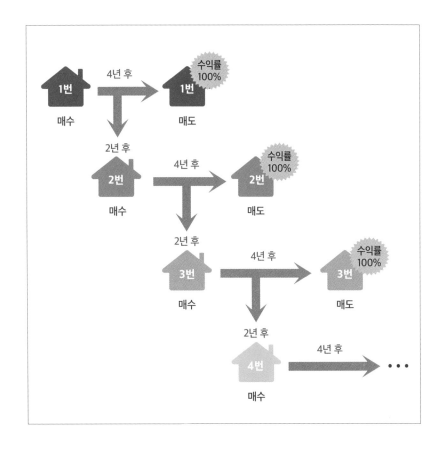

1번 물건을 매수하고 2년이 지나면 2번 물건을 매수한다. 그리고 다시 2년이 지나면, 즉 처음 물건을 매수한 때로부터 4년이 지났을 때 1번 물건을 매도한다. 이때 일시적 1가구 2주택 비과세 전략을 활용한다. 그럼 매번 두 채의 부동산을 소유하게 되고, 매번 한 채의 부동산으로 100%의 수익을 내서 매도한 후 바로 다시 다른 한 채의 부동산을 매수하는 방식이다. 이 과정에서 매번 세금을 내지 않아도 되니 자금을 그대로 재투자할 수 있다.

우선 종잣돈은 5000만 원으로 시작한다. 종잣돈 5000만 원은 현재 시점에서 투자성이 있는 아파트를 매수할 수 있는 최소한의 금액이다. 이 금액은 막연하게 소액으로 시작하면 된다는 뜻으로 설정한 금액이 아니라, 현시점에서 실제 투자할 수 있는 금액이다. 종잣돈 5000만 원으로 투자를 시작한다는 설정은 결코 비현실적인 전략이 아니다.

반면 월 200만 원 정도씩 연 2500만 원 저축(이자가 붙어도 2500만 원까지 되기는 힘들지만, 계산을 쉽게 하기 위해 연 2500만 원을 기준으로 했다)은 사실 쉬운 일은 아니다. 특히 결혼 생활을 해본 사람이라면 알겠지만, 결혼을 하면 잠시 동안은 수입이 2배가 된 듯하지만 그만큼 나가야 할 돈이 상당히 많다는 사실을 깨닫게 된다. 양가 부모님에게 최소한의 도리만 하려고 해도 많은 돈이 나간다. 거기에다 각종 경조사에 최소한의 보험료, 관리비, 그리고 거의 매달 나오는 세금까지 내려고 하면 실제로 월 200만 원을 모으는 일은 쉬운 일은 아니다. 그렇다고 해서 아주 불가능한 금액도 아니기 때문에 조금 힘들더라도 이 정도 금액은 모을 수 있다고 가정하고 시작해 보겠다.

먼저 종잣돈 5000만 원으로 1번 물건을 매수한다. 그리고 2년간 저축을 해서 다시 5000만 원을 모은 다음 3년째 되는 해에 5000만 원을 가지고 2번 물건을 매수한다. 그리고 다시 2년을 보내면 1번 물건을 보유한 지 4년이 된다. 이때 1번 물건을 매도한다.

이때 1번 물건은 투자 금액 대비 100%의 수익률을 냈다. 또한 일시적 1가구 2주택 전략을 사용해서 1번 물건은 비과세를 받을 수 있기 때문에 전액 수익금이다. 그래서 수익금 5000만 원과 회수된 원금 5000만 원, 그사이에 저축으로 모은 돈을 합치면 수중에 1억 5000만 원이 들어온다. 이 자금을 가지고 3번 물건을 매수한다.

	매도	매수	보유
1년 차		종잣돈 5000만 원 → 🏠 매수	🏠
2년 차			🏠
3년 차		저축 5000만 원 → 🏠2 매수	🏠 🏠2
4년 차			🏠 🏠2
5년 차	🏠 4년 수익률 100% 달성 → 매도(수익금 5000만 원 + 원금 5000만 원) + 저축 5000만 원 = 1억 5000만 원	1억 5000만 원 → 🏠3 매수	🏠2 🏠3

7년째가 되면 2번 물건을 보유한 지 4년이 되는 해로, 역시 수익률 100%를 달성한다고 가정한다. 그럼 비과세를 적용받으며 2번 물건을 매도할 차례다. 저축한 자금과 합치니 2년 전의 상황과 똑같이 수중에

1억 5000만 원이 있고, 그 돈으로 4번 물건을 매수한다. 상황을 정리해 보면, 여전히 부동산은 2개를 가지고 있고, 각각 1억 5000만 원씩 투자 금액이 들어가 있는 상황이다.

	매도	매수	보유
6년 차			🏠2 🏠3
7년 차	🏠2 4년 수익률 100% 달성 → 매도(수익금 5000만 원 + 원금 5000만 원) + 저축 5000만 원 = 1억 5000만 원	1억 5000만 원 → 🏠4 매수	🏠3 🏠4

그리고 다시 2년을 보냈다. 그런데, 이게 웬일인가? 수익률이 달라졌다. 3번 물건이 4년째 되는 해였는데, 100%가 아닌 200%의 수익률을 달성했다. 이렇게 높은 수익률이 날 수 있을까? 가능한 일이다. 오히려 이렇게 높은 수익률이 나는 것이 더 일반적이다. 왜냐하면 시간을 계산해 봤을 때, 현재 시점(약세장이 시작된 지 약 1년 반쯤 지난 시점. 따라서 이 책을 읽는 시점에 따라 전략과 기대치는 약간씩 조정해야 한다)부터 계

	매도	매수	보유
8년 차			🏠3 🏠4
9년 차	🏠3 4년 수익률 200% 달성 → 매도(수익금 3억 원 + 원금 1억 5000만 원) + 저축 5000만 원 = 5억 원	5억 원 → 🏠5 매수	🏠4 🏠5

산하면 지금으로부터 8년 후다. 지금부터 8년 후에 부동산 시장에는 어떤 일이 벌어질지 생각해 봐라.

사람들은 언제나 지금 같은 상황이 계속되리라 생각한다. 그래서 항상 투자에서 좋은 성적을 거두지 못한다. 시장은 변화가 없어 보이면서도 변화하고, 매우 큰 변화가 오는 때도 있다. 지금부터 8년 후쯤이면 드디어 '대세 상승장' 즉, '강세장'이 온다고 볼 수 있다.

강세장이 온다면 200%의 상승률 정도는 가볍게 달성한다. 이 역시 나의 과한 상상이 아니라는 사실을 지난 상승장(2015~2022년)을 경험해 본 사람들을 다 알 것이다. 괜찮은 아파트들은 투자 금액 대비 무려 10배 정도의 성장을 했고, 웬만한 아파트도 300~500% 정도는 기본적으로 성장했다.

여기서 앞서 제시했던 상승 사례들을 다시 한번 살펴보자. 7년간 4~8배의 성장도 매우 놀랍지만, 강세장의 구간만 따로 보자면 2, 3년 만에 3~4배의 상승은 아주 특별한 일이 아니라는 사실을 알 수 있다. 만약 10년간 10배가 올랐다면, 10년 동안 매년 26%씩 꾸준히 올라서 10배가 되는 것이 아니다. 6~7년 사이에 급등의 급등을 거듭하면서 최초 투자 금액에 비해 약 10배가 오르는 일이 벌어진다. 우리는 그 급등 구간, 그 강력한 상승 구간을 최대한 활용해야 한다.

게다가 지금부터 8년 후에 강세장이 온다는 예측도 과한 생각이 아니다. 지금부터 8년 후라면, 하락장을 포함해서 얼추 10년이란 세월이 흐른다. 일반적인 부동산 사이클이 10~12년을 하나의 주기로 움직인다는 점을 고려하면 그때쯤이면 강세장이 올 것이라고 충분히 예측할 만한 시간이다. 아니, 앞서 설명한 것처럼 미래에는 오히려 이보다 빨라질 가능성이 더 높다. 전체적으로 지난 과거에 비해 부동산 사이클이 빨라지는 추세를 보이고 있기 때문이다.

그렇게 대세 상승장의 수혜를 누렸다면, 그사이에 저축한 자금까지 합쳐서 투자 금액은 5억 원으로 급격하게 늘어난다. 그리고 다음 해가 되면 4번 물건을 매도한다. 이렇게 되면 4년을 채우지 않고 3년만 채우는데, 그럼에도 매도한다. 강세장에서는 3년만 지났어도 200%의 수익률을 달성했을 터이기 때문이다.

이때는 1년 동안 저축한 금액만 추가로 늘어났기 때문에 수익금, 원금 그리고 저축한 금액을 합치면 총 4억 7500만 원이 된다. 그 돈으로 4번 물건을 매도하자마자 즉시 6번 물건을 매수한다.

	매도	매수	보유
10년 차	🏠4 3년 수익률 200% 달성 → 매도(수익금 3억 원 + 원금 1억 5000만 원) + 저축 2500만 원 = 4억 7500만 원	4억 7500만 원 → 🏠6 매수	🏠5 🏠6

그다음 해가 되면 바로 5번 물건을 매도한다. 겨우 2년이 지난 시간이고, 겨우 비과세를 맞출 수 있는 기간을 딱 채운 시기다. 그럼에도 불구하고 매도를 한다. 강세장이 계속 이어지면서 2년 만에 수익률 200%까지는 아니어도 수익률 100%는 만들어낼 수 있을 것으로 보기 때문이다.

이렇게 5번 물건을 매도하고 나면, 2배의 수익을 낸 수익금 5억 원과 원금 5억 원이 있기 때문에 자금만 무려 10억 원이 된다. 또한 매년 2500만 원을 저축하는 것까지 포함하면 10억 2500만 원이 되었다.

	매도	보유
11년 차	**5** 2년 수익률 100% 달성 → 매도(수익금 5억 원 + 원금 5억 원) + 저축 2500만 원 = 10억 2500만 원	💰 10억 2500만 원 현금화 **6**

11년 차에서 느꼈겠지만, 매우 중요한 두 가지 포인트가 있다. 황금 숫자 '4년에 100%'의 목표를 벗어나 2년 만에 매도를 했다는 것과, 부동산을 매도한 금액을 재투자하지 않고 현금화했다는 것이다. 강세장 다음에 하락장이 올 것을 예상하기 때문이다. 그래서 추가로 부동산을 매입하지 않고, 현금화를 하고 기다린다.

그리고 실제로 이쯤 되면 부동산을 추가로 매입하기도 쉽지 않다. 투자 대상이 없기 때문이다. 부동산 가격이 너무 많이 올라버려서 아무리 강세장이라고 해도 그때쯤 매수해서 100%의 수익을 낼 수 있는 물건을 찾기가 매우 어려워진다. 이미 이쯤 되면 시장이 심하게 과열되어 있는 상황일 테니, 최고의 전략은 매도 후 현금화해서 들고 있는 것이다.

물론 말이 쉽지 대단히 어려운 일이다. 그래서 서두에도 말했지만, 사실 부동산은 어떤 부동산이 돈 되는 부동산인지를 고르는 일보다 이렇게 약세장과 강세장에서 적절한 행동을 하기가 훨씬 더 어렵다. 대중을 거스르는 일을 해야 하기 때문이다. 어쨌든 그 판단을 해낸다면 이상적으로는 이렇게 현금화를 하고 기다리는 것이 맞다.

다음 해가 되면 6번 물건도 보유한 지 2년밖에 되지 않았지만 바로 매도한다. 2년이면 충분히 100%의 수익을 달성했고, 이때 매도를 한다면 수익금 4억 7500만 원과 원금 4억 7500만 원, 저축 2500만 원을 합쳐 9억 7500만 원을 손에 쥐게 된다. 역시 마찬가지로, 부동산은 추가로 매입하지 않고 현금으로 가지고 있는다.

	매도	보유
12년 차	🏠 2년 수익률 100% 달성 → 매도(수익금 4억 7500만 원 + 원금 4억 7500만 원) + 저축 2500만 원 = 9억 7500만 원	💰 9억 7500만 원 현금화

자, 이제 수중에 돈이 얼마나 있는가?

11년 차에 현금화한 자금: 10억 2500만 원

12년 차에 현금화한 자금: 9억 7500만 원

→ 합계 20억 원

놀랍게도 딱 20억이라는 돈이 수중에 있음을 확인할 수 있다. 종잣돈 5000만 원으로 시작해, 매년 2500만 원씩 12년간 저축했고, 좋은 부동산을 고르는 능력을 키워서 꾸준히 좋은 부동산을 매입했고, 일시적 1가구 2주택 비과세의 정책을 잘 활용했고, 결정적으로 약세장과 강세장의 특징을 정확히 이해해 그 흐름을 탔더니 12년 만에 화려한 결말이 만들어졌다.

	매도	매수	보유
1년 차		종잣돈 5000만 원 → (집1) 매수	(집1)
2년 차			(집1)
3년 차		저축 5000만 원 → (집2) 매수	(집1) (집2)
4년 차			(집1) (집2)
5년 차	(집1) 4년 수익률 100% 달성 → 매도(수익금 5000만 원 + 원금 5000만 원) + 저축 5000만 원 = 1억 5000만 원	1억 5000만 원 → (집3) 매수	(집2) (집3)
6년 차			(집2) (집3)
7년 차	(집2) 4년 수익률 100% 달성 → 매도(수익금 5000만 원 + 원금 5000만 원) + 저축 5000만 원 = 1억 5000만 원	1억 5000만 원 → (집4) 매수	(집3) (집4)
8년 차			(집3) (집4)
9년 차	(집3) 4년 수익률 200% 달성 → 매도(수익금 3억 원 + 원금 1억 5000만 원) + 저축 5000만 원 = 5억 원	5억 원 → (집5) 매수	(집4) (집5)

	매도	매수	보유
10년 차	🏠**4** 3년 수익률 200% 달성 → 매도(수익금 3억 원 + 원금 1억 5000만 원) + 저축 2500만 원 = 4억 7500만 원	4억 7500만 원 → 🏠**6** 매수	🏠**5** 🏠**6**
11년 차	🏠**5** 2년 수익률 100% 달성 → 매도(수익금 5억 원 + 원금 5억 원) + 저축 2500만 원 = 10억 2500만 원	💰 10억 2500만 원 현금화 🏠**6**	
12년 차	🏠**6** 2년 수익률 100% 달성 → 매도(수익금 4억 7500만 원 + 원금 4억 7500만 원) + 저축 2500만 원 = 9억 7500만 원	💰 9억 7500만 원 현금화	

총합
20억 원!

투자 사례로 본 성공의 증거

여태까지 내용을 보니 어떤 생각이 드는가? 가슴이 벅차오르는가? 혹은 억지로 끼워 맞춘 듯한 느낌이 드는가? 아니면 '이게 말이 돼!?'라는 생각이 드는가?

일단 1장에서 이야기한 황금 숫자 '4년에 100%'도 받아들이지 못한다면, 200%의 수익을 달성하게 된다거나 2년 만에 100%의 수익을 달성한다는 내용은 더욱 받아들이기 힘들다. 그러나 이런 말도 안 되는 수익률이 현실이고, 그 증거들 또한 너무 많다(사례는 주로 과거 강의 때 언급했던 단지들, 즉 김사부가 직접 발굴하고 추천했던 단지들 위주로 골랐다).

1. 4년 만에 수익 낸 사례

분당 까치마을 3단지 신원(84형)

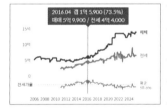

2016년 4월 매매가	5억 9900만 원
2016년 4월 전세가	4억 4000만 원 (투자금 1억 5900만 원)
2020년 4월 매매가	10억 1300만 원
차익	4억 1400만 원

출처: 호갱노노

봉천 벽산블루밍 1차(84형)

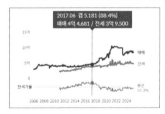

2017년 6월 매매가	4억 4700만 원
2017년 6월 전세가	3억 9500만 원 (투자금 5200만 원)
2021년 6월 매매가	9억 9000만 원
차익	5억 4300만 원

출처: 호갱노노

대전 탄방동 한가람(59형)

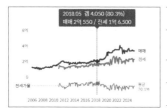

2018년 5월 매매가	2억 500만 원
2018년 5월 전세가	1억 6500만 원 (투자금 4000만 원)
2022년 5월 매매가	3억 5600만 원
차익	1억 5100만 원

출처: 호갱노노

2. 3년 만에 수익 낸 사례

백련산 힐스테이트1차(84형)

2018년 5월 매매가	5억 4400만 원
2018년 5월 전세가	4억 1500만 원 (투자금 1억 2900만 원)
2021년 5월 매매가	7억 3500만 원
차익	1억 9100만 원

출처: 호갱노노

수지 신정마을 7단지 상록(59형)

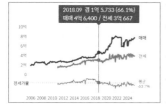

2018년 9월 매매가	4억 6400만 원
2018년 9월 전세가	3억 700만 원 (투자금 1억 5700만 원)
2021년 9월 매매가	7억 9400만 원
차익	3억 3000만 원

출처: 호갱노노

안산 힐스테이트중앙역(59형)

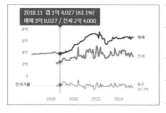

2018년 11월 매매가	3억 8000만 원
2018년 11월 전세가	2억 4000만 원 (투자금 1억 4000만 원)
2022년 11월 매매가	7억 2800만 원
차익	3억 4800만 원

출처: 호갱노노

3. 2년 만에 수익 낸 사례

분당 서현동 시범단지삼성한신(84형)

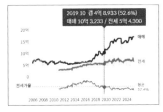

2019년 10월 매매가	10억 3200만 원
2019년 10월 전세가	5억 4300만 원 (투자금 4억 8900만 원)
2021년 10월 매매가	15억 5000만 원
차익	5억 1800만 원

출처: 호갱노노

대전 삼성동 한밭자이(84형)

2019년 5월 매매가	2억 7500만 원
2019년 5월 전세가	2억 3000만 원 (투자금 4500만 원)
2021년 5월 매매가	4억 6200만 원
차익	1억 8700만 원

출처: 호갱노노

상도동 e편한세상상도노빌리티 분양권(84형)

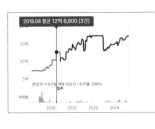

2016년 12월 투자금	1억 200만 원 (계약금 7200만 원 + 프리미엄 3000만 원)
2018년 분양권 시세	12억 6600만 원 (분양가 7억 2000 만 원 + 프리미엄 5억 4600만 원)
수익	양도차익(5억 4600 만 원 - 3000만 원 = 5억 1600만 원) - 양도세 (55%) = 2억 3220만 원

분양권은 1가구 1주택 비과세가 되지 않기 때문에 약 55% 정도를 세금으로 내는 것으로 계산함 (출처: 호갱노노)

마곡 힐스테이트(84형)

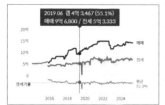

2019년 6월 매매가	9억 6800만 원
2019년 6월 전세가	5억 3300만 원 (투자금 4억 3500만 원)
2021년 6월 매매가	14억 5000만 원
차익	4억 8200만 원

출처: 호갱노노

그럼에도 불구하고
떠오르는 의문들

자, 어떤가? 이 프로젝드가 현실성 있게 느껴지는가? 아직 그렇지 않을 것이다. 앞서 보여준 수많은 사례를 보면서도 마음속으로는 강력한 반발심이 생겨날 수 있다.

"말도 안 돼! 어떻게 이렇게 시기를 딱딱 맞출 수 있단 말인가?"

"딱 맞는 금액의 대상을 찾아야 하는데, 물건을 팔자마자 딱 맞는 물건을 또 살 수 있나?"

"과거 강세장에서 그렇게 올랐다고 해서 미래에도 그렇게 된다는 보장이 있나?"

"과거에는 정책의 실패로 인한 결과이지, 그게 일반적이라고 볼 수 있나?"

"그렇게 많이 오르는 투자성 있는 물건을 한 번은 고른다고 해도, 어떻게 매번 고를 수 있나?"

"하락장이 올 줄 알고 현금화를 한다고? 매도도 안 했는데 하락장이 와버리면 어떡하나?"

이런 많은 걱정과 반발감이 든다는 사실을 안다. 그럼 실패를 감안해 보자. 플랜을 딱딱 못 맞춘다고 해보자. 수익률도 목표에 못 미친다고 해보자.

실패를 감안해도 수익은 충분하다

첫째, 50% 실패했을 때

물건을 고를 때 약세장에서는 4년에 100%, 강세장에서는 4년에 200% 수익률이 되는 물건을 고를 수 있어야 한다. 그런데 그걸 잘 못했다고 하자. 즉 어떤 때는 잘 골랐는데, 어떤 때는 잘 고르지 못했다. 그래서 총 6번의 매수를 하는데 무려 3번의 매수가 그저 그랬다고 치자. 50%는 실패했다. 물론 그 3번의 투자도 약세장에서 실수했는지 강세장에서 실수했는지에 따라서 다르고, 실패의 수준이 어느 정도냐에 따라 다르다. 그런데 어차피 지금 자세한 계산을 하는 것은 별 의미가 없으니, 러프하게 절반은 성공하고, 절반은 그다지 성공적이지 못했다고 가정해 보자. 그럼 12년 뒤에 내 손에는 얼마의 돈이 있을까?

20억 원을 목표로 했지만 매번 성공하지 못했으니 8억~12억 원 정도를 모으지 않았을까? 그렇다면 이 정도도 괜찮지 않은가? 2500만 원을 매년 모으면 3억 원이 되고, 종잣돈까지 합쳐서 3억 5000만 원, 이자가 붙었다고 해도 4억 원이다. 절반의 실패를 했다고 해도 2배 또는 3배의 결과가 나오는데, 이 결과만 해도 대단하지 않냐는 말이다.

오히려 '이건 말도 안 돼'라고 생각하고 지레 포기하면 그 생각처럼 아무 일도 벌어지지 않는다. 그러나 이런 계획이 100% 다 성공할 것이라고 믿을 수는 없어도, 절반만 되어도 충분하다고 생각하면 해볼 만한 일이 된다.

둘째, 목표 달성률이 80%일 때

모두 100%의 수익을 달성하지 못할 수도 있다. 그런데 좋은 부동산을 고르는 투자의 정석을 잘 익혔다면 얼마든지 근접한 수익률을 낼 수 있다. 목표 달성률이 80%라고 해보자. 100%가 아니라 80%의 수익을 내고, 또 강세장일 때에도 200%가 아니라 160% 정도의 수익을 냈다고 해보자. 그러면 12년 후에 내 손에 있는 돈은 얼마가 될까? 14억~18억 원 사이가 되지 않겠는가?

셋째, 목표 달성 기간이 지연될 때

사실 매년 2500만 원을 모으는 일 자체가 쉽지 않다. 살다 보면 변수가 많고, 갑자기 큰돈이 들어갈 일이 생기기도 한다. 또 내가 20억 원을 모을 때까지 주변에서 모두 나를 응원해 주는 것도 아니다. 그래서 어쩔 수 없이 그동안 모아뒀던 돈을 투자로 활용하지 못하고 써야 할 때가 생길 수 있다.

매도 후 매수의 문제도 걸린다. 매도 후 바로 매수를 해야 하는데, 이게 생각보다 무척 어렵다. 물론 매도를 하려고 계획할 때는 다음에는 뭘 사야 할지 생각하고 조사하는 과정을 거친다. 그런데 내 물건이 원하는 시점에 딱 매도되지도 않고, 매도가 된 시점에 내가 매수하려고 했던 물건이 여전히 그 가격이 아닐 수도 있다. 그러다 보면 아무래도 기간이 지연되는 경우가 발생할 수 있다. 길게는 1년이 걸릴 수도 있다. 그렇게 되면 12년 만에 20억 원을 모을 수 없다. 14년이나 16년이 넘게 걸릴지도 모른다. 그런데 16년 만에 20억 원을 모으면 뭐 어떤가? 16년 만에 저축으로는 4억 원밖에 만들 수 없는 돈을 5배나 더 불린 것인데 이것도 충분하지 않은가?

사실 더 치명적인 문제는 강세장과 하락장이라는 부동산 시장의 흐름이 나의 투자 스케줄과 맞지 않거나 잘못 판단하는 경우다. 강세장 이후 하락장을 예상하고 매각했는데 하락장이 오지 않는다면 배 아파질 수 있다. 별것 아니라고 생각될 수 있으나 생각보다 상당히 배가 아프다. 초조해지고, 분하고, 억울한 생각도 들 수 있다. 필요하다면 정신과의 도움을 받아야 할 수도 있다. 반면 미처 매각을 하지 못했는데 하락장이 와버리는 경우다. 그렇게 되면 계획이 완전히 틀어져 버린다.

하지만 그렇다고 해서 돈을 날리는 건 아니다. 충분히 투자성 있는 물건을 보유하고 있는 이상, 하락장이 오기 전에 매도를 하지 못했다고 해서 큰 문제가 발생하는 건 아니다. 결국 다시 오를 가능성이 높기 때문이다. 12년 만에 20억 원을 만들어서 하락장 이후에 다시 투자를 시작하겠다는 계획엔 차질이 생기겠지만, 결국 14년이나 16년 만에 20억 원을 만들 수 있다는 말이다. 배가 아픈 상황과 정신과 신세를 진 과거도 세월이 지나면 언제 그랬냐는 듯 씻은 듯이 낫게 될 것이다. 또한 이런 종류의 배 아픔은 절대 큰 병으로 발전하지 않으니 크게 걱정할 필요도 없다.

이제 겨우 재산을 2~3배 정도 불렸는데 바로 강세장이 끝나고 하락장이 올 수도 있다(이 책을 읽고 일찍 시작할수록 그럴 가능성이 적지만, 분명 늦게 시작하는 사람들도 있을 테니). 그러면 어쩔 수 없이 투자를 잠시 멈추고, 하락장을 보내고 난 후에 다시 처음부터 시작하면 된다. 하락장은 길어봐야 1년이니 결국 몇 년 늦어지는 것뿐이다.

정확히 언제 어떤 일이 벌어질지는 아무도 모른다. 그럼에도 결국 '강세장 – 하락장 – 약세장'은 반복된다. 이건 인간의 본성이 변하지 않는 한 불변의 법칙이다. 그렇기 때문에 우리는 적당한 수준으로 결과를 예측할 수 있다. 정확히 12년 만에 20억 원을 손에 쥘 수는 없어도 그와 비슷한 수준의 결과를 얻으리라고 확신할 수 있다. 인간의 본성이 변하지 않는 한.

다주택자는 이렇게 해라!

여기까지 책을 읽다 보면 어설픈 다주택자 같은 경우 '나는 망했구나' 하는 생각이 들 수도 있다. 안타깝게도 '어설픈 다주택자'의 경우에는 여러 가지로 조건이 좋지 않은 건 사실이다. 좋은 주택을 여러 채 갖고 있다면 뭐가 걱정이겠는가? 그런데 좋은 주택이 아닌데 여러 채 보유하고 있다면, 그에 따르는 세금도 부담스러운데 많이 오르지도 않는 데다가 또 다른 주택을 매수하는 것도 힘들기 때문에 한숨이 나오는 상황이다.

게다가 나의 전작 『부동산 투자의 정석』을 잘 읽은 사람이라면 이러한 의문도 들 것이다. '분명히 『부동산 투자의 정석』에서 주택 수를 계속 늘리고, 그런 시스템을 만드는 '전세 레버리지 기법'이 최상의 전략이라고 했는데, 또 실제로 그렇게 해서 막대한 부를 창출한 사람들이 많다는 것을 알고 있는데 이제는 그런 전략이 틀렸다는 뜻인가?' 하고 말이다.

전세 레버리지 기법에 대해서는 다음 장에서 더 자세하게 이야기하겠다. 간단하게만 말하자면, 전세 레버리지 기법은 폐기해야 할 전략이 아니라, 현시점에 맞게 조금 수정을 해야 하는 상황이다. 어쨌든 피어오르는 의문을 잠시 가라앉히고, 우선 '어설픈 다주택자'라면 어떻게 해야 할지 살펴보자. 상황에 따라 다음의 두 전략 중 하나를 선택해야 한다.

첫째, 지금이라도 오를 가능성이 희박한 물건을 매도해서 비과세 전략으로 가기

지금 시장 상황이 과거와 달라진 점은 투자성이 있는 대상과 그렇지 못한 대상의 차이가 더 뚜렷하다는 점이다. 예를 들어 과거에는 핵심 지역의 아파트 전세가가 상승하고 비핵심 지역의 구축 전세가도 상승했는데, 상승률은 그렇게 차이 나지 않았다. 그래서 비핵심 지역의 구축도 싸게만 산다면 수익을 낼 수 있었다.

그러나 지금은 그렇지 않다. 지금은 비핵심 지역의 전세가는 아예 오르지 않고, 핵심 지역 아파트의 전세가는 폭등을 하는 식으로 격차가 매우 벌어진 상황이 되었다. 그래서 과거에는 투자를 잘 몰랐어도 '웬만한 아파트' 하나만 갖고 있으면 좋은 결과를 얻을 수도 있었다. 그러나 지금은 전혀 그렇지 않다. 어설픈 다주택자라면 비과세를 받기 위해서 비핵심 지역의 아파트는 매각하려고 노력할 필요가 있다. 그래서 지금이라도 비과세 전략을 이용할 수 있는 환경을 갖추는 것이다.

이때 꼭 '반드시 매도하겠다'라는 의지를 가져야 한다. 다시 말하면, '시세보다 많이 낮은 금액이라도 감수하고 팔겠다'라고 마음을 먹는 편이 좋다는 말이다. 여기서 반드시 필요한 테크닉 하나를 소개하겠다. 최저가로 내놓는 전략이다. 물건을 내놓는 사람들이 '매수자가 붙으면 네고를 해주겠다'라고 생각하며 착각한다. 그러면서 본인은 충분히 낮춰서 팔 마음이 있는데 매수자가 붙지 않아서 팔지 못한다고 생각한다. 그러나 일단 금액이 매력적일 만큼 낮아야 매수자가 붙는다. 매수자가 붙지 않는다면 금액이 매력적이지 않다는 뜻이니, 이 경우에는 조금씩 더 낮춰서 시장에 매물을 내놓아야 한다. 그래서 매수자가 붙는 수준의 금액에서 멈출 생각을 해야 한다. 그만큼 과감하게 가격을 낮출 각오를 해야 한다. 그래야 팔린다. 그렇게 적극적으로 매도를 해야만 1주택자가 될 수 있다.

둘째, 버티기 전략으로 가기

매도하면 손해가 너무 큰 경우가 있다. 물론 경우에도 계산상으로만 보자면 손해를 보고라도 매도해야 맞다. 성장성이 없는 부동산을 갖고 있기보다는 손해를 보더라도 얼마간의 자금이라도 찾아서 그 자금으로 성장성 있는 부동산에 투자하는 것이 이익을 낼 수 있는 길이기 때문이다. 그런데 놀랍게도 현실은 그렇지 않다. 우린 기계가 아니기 때문에 손해를 보는 순간 이성을 잃게 된다. 본인은 전혀 이성을 잃지 않으리라 생각하겠지만, 절대 그럴 수 없다. 이런 경우 두드러진 특징은 '빨리 그 손해를 복구하고 싶다'라고 생각한다. 그런데 이런 마음이 너무 앞서다 보면 좋은 결정을 하기보다는 나쁜 결정을 하는 경우가 더 많거나, 아니면 너무 신중하게 생각하다가 좋은 기회를 다 놓치는 경우가 허다하다. 그래서 계산상으로는 분명히 손해를 보더라도 매도해야 맞지만, 현실적으로는 손해가 큰 경우에는 그냥 참는 것이 오히려 더 이익이 된다.

그렇다면 결국 다주택자를 벗어날 길이 없다는 뜻이 된다. 이런 다주택자의 경우라면 비과세 전략을 이용하는 부동산 사이클링 기법을 쓸 수 없고, 3장에서 소개하고 있는 '수익형 전세 레버리지 기법'으로 넘어가야 한다. 원칙적으로 수익형 전세 레버리지 기법은 20억 원 정도 벌어 놓은 다음에 해야 하지만, 이런 경우는 어쩔 수 없는 선택으로 다음 단계를 먼저 시작해야 한다. 최선은 아니지만 차선을 선택하는 방법이다.

이렇게 되면 원칙적인 의미에서는 '수익형 전세 레버리지 기법'을 쓰거나, '어설픈 다주택자'를 벗어나는 상태도 아니라 애매하다. 그러나 이런 애매한 상태가 영원히 계속되는 건 절대 아니다. 완벽한 수익 형태는 아니지만, 그래도 계속 재산을 늘려가는 상황은 만들 수 있다. 결국은 강세장이 온다. 그럼 강세장의 중간쯤에 새롭게 보유하게 된 '좋은 부동산'을 제외하고 나머지는 모조리 매도하는 전략이다. 바로 그때가 그동안 짐으로만 다가왔던 부동산을 벗어버릴 기회다. 그쯤 되면 가격도 어느 정도 회복이 되어 있고, 또 새롭게 투자하게 된 '좋은 부동산'이 좋은 성적을 내고 있는 상황이라면, 좀 더 여유로운 마음으로 매도를 할 수 있게 된다. 다시 말해 그쯤 되면 약간 손해를 보고 매도한다고 해도 이성을 잃지 않을 수 있다. 그렇게 부동산을 처분하고 나면 비과세 전략을 사용할 수 있는 환경이 만들어진다.

과거와 같은 상승이 재현될까?

　부동산을 전혀 모르는 사람과 우연히 이야기하다 보면 상대가 '그럼 부동산은 영원히 계속 오르기만 한다는 이야기예요?'라며 화를 내듯이 물어보는 경우가 종종 있다. 이 책을 읽는 독자라면 최소한 그런 질문은 하지 않겠지만 이런 의문은 가지고 있을 것이다. '과거에 그렇게 큰 상승을 했다고 해서, 미래에도 그렇게 크게 상승할까?'

　공부를 하다 보면 부동산이 계속 오를 수 있을 것인가 하는 본질적인 질문에 부딪힌다. 하지만 잘 생각해 보면 상식적으로 부동산은 계속 오를 수밖에 없는 구조다. 부동산이 우리 자산 중에 가장 큰 비중을 차지하는 것은 단순히 우리가 부동산을 좋아해서 그런 것이 아니다. 부동산이라는 완성품 자체에 가장 많은 돈이 들어가기 때문이다. 부동산은 단순한 돌덩이리가 아니고 우리가 평생 만나게 되는 재화 중 가장 많은 자원이 투입된 대상이다. 우선 땅이 있어야 하고 그 위에 건물을 지어야 하는데, 건물에는 기초, 외장재, 내장재 등 무수히 많은 재료가 들어가 종합적인 결과물이 만들어진다. 그런데 이 모든 재료가 인플레이션의 영향을 받지 않는다면 그게 더 이상한 일이다.

　그래서 부동산은 인플레이션(정확히는 통화팽창) 때문에 장기적으로 우상향할 수밖에 없다. 그런데 인플레이션만큼만 오른다면 초과 이득이 있을 수 없다. 초과 이득이 생겨나는 이유는 좋은 부동산이 희소하기 때문이다. 그중에서도 특히 더 희소할수록, 더 많은 사람이 찾는 것일수록 초과 이익은 크다. 그렇게 투자성이 있는 부동산이 만들어지는 것이다.

'과거와 같은 영광이 재현될까?' '과거와 같은 일이 반복되기는커녕 일본과 같이 장기 침체의 늪에 들어갈 수도 있지 않은가?' 이러한 의문이 마음속에서 늘 일어날 것이다. 사실 이런 질문도 내가 20년 이상 계속 받아온 질문이다. 그런데 솔직히 말하면 '절대 그럴 리 없다'라고 단정 지어 말할 수는 없다. 세상일은 알 수 없는데, 앞으로도 계속 국가가 경쟁력을 유지할지 어떻게 알 수 있겠는가? 과거의 역사를 보면 히틀러 같은 미치광이가 나와 세상을 전쟁터로 만든 적도 있었는데, 그런 미치광이가 나오지 않는다는 보장이 어디 있겠는가? 그러니 원론적으로 이야기하자면 미래는 아무도 장담할 수 없다.

내가 내일도 살아 있으리라 보장할 수 있는 사람은 아무도 없지만, 내일도 살아 있을 것이라고 믿고 계획을 세우면서 살아간다. 왜 그럴까? 그건 바로 내일 당장 죽을 확률은 매우 낮기 때문이다. 우린 애초부터 어떤 경우라도 보장되는 것은 누리지 못하고 살고 있다. 확률에 근거해서 사는 것뿐이다. 그래서 우리 자산의 미래도 확률에 근거해서 생각해야 한다.

얼마 전 서울대 의대생이 여자친구를 살해하는 끔찍한 사건이 벌어졌었다. 많은 사람이 '공부만 잘하면 모든 걸 용납해 주는 사회적 분위기가 이런 인간을 만들게 되었다'라고 개탄을 하기도 했다. 많은 사람들로 하여금 개탄을 금치 못하게 했던 일이 벌어졌는데, 서울대 의대생을 아들로 둔 엄마들은 이런 사건이 난 이후에 아들을 보면서 어떤 생각을 했을까? '아이고, 우리 아들도 여자친구를 살해하면 어떡하지?'라는 걱정을 했을까? 그 끔찍한 일을 벌인 사람이 서울대 의대생이었다는 것은 사실이지만, 이 일은 서울대 의대생을 둔 엄마들의 자부심에 조금도 흠집을 내지 않았을 것이다. 왜? 그런 일은 너무나도 확률이 낮고, 대부분의 서울대 의대생은 살인자가 될 가능성보다는 훌륭한 의사가 될 가능성이 훨씬 더 높기 때문이다.

따지고 보면 우린 그 어떤 것도 상담할 수 없는 세상에 살고 있다. 그런데도 '에라 모르겠다' 하며 사는 게 아니라 이미 본능적으로 확률에 따라 미래를 계획하고 준비하고 있다. 내일 당장 죽을 확률보다는 수십 년 동안 멀쩡하게 살 확률이 훨씬 더 높다. 그래서 많은 사람이 노후 준비에 그렇게 목을 맨다. 학생들이 공부를 열심히 하는 이유도 미래를 계획하고 준비하기 때문이다. 학교 공부와는 큰 관련이 없는 연예인이 되거나 요리사, 사업가가 되는 경우도 있지만, 공부를 잘하면 좋은 직장에 취직해서 여유 있는 인생을 살 확률이 훨씬 높기 때문에 공부를 열심히 하는 것이다.

이제 대한민국 부동산의 미래도 확률의 개념으로 생각해 보자. 앞으로 우리나라는 어떻게 될까? 우리나라는 현재 많은 위험과 문제가 있음에도 불구하고, 세계적인 경쟁력을 지닌 나라로 자리매김했다. 단지 자동차나 반도체뿐만 아니라 문화 측면에서도 강력한 경쟁력을 갖추었다. 전 세계에서 이 조그만 나라, 한국을 알아주기 시작했다. 이미 동남아에서는 한국어 열풍이 불었고, 미국, 남미, 호주, 유럽까지도 한국 사람, 한국 문화에 열광하고 있다.

이러한 현상들은 점점 더 퍼지고 있다. 이제는 앞에 K가 붙지 않은 단어가 없을 정도로 K-pop부터 시작해 K드라마, K영화, K게임, K요리, K패션, K화장, K건축, K미술, K예능, K웹툰, K스포츠, K원전 등 끝도 없이 나열할 수 있을 정도다. 거의 모든 분야에서 한국만의 고유한 스타일이 세계인의 부러움을 자아내고 있고, 롤모델이 되고 있다. 사람도 나라도 흐름이 있다. 일단 흐름을 타면 상당 기간 유지된다. 우리는 운이 좋게도 우리나라가 아주 좋은 흐름을 타고 있을 때를 살고 있다. 그렇다면 확률적으로 이 좋은 흐름이 계속 유지된다고 보는 것이 좀 더 가능성 높은 예측이 아니겠는가?

"일본도 세계 경제 2위까지 올라갔고, 전 세계에 애니메이션을 수출하고 일본 복장, 일본 음식을 수출하는 문화적 수준까지 이르렀지만 결국 잃어버린 30년을 맞이하지 않았나"라고 말할 수도 있다. 하지만 나는 오히려 그런 선례가 있기 때문에 우리나라의 번영은 오래 지속되리라 예상한다. 실제로도 어떤 신제품이 나오면 선구자가 처음에는 주목받다가 결국은 무너지고, 2위를 하던 업체가 그 시장을 장악하는 사례가 많다. 대표적으로 야후가 무너지고 구글이 장악했고, 한국에서는 다음이 꺾이고 네이버가 장악한 사례와 비슷하다. 2위는 1위의 실수와 문제점을 잘 알아서 수정했기 때문이다. 그래서 롱런하는 1위가 될 수 있었다.

또한 과거의 오류나 문제점을 수정해서 진정한 대중화를 이룬 사례도 수두룩하다. 전화기를 최초로 발명한 사람은 벨이 아니라 안토니오 무치인데, 특허의 효과를 잘 알고 있던 벨이 특허를 냄으로써 전화기를 대중화하는 데 성공했다. 또한 에디슨은 이미 발명되었던 전구가 너무 밝고 무거워서 상용화할 수 없었기에 이를 상용화할 수 있도록 보완함으로써 전구의 대중화를 이끌었다.

이런 식이다. 아시아권에서는 일본이 급속도로 발전하면서 미국의 턱밑을 추격했다가 추락하게 되었다. 이런 사례가 바로 옆에 있는데 어떤 멍청이가 그 원인을 분석하고 수정하지 않겠는가? 실제로 다른 나라와 비교해 봤을 때도 일본과 같은 사례는 유일하다시피 하여 거의 존재하지 않는 사례다. 일본의 장기 침체의 가장 큰 이유는 환율과 대출 문제였다. 우리나라는 외환보유고도 이미 충분한 상태이고, 기업 대출 위주였던 일본과는 달라 장기 침체로 갈 가능성은 희박하다. 또한 선진국 대열에 들어서면 성장의 폭은 크지 않더라도 오랜 시간 지속적으로 성장의 발판을 밟아가는 모습이 일반적이다. 이런 점을 생각해도 우리나라의 성장세는 상당 기간 이어지리라 본다(일본의 부동산을 닮아가지 않을 것이라는 구체적인 내용은 여러 곳에서 밝힌 바 있다. 더 자세한 내용이 궁금하다면『부동산 투자의 정석』을 참고하기 바란다).

강세장이 다시 반복될 수밖에 없는 세 가지 이유

만약 과거의 부동산 강세장을 경험한 사람들에게 "다시 예전과 같은 강세장이 올 거라고 생각하십니까?"라고 묻는다면 뭐라고 답할까? 대부분의 사람이 "절대 그렇지 않을 거 같다"라고 답할 가능성이 높다. 지금도 이미 부동산이 비싸다고 생각하기에 여기서 더 비싸진다는 것이 믿어지지 않고, 지금도 일부 부동산은 계속 오르는데 다시 강세장이 와서 폭등한다는 것이 도저히 믿어지지 않기 때문이다. 또 이런 상황에서 정부가 부동산에 대한 규제를 확 풀어줄 것 같지 않다는 이유도 있다.

그런데 이와 같은 생각은 부동산 가격의 원리를 잘 모르기 때문에 갖는 오해다. 부동산에 사이클이 존재하는 가장 큰 이유는, 대중의 부동산 시장에 대한 견해 때문이다. 대중은 부동산 시장에 대해서 항상 같은 견해를 갖고 있지 않다. 매우 긍정적인 시각을 가지고 있을 때도 있고, 반대로 매우 부정적인 시각을 가지고 있을 때도 있다. 이렇게 그 시각은 냉탕, 온탕처럼 완전히 뒤집힌다. 대중이 부동산을 통해 돈을 쉽게 벌 수 있는지, 없는지에 따라 인식이 달라지기 때문이다. 다시 말해 내가 마음만 먹으면 부동산 투자를 쉽게 할 수 있을 때가 있고, 마음을 먹었다고 해도 부동산 시장에 쉽게 참여할 수 없는 때가 있다. 강세장과 약세장은 앞서 설명한 대로 여러 가지 특징이 존재하지만, 그 중에서도 가장 명확한 차이점은 바로 이렇게 '대중'이 시장에 참여할 수 있는 시점이냐 그렇지 않느냐이다.

지금의 시장 상황으로 보면 조금 더 이해가 쉽다. 지금 부동산 시장은 어떤 상황 같은가? 초고가 아파트만 가격이 오르는 상황으로 보일 것이다(실제로는 그렇지 않지만 매스컴에 의해 그런 내용들만 두드러지기 때문에 대중은 그게 전부인 줄 안다). 그러면 초고가 아파트를 살 수 있는 사람은 누구인가? 모든 사람이 살 수 있는 물건은 분명 아니다. 즉 아무나 시장에 참여할 수 있는 상황이 아니다. 물론 초고가 아파트가 아닌 아파트도 가격이 오른다는 소식이 들리지만, 이따금 들리는 정도이고 사람들이 적극적으로 부동산 시장에 참여하려고 하지 않는다. 이런 흐름이 계속 이어지면 대중의 관심은 점점 부동산에서 멀어진다. 한마디로 부동산 시장에 관해 부정적이거나, 무관심해지는 것이다.

이렇게 대중이 부동산에 대해서 부정적이거나 무관심해지면 건설사는 어떻게 할까? 공급을 미룬다. 왜냐? 공급해도 잘 팔리지 않거나, 아니면 매우 싸게 팔아야 하기 때문이다. 그래서 공급이 확 줄어들게 된다. 이게 두 번째 원인이다. 시장에 공급이 줄어들면 티가 날 수밖에 없다. 공급이 부족하니 전세가는 계속 오른다. 하지만 그럼에도 여전히 시장에 부정적이거나 무관심한 대중은 매수로 돌아서려고 하지 않는다.

이때, 세 번째 요인이 등장한다. 바로 정부의 역할이다. 이렇게 시장이 침체기를 걷게 되면 정부는 가만히 있을 수 없다. 부동산은 내수경제에 매우 큰 영향을 미치는 요인이기 때문이다. 그래서 정부는 이제 '부동산을 좀 사라'라고 신호를 보내며 규제를 풀어주는 수밖에 없다. 그런데 규제를 한꺼번에 왕창 풀어주진 않는다. 왜냐하면 그렇게 왕창 풀어줬다가 부동산 가격이 폭등이라도 하면 그건 또 다른 큰 문제이기 때문이다. 그래서 조금씩 규제를 풀어주면서 시장의 반응을 살핀다.

그런데 대중은 여전히 부동산 시장에 대해 부정적인 견해를 유지하고 있는 데다가 그런 상태로 오랜 시간을 보내면 그런 견해는 더욱 굳어진다. 특히 대중이라는 존재는 본능적으로 다른 사람들의 행동에 매우 큰 영향을 받는다. 너도나도 매수를 하려고 달려들면 조금이라도 더 빨리 달리기 위해 잘 때도 신발 끈을 바짝 묶어놓고 자지만, 너도나도 매수에 나서지 않으면 보석을 던져놓아도 시큰둥하다.

그래서 정부는 건설사를 살리기 위해 규제를 풀다 못해 약간의 혜택을 주기까지 하는 정책을 내놓는다. 그런데도 대중은 관심이 없다. 이런 과정이 계속 이어지다 보면 결국 공급은 너무 없는 상태이고, 혜택은 점점 쌓여서 너무 많다 싶은 지경까지 오게 된다. 그리고 이때, 부동산 시장에 존재하는 소수의 뛰어난 자들의 손에 그 혜택이 고스란히 들어간다. 그 후 그로 인한 놀라운 수익률이 하나둘씩 알려지기 시작하면서 조금 눈치 빠른 사람들이나 운 좋은 사람들이 대열에 합류한다. 그러면 이제 누가 부동산으로 쉽게 돈 벌었다더라 하는 소문이 나기 시작하고, 부정적인 시각을 가졌던 대중도 '어? 이게 뭐지?' 하며 부동산 시장에 다시 참여자로 슬슬 나서게 된다. 이렇게 다시 강세장이 시작된다.

이렇게 온 강세장은 쉽게 식을 줄 모른다. 드디어 대중들이 관심을 두기 시작하니 건설사가 이제 공급에 나섰기 때문이다. 하지만 건설사가 공급에 나섰다고 해서 바로 물건이 공급되는 게 아니다. 최소 3년이 걸리고 보통은 5~10년이 걸린다(아파트 건설에만 3년이고 토지를 매입하거나 조합원들의 합의를 끌어내려면 5년에서 10년이 걸린다).

이제 대중은 너도나도 부동산을 사려고 달려든다. 매스컴은 다시 자극적인 기사를 쏟아낸다. '부동산 시장 폭등' '분양가 폭등' '경쟁률 역대 최고' 등의 기사를 내기 시작한다. 여기서 매스컴은 단지 TV나 신문만을 이야기하지 않는다. 유튜브나 블로그까지도 모두 포함한다. 이런 공개적인 매체들도 결국 대중의 흐름을 따른다. 이제 모두가 부동산에 관련된 이야기를 쏟아내고, 사람들의 마음은 굉장히 급해진다.

이런 이야기를 하면 어떤 사람은 이렇게 생각할 수 있다. '그럼 강세장이 시작되자마자 재빨리 참여하면 되겠네?' 적어도 그런 일이 가능하다면 틀린 생각은 아니다. 그런데 강세장의 시작을 도대체 어떻게 알 수 있겠는가? 시장에 계속 참여하고 있지 않다면 강세장의 시작은 도저히 알 길이 없다. 왜냐하면 결국 이 모든 정보의 원천이 TV, 신문, 유튜브, 블로그이기 때문이다. 이런 대중 매체들은 모두 대중의 흐름을 따른다. 설령 대중의 흐름을 따르지 않는 유튜버나 블로거가 있다고 해도 그런 사람들의 콘텐츠는 본인에게는 보이지 않는다. 그러니 결국 내가 꾸준히 노력하지 않는 한 '시장의 변화'를 대중보다 먼저 알 수 있는 방법은 없다고 봐야 한다. 그럼에도 막 상승장이 시작할 때 잽싸게 참여하게 되었다? 그건 로또 당첨보다 약간 높은 확률 정도라고 본다.

결국 이런 구조로 인해 부동산 시장에 강세장은 다시 올 수밖에 없고, 약세장부터 부동산 시장을 꾸준히 지켜보고 있는 깨어 있는 소수가 아니라면 그 수혜를 온전히 누릴 수 없다.

출산율 0.72명, 1~2인 가구 비율 65%
과연 부동산에 미래가 있나?

저출산 문제가 해결될 기미가 보이질 않는다. 인구가 줄어들고 있고, 그렇다고 해서 외국인을 받아들이는 것에도 한계가 있다. 사람들이 결혼을 미루고 아이를 낳지 않는 것에는 사회 구조적인 문제가 있어 쉽게 해결할 수 없는 문제이긴 하다(나는 드라마틱한 해결법은 아니더라도 결국 더 나은 방법을 찾으리라고 믿는다. 인류는 결국 생존의 위기를 극복해 왔으니까).

게다가 지금까지 부동산 시장의 상승은 지속적인 세대수의 증가가 큰 몫을 차지했다고도 할 수 있다. 그런데 이제부터는 세대수도 크게 증가할 수 없는 상황이다. 이제 세대수는 분화할 만큼 분화했고, 인구수는 정체 또는 감소의 추세로 들어섰고, 노령인구가 지속적으로 증가 중이다. 그렇다면 이제 도대체 누가 아파트를 필요로 할까? 오히려 미래에는 주택이 남아돌지 않을까? 그러면 부동산 가격은 오히려 하락하는 것이 맞지 않을까?

이것은 부동산 가격이 왜 오르고, 부동산 시장이 어떻게 구성되어 있는지 전혀 모르기 때문에 할 수 있는 심각한 착각이다. 주택 가격은 인구수의 증가와 비례하지 않는다. 전국의 평균적인 주택 가격은 인구수의 증가와 비례할 수도 있다. 그러나 평균 가격은 실무에서는 아무런 도움이 되지 않는다. 예를 들어 내가 서울에 살아야 하는데, 서울 집값이 평균 집값보다 훨씬 높으니 서울이 아닌 평균적인 가격을 유지하는 지역에 가서 살아야겠구나, 라고 결정할 수 있는 문제가 아니기 때문에 그렇다.

우리의 관심은 우리가 필요로 하는 부동산이 오르느냐 그렇지 않느냐이다. 따라서 어떤 부동산이 오른다면 그 부동산이 무엇인지, 어떤 부동산이 초과 이익을 달성할 것인지에 관심이 있지, 평균 가격이 얼마나 되는지에 관심을 가져야 할 이유가 없다. 그래서 인구수의 감소나 세대수 증가 정체, 노령인구의 증가가 진행된다고 해도 '오르는 부동산'이 없어지지는 않는다. 마치 과거에 비해 학령인구가 절반이나 줄어들었다고 해도 SKY 대학에 선착순으로 들어갈 수 있는 시대는 절대 오지 않는 것과 마찬가지다. 아이러니하게도 대학입시는 과거보다 더 치열해졌다. 학령인구가 줄어들었어도 결국 '좋은 직업'은 제한적이고, '좋은 직업'을 얻기 위해 선행해야 할 일은 더 많아지고, 더 치열해졌기 때문이다.

부동산도 이와 비슷하다. 인구가 줄어들었다고 해도 좋은 입지가 평준화되지 않는다. 여전히 좋은 입지와 좋은 아파트는 계속 욕망을 자극할 수밖에 없다. 오르는 부동산과 초과 이익을 달성하는 부동산은 계속해시 존재할 수밖에 없다.

선진국에서도 비슷한 현상이 나타나고 있다. 미국은 우리나라 땅덩어리보다 98배나 넓다. 그러나 인구수도 6.5배가 많다는 것을 고려하면 미국은 우리나라보다 10배 정도 더 큰 땅덩어리를 갖고 있는 셈이다. 그런데 뉴욕의 집값은 얼마나 할까? 어떤 기준을 가지고 비교하느냐에 따라서 매우 다른 수치가 나오지만, 가장 거품이 없는 임대료만 비교해 보자면 7평 정도 되는 원룸 오피스텔을 기준으로 볼 때 서울은 평균 약 105만 원, 뉴욕은 약 584만 원 정도이다. 이렇게 땅덩어리가 넓은 미국에서 비싼 월세를 내면서도 왜 아파트 개발을 하지 않는 것일까? 하지 않는 게 아니라 해봐야 소용이 없기 때문이다. 뉴욕의 핵심 업무시설에서 뚝 떨어진 곳에 사는 것은 아무런 의미가 없다. 반드시 '핵심 시설이 밀집되어 있는 곳의 근처'에 살아야 하는데, 이곳이 한없이 넓어질 수도 없고 설령 교통의 발전으로 수혜지역을 넓힌다고 해도 한계가 있다.

이미 땅덩어리가 10배 넓은 미국에서도 해결이 안 되는 문제인데, 우리나라 인구가 대폭 감소했다고 해서 '핵심 시설이 밀집되어 있는 곳의 근처'에서 살고 싶어 하는 인구가 줄어들까? 그렇게 될 수 없다. 인구가 감소하고, 세대수 분화가 멈추고, 노령인구가 늘어가니 부동산 가격이 오르지 않으리라고 생각한다면 실정을 전혀 모르는 바보 같은 착각이다. 인구가 감소하면 수치상으로는 부동산 가격이 오르지 않는 것처럼 보일 수 있고, 또 평균적으로 봤을 때 부동산 가격이 오르지 않을 수는 있다. '남아도는 주택'이 늘어나고 있다는 기사도 계속 접하게 될 것이다. 그러나 이런 것과는 무관할 정도로 투자성 있는 부동산은 계속해서 존재한다. 오히려 투자성 있는 부동산을 소유하려는 경쟁은 더 치열해질 가능성이 높다.

내 집은 언제 마련하나?

상당히 많은 사람들이 부동산 공부를 하는 이유는 결국 내 집을 마련하기 위해서라고 생각하고 있을 것이다. 나는 우선 이 생각부터 버리라고 말하고 싶다. 내 집을 마련하기보다는 평생 경제적으로 여유 있는 상태로 사는 편이 훨씬 더 좋기 때문이다. 이것이 진정한 리치 라이프다. 물론 두 마리 토끼를 다 잡을 수 있다면 더 좋겠지만, 현실적으로 그렇게 하기는 매우 힘들다. 게다가 내 집 마련에 집착하다 보면 과도한 대출을 받거나 직장과 너무 먼 거리에 집을 마련하는 등 오히려 무리한 선택을 해서 삶의 질이 크게 망가지는 경우가 상당히 많다. 내 집은 마련했으나 이전보다 더 고단한 삶을 살아야 한다면, 그것도 매우 긴 세월 동안 그래야 한다면 무슨 의미가 있겠는가?

그러니 내 집 마련이라는 목표보다는 경제적으로 여유로운 '리치 라이프'의 삶을 만들려는 노력이 앞서야 하는데, 앞서 제시한 '부동산 사이클링 기법'을 그대로 따른다면 내 집 마련이라는 목표 달성도 아주 먼 미래의 일은 아니다.

'부동산 사이클링 기법'에 따르면 강세장의 끝자락에서는 모두 매도를 해서 현금화하는 전략을 목표로 한다. 이렇게 현금화에 성공하고 하락장이 온 다음에 약세장이 시작된다면, 바로 그때 내 집 마련을 하면 된다. 이때 주의해야 할 점이 있다. 투자할 자금을 모조리 써서 내 집을 마련을 해서는 안 된다. 이 점은 향후 장기적인 재테크 플랜을 이어가는 데 있어 매우 중요한 포인트다. 그런데 오히려 사람들은 투자 자금을 모조리 써서 내 집 마련을 하는 정도가 아니라(이것도 말려야 하는 일인데), 그 이상으로 무리해서 내 집 마련을 하려고 한다.

예를 들어보자. 지금 수중에 10억 원이 있다. 어떤 아파트를 사려고 하겠는가? 현금이 10억 원 있다면 매매가 약 24억 원 정도의 아파트를 살 수 있다. 24억 원 정도의 아파트라고 한다면, 서울 마용성(마

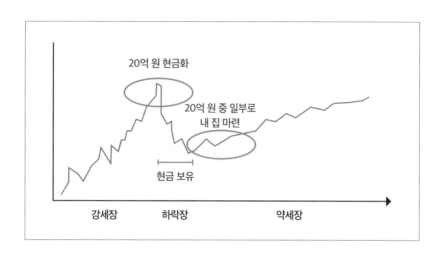

포·용산·성동구)의 84형 신축이나 강남권의 59형 신축 아파트를 살 수 있는 정도다. 대출을 최대로 받으면 그렇게 할 수 있다.

정말 현금 10억 원을 가진 사람이 그 정도 아파트를 사려고 할까? 아니다. 대출을 최대로 받았더라도 24억 원 정도 되는 아파트는 일단 내 손안에 들어와 있는 것 같으니 이보다 더 높은 단지들을 쳐다본다. '30억 원짜리 아파트는 살 수 없을까? 35억 원까지는 안 될까?' 하는 식이다. 그러면서 한없이 괴로워한다. 그래서 2금융권 대출을 알아보고, 사업자 대출과 같은 꼼수를 알아보는 일이 비일비재하다. 특히 부동산 사이클링 기법으로 12년간 성공적인 재테크를 했다면, 안타깝게도 더더욱 그런 욕심을 낼 가능성이 높다. 12년 동안이나 성공했고, 게다가 대출은 많이 일으키면 일으킬수록 효과가 더 크다는 것은 쉽게 알수 있는 일이고, 자신감까지 넘치니 이런 함정에 빠질 가능성이 높다.

이때 욕심을 다스리는 일이 중요하다. 우리가 부동산 사이클링 기법으로 성공할 수 있는 것도 결국 인간의 본성을 거슬렀기 때문이다. 남들이 공포에 질릴 때 행동하고, 남들이 욕심을 낼 때 욕심을 자제했기 때문에 성공하는 것이다. 내 집 마련을 할 때도 마찬가지로 욕심을 자제해야 할 필요가 있다.

내 손에 현금이 있고, 성공한 경험에 도취되고, 게다가 '내가 살 집이다'라는 생각이 들면 자제력은 완전히 날아가 버릴 수 있다. 그러나 이때도 철저하게 자제력을 발휘해야만 한다. 무리한 투자는 언제든지 위험을 안고 있다. 시장이 약세장이 되었다면 대출 이자는 상당히 높을 가능성이 있는데, 약세장이 몇 년간 이어질지 모르고 중간에 더 깊은 하락이 일시적으로 일어날 가능성도 있다. 그런 경우 대출을 많이 받았다면 단 몇 달을 버티기도 힘들다. 그 공포감은 상상 이상이고, 결국 이성을 잃고 매우 현명하지 못한 선택을 하게 될 가능성이 높다.

내 집 마련을 위해 풀베팅을 하면 안 되는 더 중요한 이유가 있다. 내 집 마련이 인생의 최종 목표가 아니기 때문이다. 내 집을 마련한 이후에도 인생은 매우 길고, 내 집을 마련한 이후에도 돈이 필요한 일은 매우 많다. 심지어는 아무리 꿈에 그리던 내 집이라고 해도 몇 년 살아 보면 더 좋은 집에서 살고 싶은 마음까지 든다. 그런데 수중에 돈은 없고, 돈을 모을 방법도 없고, 당장 이자에 대한 부담으로 생활은 쪼들리고, 그 와중에 겨우 장만한 내 집마저 큰 기쁨을 주지 못하고 더 좋은 집이 계속 눈에 아른거린다면 어떻게 할 것인가?

부동산 사이클링 기법이 성공한 시점에 내 집 마련을 하면 매우 이상적이지만, 이때도 욕심을 부리면 안 된다는 사실은 절대 잊지 말아야 한다. 승리감에 도취되어서 그동안의 성공을 모조리 날려버릴 우를 범하지 않도록 하자.

내 집 마련, 해야 한다면 이렇게 하라

첫째, 얼마의 자금으로 내 집 마련을 할까?

이상적으로는 현금의 절반 정도를 사용해서 내 집 마련을 하는 방식이 가장 좋다. 부동산 사이클링 기법에 따라 목표를 달성해서 20억 원을 손에 쥐게 되었다면, 현금 10억 원에 대출을 받아 내 집 마련을 하고, 나머지 자금은 당연히 투자용 자산에 투자하는 것이다. 그렇게 다시 부동산 사이클을 탈 준비를 하고, 내 집 마련뿐만 아니라 리치 라이프를 살기 위해 지속적으로 노력해야 한다.

본인 자금의 절반만 사용한다고 해도 그렇게 안전한 투자라고 할 수는 없다. 대출을 최대로 활용하기 때문에 이자 부담이 꽤 클 수밖에 없기 때문이다. 그럼 이전처럼 저축할 수 있는 금액도 줄어들게 된다. 물론 대부분 사회생활을 오래 할수록 수입이 증가하는 것이 일반적이다. 그래서 이런 계산을 할 수도 있다. '대출 이자를 낸다고 해도 수입이 늘어났기 때문에 전보다 저축액을 더 늘릴 수 있어. 그러니 일단 최대한 자금을 당겨서 내 집 마련을 하자' 그러나 이 역시 위험한 생각이고, 투자의 리스크를 전혀 고려하지 않은 전략이다. 수입이 늘어나면 대개 지출도 함께 늘어난다. 자녀가 자라면서 들어가는 돈도 많아지고, 물가도 계속 상승한다. 그런데 그런 계산은 하지 않고, 내 수입만 늘어난다고 계산하는 경우가 상당히 많다. 이건 적절한 계산이 아니다.

현실적인 실패율을 고려해야 하는 것도 매우 중요한 사항이다. 부동산 사이클링 기법을 따르면 20억 원을 벌 수 있지만, 현실적으로는 목표한 만큼 완벽하게 달성하는 사람은 많지 않을 것이다. 그래서 12년 후에 10억~16억 원 정도의 자금이 있을 수도 있다. 그러면 내 집 마련에 쓸 자금은 더 줄어들고, 기대치를 더 낮춰야 할 수도 있다.

그래서 일단 두 가지 정도의 기준만 잡아두면 좋다. 하나는 강세장이 모두 지나가고 다시 약세장이 시작하는 시점에 내 집 마련을 하는 것이고, 다른 하나는 이때 자금의 절반만 내 집 마련에 사용하는 것이다.

둘째, 조건에 맞는 '내 집'이 있다면 내 집 마련을 해라

부동산 사이클링 기법은 연 2500만 원을 저축할 수 있다는 가정을 세웠지만 경우에 따라서는 이보다 훨씬 수입이 많을 수도 있다. 이런 사람들은 당장 자산은 없지만 매달 벌어들이는 수입이 크기 때문에 대출을 최대로 활용한다고 해도 별문제가 되지 않는다.

쉽게 계산한다면 대출 이자를 모두 내고도 매년 2500만 원 정도는 무을 수 있는 수준의 사람이다. 게다가 마침 내 집으로 삼기 적당한 대상이 있는 때도 있다. 자금적인 부분에서 여건이 되는데 마침 직장과의 거리나 자녀를 키우기에도 적당한 대상이 있는 경우라면 부동산 사이클링 기법 중간에라도 내 집 마련을 해도 된다.

셋째, 내 집 마련도 투자성이 있어야 한다

여기서 또 한 가지의 조건이 붙는다. 이때 마련하는 '내 집'에도 투자성이 있어야 한다. '내 집'이라고 해도 영원히 거기서 사는 것도 아니고, 상황이 바뀌는 경우도 얼마든지 있다. 또는 더 좋은 집으로 이사 갈 여력이 생길 수도 있다. 그렇게 되면 내 집도 매각을 해야 하는데, 만약 투자성이 없는 물건이었다면 큰 낭패를 보게 된다. 그래서 내 취향만 고려해서는 안 되고 반드시 투자성을 체크해야 한다. 다만 이때의 투자성은 우리가 목표로 하는 투자성보다는 약간 떨어지는 정도까지는 허용해도 괜찮다.

부동산 사이클링 기법의 기본은 '4년에 2배'를 달성하는 것이다. 4년에 2배를 달성하는 대상을 고르기는 매우 어려운 일은 아니지만, 거기에 나의 취향이나 요구사항을 넣게 되면 딱 맞는 대상을 찾기는 매우 어려워진다. 그래서 부동산 사이클링 기법에서는 모든 조건을 버리고, 오직 '4년에 2배'의 가능성만을 보고 골라야 한다. 그런데 그럴 수 있는 부동산이 '내 집 마련'의 조건과도 딱 맞을 확률은 얼마나 될까? 게다가 자금이 적은 경우에는 더더욱 가능성이 낮아진다. 자금이 많다면 아무래도 가능성이 높다. 현재 시점에서는 현금이 한 10억 원 정도 있다면 그런 대상은 꽤 찾을 수 있다. 그러나 현금 2억~3억 원을 가지고 내 맘에 드는 내 집 마련도 하고 투자성까지 있는 대상을 찾는 것은 쉽지 않은 일이다.

그렇다면 이때 목표를 살짝 낮춰서 생각해 보라. 그럼 4년에 2배가 아니라 4년에 50~80% 정도로 목표를 낮춰서 잡으라는 것인가? 우선은 그렇게 말할 수 있다. 100%에 못 미친다고 해도 50%만 넘어도 평균은 훌쩍 넘는 성적이니 괜찮다고 봐야 한다.

투자성이라는 것은 결국 상대적이다. 우리가 4년에 2배를 목표로 하고 있지만, 강세장에서는 4년에 3배가 되기도 하고 2년에 2배가 되기도 한다. 그런데 강세장에서 내가 보유하고 있는 물건이 4년에 2배가 되었다면 급이 떨어지는 물건에 투자한 것이다. 그래서 우리는 언제나(일부 선택에서 실패할지언정) A급 투자 물건을 고르려고 노력한다.

그런데 '내 집 마련'을 하는 경우라면 투자성에 있어서는 B급 정도만 되어도 용인을 해주라는 것이다. 조금 더 기준을 낮춘다면 투자성이 시장의 평균보다는 약간 높은 수준 정도만 되어도 괜찮다. 내 집이 주는 기쁨이 매우 크기 때문이다. 결국 행복한 인생을 살기 위한 것인데, 내 집이 주는 행복을 맛볼 수 있다면 그 정도의 부족함은 감내할 만하지 않은가. 게다가 수익적 측면에서도 언제나 불리한 것만도 아니다. 대출을 60%까지 받는다면 레버리지를 매우 크게 일으키는 효과를 낼 수 있다. 그래서 평균 이상만 상승해 준다면 레버리지 효과 때문에 상당한 이익을 얻는 결과를 만들 수 있다.

넷째, 마음에 드는 집이 없다면 다음으로 미뤄라

내 집 마련은 조건이 매우 까다롭다. 우선 직장과의 거리가 가장 중요할 것이고, 자녀 교육, 부모님, 친한 지인들과의 거리도 중요하다. 게다가 내 집도 투자성이 있는 물건을 골라야 한다는 것 또한 너무 잘 알고 있을 것이다. 그렇다면 내가 가지고 있는 자금에서, 그것도 절반만을 활용해서 이 조건을 모두 충족할 수 있는 '내 집'이 있을까? 모든 조건을 만족할 수는 없고 일부 양보한다 해도, 도저히 찾을 수 없는 때도 있을 것이다. 특히 '내 집도 투자성이 있어야 한다'라는 조건을 넣는다면 더욱 쉽지 않을 것이다.

이런 경우는 어떻게 해야 할까? 아무리 하락장이 도래해 기회가 왔다고 해도 내 집 마련은 미뤄야 한다. 앞서 말한 것처럼 내 집 마련이 인생의 목표가 될 수 없다. 굳이 내 집 마련이 중요하냐, 경제적으로 여유 있는 삶이 중요하냐라고 묻는다면 단연 후자이기 때문이다. 그런 경우라면 내 집 마련은 미루고 다음 장에 나오는 '수익형 전세 레버리지 기법'을 준비하기 바란다.

다섯째, 내 집 마련을 했어도 4년에 한 번 매도하라

내 집 마련을 했어도 부동산 사이클링 기법을 그만두는 것이 아니다. 결국 그렇게 마련한 내 집마저 4년에 한 번은 매도할 생각을 해야 한다.

내 집마저도 4년에 한 번 매도하려면 상당히 힘들 것이다. 정든 집을 처분하는 일도 힘들고, 이사를 하는 것도 꽤 번거롭고 힘들 뿐만 아니라 결정적으로 새로운 집이 현재 거주하고 있는 내 집보다 매우 좋을 가능성이 별로 없기 때문이다. 거의 수평 이동을 하는 경우가 많다. 인간은 아무리 좋은 것에도 결국 익숙해지고, 더 좋은 것을 추구하게 되어 있다. 그래서 수평 이동 같은 건 번거롭고 귀찮기만 한 일이다. 그렇다고 더 나은 환경으로 가자니 자금이 형편없이 부족할 테고, 이때도 역시 무리를 하면 결국 지금까지 해온 부동산 사이클링 기법으로 얻은 결과가 모두 무너지는 꼴이 된다. 그러니 절대로 무리해서는 안 되고, 수평 이동을 한다는 마음을 가져야 한다.

이렇게 수평 이동을 하려고 한다면 애초에 내 집 마련의 대상지로는 택지개발지구의 아파트를 대상으로 하는 편이 좋다. 매도하기가 용이하며, 동시에 수평 이동을 할 수 있는 선택지가 많기 때문이다.

내 집이라도 왜 4년에 한 번씩 매도해야 하는지 구체적으로 살펴보자면 다음과 같다.

A의 경우
2억 원에 사서 10억 원에 매도 → 비과세라면 8억 원에 대한 양도세는 0원

B의 경우
2억 원에 사서 4억 원에 매도 → 비과세라면 2억 원에 대한 양도세는 0원
4억 원에 사서 6억 원에 매도 → 비과세라면 2억 원에 대한 양도세는 0원
6억 원에 사서 10억 원에 매도 → 비과세라면 4억 원에 대한 양도세는 0원

A와 B의 경우는 결국 똑같다. 그러니 굳이 4년마다 비과세를 받으면서 옮길 필요가 있을까 하는 생각이 든다. 그러나 이때 내 집 한 채가 아니

라 또 다른 주택이 있는 경우에는 상황이 다르다. '내 집'도 적절한 시점에 매각한다면 일시적 1가구 2주택 전략을 이용할 수 있어 2개의 주택모두 비과세를 받을 수 있다. 그렇지 않고 내 집은 계속 보유하고 있다면 다른 주택을 매도할 때는 결국 일반과세로 매도해야 한다. 즉, 일시적 1가구 2주택 비과세를 통해 두 채 모두 비과세를 받으려면 내 집도 4년에한 번씩은 매도해야 한다.

또는 이런 경우노 발생할 수 있다. 내 집 마련은 투자성이 좀 떨어지더라도 장만을 하라고 했는데, 의외로 매우 좋은 결과를 낼 수도 있다. 투자 수익률 50% 정도로 예상했는데, 200%나 300% 정도의 수익이 나는 경우도 있다. 게다가 내 집이 본인이 보유하고 있는 다른 부동산보다 계속 성장할 것 같을 수도 있다. 그렇다면 내 집은 당분간 계속 보유를 하고 다른 부동산을 매각해서 포트폴리오를 변경해야 한다. 이런 경우에는 비과세 전략을 포기하고 내 집을 제외한 다른 부동산을 일반과세로 매도해야 한다. 그런데 처음에 매수한 내 집에서 그런 일이 벌어질지, 두 번째로 매수한 내 집에서 그런 일이 벌어질지는 모르는 일이다. 그러니 일단 일시적 1가구 2주택 비과세 전략을 유지하는 원칙을 지켜야 그사이에 내 집이 대박 나더라도 유연하게 대처할 수 있다.

전세금은 어떻게 하나?

부동산 사이클링 기법을 실행하려면 본인이 살고 있는 집이 있어야 한다. 결국 어느 정도 자금이 모일 때까지는 전월세로 사는 수밖에 없다. 그런데 바로 이 부분에서 계획이 틀어지는 경우가 상당히 많다.

다음 장에서 이야기하겠지만 우린 전세금 상승을 이용해서 순자산의 증대를 이룰 것이다. 이 이야기는 거꾸로 말하면 내가 전세로 거주하는 측면에서는 매우 큰 위험 요소라는 뜻이다. 전세금이 생각보다 많이 오르기 때문이다. 특히 직장과 접근성이 좋은 곳은 더욱 그렇다. 이런 일을 몇 번 겪고 나면 앞서 말한 '내 집 마련의 조건'을 고려하지 않고 그저 전세금 올려주기가 지긋지긋해서, 주인 눈치 보기가 지긋지긋해서, 이사하기가 지긋지긋해서 '확' 내 집을 사버릴 수도 있다.

절대 그렇게 저질러서는 안 된다. 인내를 해야 한다. 주인 눈치를 보게 되고, 집을 내 맘대로 꾸미지 못하고, 이사를 자주 가야 하는 상황 등은 모두 참아내야 한다고 생각해야 한다. 돈을 버는 일이 그렇게 쉬울 수는 없다. 다 어느 정도의 희생과 인내를 요구할 수밖에 없는 일이다. 전월세로 불편을 겪는 일들은 내가 부자가 되기 위해 당연히 치러야 하는 비용이라고 생각해야 한다.

생각해 보면 이러한 불편은 돈을 벌기 위해 하는 다른 희생과는 비교도 되지 않는 작은 불편이다. 우리는 회사에서 돈을 벌기 위해 꼴 보기 싫은 상사, 동료, 후배들을 얼마나 많이 참아내는가? 회사에서 돈을 벌기 위해 얼마나 많은 시간을 하기 싫은 일들을 하면서 살고 있는가?

그런 것에 비해 전월세 때문에 겪는 불편함은 그래봐야 한 달에 한 번 정도다. 그것도 '에이~ 불편하네' 정도이지 꼴 보기 싫은 동료나 하기 싫은 일을 참아내는 일보다는 강도가 매우 약하다. 그러니 잔말 말고 참아야 한다.

그런데 참는 건 그렇다 쳐도 자금은 문제를 일으킬 수가 있다. 우리가 미래의 지출을 예상하는 데 있어서 가장 예상하지 못하는 두 가지가 있는데, 첫 번째는 전월세 비용이고 두 번째는 자녀 교육이다. 그래서 미래의 자금 계획을 세울 때 매년 2500만 원씩 모으고, 심지어는 저축액이 점점 증가할 것이라 계산했어도 현실적으로는 계획에 전혀 미치지 못하는 경우가 대부분이다. 그 이유를 살펴보면 결국 주거 비용과 교육 비용 때문이다.

그래서 주거 비용 문제는 좀 더 방어적으로 계산해야 할 필요가 있다. 다음 장에서 설명하겠지만, 내가 거주하고 있는 지역의 전월세는 평균적으로 어느 정도 오른다는 데이터가 있다. 그런데 이 수준보다 더 높은 수준으로 설정해서 계산을 해둬야 한다. 당연히 이것은 평균이니, 내가 살고 있는 곳이 평균보다는 더 오를 가능성이 높다고 봐야하고, 시장의 흐름에 따라 매우 높이 오르는 시점이 있다는 점도 고려해야 한다. 그런데 어이없게도 대부분의 사람은 '임대차보호법' '임대차 갱신권' 같은 것을 믿으면서 주거 비용이 안정될 것이라는 터무니없는 기대를 한다. 이미 역사적으로 증명되었는데도 이를 무시하고 정부의 역할을 기대하는 어이없는 소망을 가진다.

가까운 과거의 사례만 봐도 쉽게 알 수 있다. 2020년 7월에 임대차

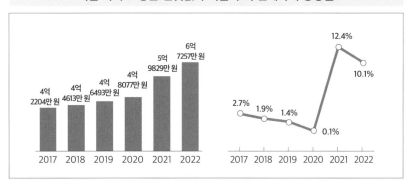

서울 아파트 평균 전셋값과 서울 주택 전세가격 상승률

2020년 7월부터 시행된 임대차법으로 인해 거의 모든 세입자가 갱신을 하는 바람에 오히려 시장에는 전세 매물이 없어지게 되었다. 이로 인해 희소한 일부 매물들은 가격이 급등하게 되었고, 결국 전세 가격이 폭등하는 부작용을 야기했다. (출처: KB부동산, 한국경제연구원)

갱신권이 나오자 많은 사람이 4년을 안정적으로 살 수 있게 되었다고 좋아했지만, 결국 시장의 수요와 공급을 무시한 이 제도는 오히려 전세가를 기형적으로 올려버리는 결과를 낳게 되었다.

그러니 전월세 금액은 평균보다도 더 높게 상승할 것이라 예상하고 준비해야 맞다. 다행인 것은 지금은 전세대출이 매우 일반화되어 있기 때문에 전세금이 상승한다고 해도 그만큼에 대한 이자가 상승하는 수준이라 2년 만에 추가적인 목돈을 준비해야 하는 상황은 아니다. 어쩌면 그런 혜택(?)이 있기 때문에 누구라도 부동산 사이클링 기법을 통해 부를 만들 수 있기도 하다. 만약 2년에 한 번씩 목돈이 들어간다면 재산을 늘릴 겨를도 없이 전세금 상승분을 마련하다 청춘이 다 가는 상황이 올 수 있다. 그러니 전세대출은 적극적으로 활용하면 좋고, 향후 이자가 추가될 수도 있음을 충분히, 보수적으로 예측해서 준비해

두는 것이 좋다.

여기까지 이야기하면 재테크 지수가 높은 사람들은 금방 이런 생각을 하고 있을 것이다. '아, 그러면 애초에 시작할 때 너무 좋은 집에서 시작하면 안 되겠구나' 만약 지금 이 내용을 읽으면서 머릿속에 이런 생각이 떠올랐다면 재테크 지능이 발달한 사람이다. 그리고 이런 사람은 성공적인 결과를 만들어낼 가능성이 매우 높다.

요새는 전세금 대출이 너무 일반화되어 있어 이러한 결심을 실천하기 무척 어렵다. 예전에는 세입자들이 어떻게 해서든 전세금 500만 원이라도 깎으려고 하고, 500만 원 더 싼 데가 있다면 조금 불편해도 그곳으로 들어가곤 했었다. 그런데 지금은 어떤가? 전세금 500만 원 차이라면 대출금리가 3.5%라고 할 때 한 달에 1만 4500원 정도의 이자만 더 내면 된다. 이 정도 차이는 아무것도 아니라고 여겨진다. 그런데 지금은 1만 4500원 차이에서 시작했지만 몇 년 후에는 매달 나가는 이자가 몇십만 원이 될 수 있다는 생각은 전혀 하지 못한다. 한번 정한 생활 수준을 크게 낮출 수 없기 때문에 전세금 상승분을 어쩔 수 없이 따라가려고 하다 보면 결국 그렇게 된다.

일단 목표는 내 집 마련이 아니라 자산 형성이니, 오랫동안 전월세로 살아야 할 각오를 해야 한다. 그렇다면 시작은 어느 정도에서 해야 할까? 굳이 지금 시점에서 조언을 한다면, 시작은 빌라 같은 곳이 좋다. 물론 빌라에 들어가는 이상 전세보증보험은 반드시 들어야 한다. 빌라는 가격도 잘 오르지 않고, 전월세도 매우 안정적인 상황이다. 또 직장과 가까운 곳에 구할 수 있고 기반 시설이 잘 되어 있는 곳도 많다. 게다가 신축인 빌라도 상당히 많고, 이런 빌라들은 아파트에 버금가는 편의성을 제공한다. 그런데도 무조건 '빌라는 위험해' '빌라는 불편해'라는 생각에 꺼리는 사람이 많다. 전세보증보험에 가입한다면 향후 이사를 할 때도 자금 회수에 차질이 발생하지 않으니 적극적으로 고려해 볼 필요가 있다. 만약 꼭 아파트에서 거주해야 한다면 되도록 구축, 그리고 평수가 작은 곳에서 시작하는 방법도 있다. 그렇게 세팅을 해놓아야 향후 전세금 상승 시에 당황하지 않고 대처할 수 있다.

전세 구할 때 주의해야 할 점

전세를 구할 때 또 한 가지 주의할 점이 있다. 돈을 아낀다는 생각에 '싸다고 하는 물건'을 덜컥 계약해서는 안 된다. 가장 대표적으로 선순위 대출이 많이 잡혀 있는 집에 들어가는 경우다. 어느 정도 선순위 대출이 있어도 그 금액이 아주 적다면, 쉽게 계산해 선순위대출+전세금이 시세의 60%를 넘지 않는 선이라면 계약해도 별문제가 없다(아파트의 경우에는 그렇다. 빌라의 경우에는 전세보증보험에서 보증금 전액 가입이 되는 수준이면 된다). 그러나 대출이 이미 많이 잡혀 있는 물건인데도 대출을 갚지 않고 후순위로 전세 세입자를 받는 물건들이 있다. 당연히 '싸다'라는 것을 강력한 장점으로 내세운다. 게다가 중개업자까지 구워삶았다면 중개업자까지 나서서 '이 정도는 위험하지 않다'라며 부추기기에 여기에 홀라당 넘어가기 쉽다. 특히 '전세 비용을 아끼고 싶다'라는 마음이 너무 앞서면 이성적인 판단을 하기보다는 '괜찮겠지' 하는 마음이 생기기 때문에 더 판단이 흐려지게 된다.

잔금일에 대출을 갚는다고 해놓고 갚지 않는 경우는 더 위험하다. 이건 전형적인 전세 사기에 해당하는데, 이게 전세 사기라고 해도 세입자 입장에서는 딱히 방법이 없다. 그야말로 법으로 해결하는 길밖에 없는데, 법정으로 가도 아무런 해결책이 없는 것이 문제. 법원에서는 '계약은 해지하고 보증금을 반환해라'라는 판결을 내릴 뿐이다. 그런데 주인이 반환할 능력이 없으면 어떻게 할 것인가? 그리고 집주인이 한두 건 그런 일을 저질렀다고 해서 형사상의 문제가 발생하는 것도 아니다. 이런 경우 경매로 해결해야 하는데, 경매로 넘어가면 결국 보증금의 일부를 날리게 되고, 날린 금액을 찾기 위해서는 계속 집주인을 쫓아다니면서 집주인의 다른 재산에 압류를 거는 방법밖에 없다.

우리는 재산을 불리기 위해서 '좋은 투자 대상'을 찾는 데 집중해야 하는데, 이런 데 시간과 에너지를 다 허비해 버리면 어떻게 되겠는가? 그야말로 날 샌다. 그래서 '잔금일에 대출을 갚는다'라고 한다면 반드시 잔금을 치를 때 온 신경을 곤두세워 그 자리에서 동시 진행이 되는지 꼭 확인해야만 한다.

그 외에도 시세보다 유독 싼 물건들은 문제가 있는 경우가 많으니 반드시 그 문제가 뭔지 확인해 보고, 문제가 없는지 확인되는 경우에만 계약해야 한다. 만약 그렇게 확인을 해도 파악이 되지 않는다면 과감히 계약하지 않아야 한다. 이것도 '욕심을 자제하는 훈련'이라고 생각해야 한다. '좋은 집에 더 싸게 거주하고 싶다'라는 것도 욕심이다. 그러니 시세보다 싼 물건을 찾으려 하기보다는 아예 높지 않은 수준의 물건에서 시작하겠다고 생각하는 것이다.

그렇다고 해서 너무 무리하게 수준을 낮추지는 않는 것도 중요하다. 거주 비용을 절대적으로 아끼면 부자가 되는 데에는 이변이 없다. 이건 전략이랄 것도 없다. 지출을 극단적으로 하지 않는데 어떻게 부자가 되지 않을 수가 있겠는가? 그런데 이렇게 극단적으로 주거의 질을 떨어뜨리고, 지출을 하지 않는 것은 인생 전체의 관점에서 봤을 때 적절하지 못한 행동이다. 큰 자산을 만드는 것이 우리의 목표이긴 하지만, '젊음'이란 시간이 영원하지 않다는 점을 반드시 기억해야 한다. 우린 유한한 시간의 지배를 받는 인생이다. 우리 모두 죽음으로 향하는 엘리베이터에 타고 있는 셈이다. 우리가 세계 최고의 부자 중 하나인 워런 버핏을 부러워하고, 워런 버핏처럼 부와 명예를 누리고 살았으면 좋겠다고 생각하지만, 진짜로 지금의 당신과 워런 버핏을 바꾸자고 하면 어떨 거 같은가? 바꿀 것인가? 워런 버핏은 90세가 넘었다. 90세의 슈퍼 부자와 젊은 당신. 바꿀 의향이 있는가? 젊음은 그만큼 소중한 자산이다. 극단적으로 아껴서 수백억의 부자가 된들 젊음의 추억이 그저 아끼고, 자제하고, 고생하고 산 경험밖에 없다면 그 청춘은 누가 보상을 해주겠는가? 이와 같은 본질적인 문제 외에도 거주 비용을 극단적으로 아끼면 장기적인 계획을 유지하는 데 문제가 발생할 수도 있다. 부동산 사이클링 기법은 장기적인 전략이다. 의지와 확신을 가지고 아주 오랜 시간 그 방향을 유지해야 한다. 그런데 주거의 질이 너무 떨어진다면 결국 생활에서 너무 스트레스를 받는 나머지 목표고 뭐고 다 때려치우는 일이 발생할 수 있다. 목표를 달성하기도 전에 너무 지쳐버려서 이도 저도 안 되는 상황이 올 수도 있다. 그래서 부동산 사이클링 기법을 통해 꽤 큰 부를 달성하기 전까지는 주거 비용을 아끼고 조금 불편하고 작은 곳에서의 생활을 감수하되, 너무 자신을 몰아세우는 수준이 되지는 않도록 주의하자.

전세금 상승에 대한 대비는 구체적으로 해두는 것이 좋지만, 이때 이과생 출신이거나 학교 다닐 때 수학 좀 했던 사람들이라면 아주 치밀하게 계산을 하기도 한다. 인플레이션, 이자율, 이자 증가율, 전세가 평균 상승률 등을 계산하면서 '딱 이만큼'이라고 결론을 내리는 사람들이 있다. 결론을 미리 말하자면 이런 치밀한 계산은 쓸데없는 짓이다. 놀랍게도 매번 틀린다. 그만큼 인생에는 변수가 너무 많다. 그래서 치밀하게 계산할 필요 없이 평균적인 상승에 근거한 상승률 정도만 계산하면 되고, 그보다는 오히려 늘 '틀릴 수도 있다'라는 '심리적 완충지대'를 가지려는 노력이 더 중요하다. 계산을 치밀하게 하면 할수록 본인의 계산대로 미래가 펼쳐질 거라 착각하기 쉬워 오히려 함정에 빠지는 경우가 발생하기 때문이다. 만약 세상이 계산대로만 흘러가는 것이라면 왜 학교 다닐 때 공부 잘했던 사람들이 모두 부자가 되지 않았을까 생각해 보면 된다. 우리의 미래는 언제나 우리의 계산을 뛰어넘는다.

이는 투자 전체에 통용되는 법칙이기도 하다. 앞선 내용대로 부동산 사이클링 기법대로 투자를 한다면 5000만 원으로 시작해서 20억 원을 벌지만, 실패율을 감안해야 한다. 모두가 그 정도 목표를 달성할 수 없을 것이고, 인생의 변수에 따라 20억 원을 버는 일보다 더 중요한 일들이 발생할 수 있다. 그러면 그런 곳에 자금을 먼저 써야 하는 것이 맞다. 그런데도 지나치게 목표에 집착하게 되면 '더 중요한 것'을 잃어버릴 수 있다.

목표대로 되지 않는다고 해도 우리가 이대로 부동산을 계속 공부하면서 꾸준히 노력만 한다면 경제적으로 여유롭게 사는 것에는 이변이 없다. 그러니 목표에 집착하기보다는 유연함을 갖는 게 더 좋다. 전세금 상승분에 대해서도 그렇다. 대비는 하지만 그로 인해 비용이 더 늘어날 수도, 그렇게 해서 목표 금액에 약간 못 미칠 수도 있다. 그래도 우리가 여유로운 인생을 산다는 '대세'에는 큰 지장이 없다. 이렇게 '심리적 완충지대'를 늘 염두에 두어야 한다.

소액 투자 물건이 계속 있을까?

이 책에서는 최초 투자 금액을 5000만 원으로 설정했다. 그런데 정말 5000만 원을 가지고 투자할 대상이 있을까?

'5000만 원 정도의 소액을 가지고도 투자할 수 있는 대상은 영원히 있다'라고 말할 수는 없다. 어쩌면 지금이 마지막 기회일지 모른다. 나는 이 책을 강세장을 지나서 하락장을 거친 후 약세장에 진입한 시점에 쓰고 있기 때문에 지금 이 시점에서는 5000만 원으로 투자할 대상이 여전히 있다고 말할 수 있다.

그렇다고 해서 부동산 어플을 통해 투자금 5000만 원으로 검색해서 나오는 대상들이 모두 투자할 만하다는 뜻은 절대 아니다. 그렇게 검색해서 나오는 대상은 거의 대부분 '절대 투자해서는 안 되는 대상'들이다. 자금 5000만 원을 블랙홀처럼 빨아들이는 물건이 거의 대부분이다. 그러나 그중에 반짝반짝 빛나는 보석이 숨어 있다. 다시 말해 모조리 보잘것없지는 않다. 그 보석을 찾아내는 일은 지금 시점에서 할 수 있다. 하지만 지금 같은 상황이 영원히 계속될지는 솔직히 장담할 수 없다. 어느 때가 되면 5000만 원으로 투자할 수 있는 대상이 모조리 보잘것없어지는 시점이 올 수도 있다. 투자성이 있는 대상의 최소 투자 자금이 2억 원 이상인 세상이 올 수도 있다.

그러나 이것 한 가지는 기억해 두자. 내가 『부동산 투자의 정석』을 처음 펴낸 때가 2007년이었다. 소액으로 투자를 시작해서 큰 부를 이루는 '전세 레버리지 기법'을 처음으로 세상에 공개했다. 당시 그 책에서 말했던 소액이 '3000만 원'이었다. 그리고 그때 가장 많이 들었던 질문은 "과연 미래에도 3000만 원으로 투자할 물건이 있을까?"였다. 약 10년 후인 2016년도에 『부동산 투자의 정석』 개정판을 낼 때에도 3000만 원으로 투자할 곳은 매우 많았다. 그래서 그 책에서도 소액 투자의 시작 금액은 3000만 원이있다. 다시 2022년도에 세 번째 개정판을 낼 때에도 소액 투자 금액은 3000만 원이었다.

미래는 장담할 수 없다. 부동산 시장이 과거의 패턴을 반복할 때도 상당히 많지만, 과거와 달라진 점도 상당히 많다. 그러니 미래에도 소액 투자 금액이 3000만 원, 5000만 원일지는 장담할 수가 없다. 그러나 과거의 사례를 볼 때 투자할 수 있는 최소 자본은 의외로 크게 변하지 않았음을 알 수 있다. 2007년부터 2022년까지 무려 16년간 강세장 – 하락장 – 약세장을 모두 거쳤다. 그럼에도 소액 투자의 규모가 크게 바뀌지 않았다는 사실은 희망을 준다. 그래서 미래에도 투자 금액 5000만 원 정도의 자금이 꽤 긴 기간 동안은 유지되리라 예상한다.

설령 그 정도 자금의 투자 대상이 없다고 해도 규모 자체가 획기적으로 변할 가능성은 희박해 보인다. 변한다고 해도 최대 2억 원 이하 정도까지는 늘 투자 대상이 존재할 것이라 본다. 지금 이 글을 쓰는 시점에도 2억 원 이하의 투자 대상으로 범위를 넓혀보면 꽤 많은 대상이 리스트에 올라오는 것을 볼 수 있다. 게다가 당분간은 약세장이 진행될 것을 감안하면 수년 내에 투자 규모가 급변할 것이라고 보기는 어렵다. 다만 과거에 그랬다고 해서 미래에도 반드시 그러리라는 보장이 없으니 기회가 있는 지금, 그 기회를 적극적으로 활용해 보겠다는 마음을 가져보자.

내 자금에 딱 맞는 투자 대상이 있을까?

소액으로 투자할 대상이 있다고 해도 내 자금에 딱 맞는 매물이 있을까? 예를 들어 나의 투자 자금은 7000만 원이다. 그런데 5000만 원을 투자할 대상은 있지만, 7000만 원을 투자할 수 있는 대상은 없다. 그럼 어떡하겠는가?

자금이 조금 덜 들어가는 투자 대상을 고르거나, 아니면 조금 기다리면 된다. 그렇게 하면 조금 덜 벌거나, 시간이 약간 늦어질 뿐이다. 이왕이면 내 자금에 딱 맞게 투자하는 게 가장 좋겠지만, 딱 맞는 대상을 찾느라 너무 많은 시간을 허비하거나 스트레스를 받을 필요는 없다. 언제나 시장에 순응한다는 마음을 갖는 게 중요하다.

내 자금에 딱 맞는 투자 대상이 없을 수는 있지만, 그렇다고 해서 전혀 어림없는 금액의 대상만 존재하는 경우는 거의 없다. 즉, 내가 7000만 원의 투자금이 있는데 5억 원 이상의 투자 대상만 있다든지 반대로 2000만 원 정도의 투자 대상만 있다든지 하는 경우는 거의 없다. 열심히 찾아보면 본인의 자금과 거의 비슷한 대상이 반드시 있다.

그런데 이 과정에서 거의 모든 사람이 이런 생각을 할 것이다. '투자 금액이 많으면 투자하기가 쉬울 텐데, 투자 금액이 너무 적어서 힘드네'라고. 투자 금액이 크면 투자할 대상이 많다는 건 사실일까? 언뜻 생각하면 맞다. 한 10억 원쯤 있으면 이것도 살 수 있고, 저것도 살 수 있다. 그러나 이건 내가 가지지 못한 것을 가진 사람들에 대한 부러움이 만들어낸 공상일 뿐이다.

나는 현장에 있으면서 실제로 10억 원을 가지고 "이것도 살 수 있고, 저것도 살 수 있으니깐 진짜 신나요"라고 이야기하는 사람은 단한 번도 본 적이 없다. 10억 원을 가진 사람은 그 나름대로 10억 원을 가장 잘 활용할 대상을 골라야 하기 때문에 선택사항이 많은 건 전혀 행복한 고민이 아니다. 아니, 심지어는 10억 원이 있는 사람도 똑같은 감정을 갖고 똑같은 푸념을 한다. "20억 원을 가진 사람은 좋겠어요. 이것도 살 수 있고, 저것도 살 수 있어서." 결국 자신이 가진 돈보다 더 큰 성과를 내고 싶다는 욕심은 1억 원이 있으나 10억 원이 있으나 똑같다. 따라서 소액 투자가 가능한 물건을 찾기 위해 이것저것 뒤지는 노력이나, 큰 투자금을 가장 효율적으로 활용하기 위해 이것저것의 장단점을 체크해야 하는 노력은 그 강도 면에서 별반 다를 것이 없다. 그

러니 본인이 자금이 부족하다고 '이 모양 이 꼴'이라고 한탄할 필요는
전혀 없다.

투자성 있는 물건을 어떻게 찾을까?
최강의 공식 '투자 점수 시스템'

여기까지 읽었다면 그럼 도대체 투자성이 있는 물건은 어떻게 찾
고 골라내야 할지 궁금할 것이다. 원칙적으로 투자성이 있는 아파트를
고를 때는 세 단계를 거친다.

첫째, 대중의 선호도가 지속적으로 높은, 또는 높아질 것이 분명한
물건을 선택해야 한다. 빌라나 오피스텔과 같이 아파트의 대안적인 성
격을 띠는 물건은 인기가 있다고 해도 일시적일 가능성이 높다는 사
실을 알아야 한다. 이 원칙만 분명히 해도 과거 지방 부동산 열풍이 불
때 그 거품에 동참하지 않을 수 있었을 것이다. 지방 부동산은 대중의
선호도가 지속적으로 높다고 볼 수 없기 때문이다. 수요가 넘치지 않
는데 그저 싸다는 이유만으로, 그저 부동산이 계속 오른다는 이유만으
로 매수하는 건 투자성은 포기했고, 그저 일시적인 분위기에 베팅하는
투기가 된다. 그래서 투자 대상은 지속적으로 대중의 선호가 몰리는
지역의 부동산으로만 집중하려는 노력이 중요하다.

둘째, 저평가와 고평가를 파악해야 한다. 즉, 아무리 좋은 아파트를
선택했다고 해도 고평가되었을 때 매입한다면 손해로 이어진다. 그런

대표적인 사례가 2023년 하락장에서 벌어졌다. 그 당시에는 강남의 아파트도 30%씩 떨어지는 일이 벌어졌다. 강남의 아파트가 갑자기 안 좋아져서 그렇게 떨어진 것일까? 아니다. 일시적으로 고평가되어 있었기 때문에 하락한 것이다. 그런가 하면 2019년에는 용인 수지 같은 곳은 강남과의 접근성이 매우 뛰어남에도 불구하고 신축 아파트가 없다는 이유, 그리고 당시에 동탄에서 대규모의 입주를 해서 전세 가격이 약세라는 이유 등으로 매우 낮은 금액을 형성하고 있었다. 전형적인 저평가였다. 이런 대상을 발견해 내는 게 쉬운 일은 아니지만, 이런 시각을 가지고 투자성을 판단해야겠다고 접근하는 노력이 필요하다.

셋째, 성장성을 파악해야 한다. 가격이 비싸다고 해서 절대 고평가 된 것이 아니다. 물론 가격이 비싼 것 중에 고평가된 경우도 있지만, 가격이 비싸다고 무조건 고평가라고 본다면 초보자의 시각이다. 가격이 비싸더라도 강력한 성장성이 있다면 가치는 지속적으로 상승한다. 대표적인 예가 강남의 사례다. 앞서 말한 것처럼 2023년에 매우 큰 폭의 하락이 있었지만 결론적으로 보면 2022년에 강남을 매수하는 것만 참았다면 강남을 매수하는 투자는 언제나 성공적이었다고 할 수 있다. 그 이유는 바로 높은 성장성에 있었다.

전통적인 의미의 성장성도 있다. 수도권 지역의 모든 곳이 가격이 많이 올랐으나, 그중에도 지난 몇 년간 특히 많이 성장한 곳은 수원이다. 10여 년 전, 수원과 의정부의 가격을 비교해 보면 수원이 약간 비싼 수준이었다. 그런데 지금은 2~3배 이상 격차가 벌어졌다. 수원이 그만큼 높은 성장을 했다. 만약 10여 년 전에 수원과 의정부를 놓고 고민했다면 어디를 선택했어야 할까? 그 둘의 차이를 가른 건 무엇이었을까? 바로 성장성이었다는 이야기다.

성장성을 파악하려면 상당히 많은 요소들을 파악하고 있어야 하고, 무엇보다도 미래에 만들어질 모습을 예측하기 위해 그와 비슷한 사례를 찾는 것이 중요하다. 그런데 보통의 사람들은 이런 시각을 갖기가 힘들 뿐만 아니라, 인터넷 널려 있는 정보를 마구마구 머릿속에 집어넣는다고 해도 어떤 것을 대입해야 할지 판단이 서지 않기 때문에 쉽지는 않은 일이다. 그럼에도 제대로 투자를 공부하고 뛰어난 성적을 내보겠다면 이런 가르침을 받을 수 있는 곳을 어떻게 해서든 찾으려는 노력이 필요하다. 지식 자체를 이해하는 데는 어렵지 않기 때문에 잘 배우기만 한다면 누구나 쉽게 습득할 수 있기 때문이다.

그런데 나는 이런 정통적인 방법이 아닌 꼼수(?) 같은 방식으로 매우 쉽게 부동산의 투자성을 파악할 수 있는 공식을 하나 만들어냈다. 꼼수 같다고 표현은 했지만 정통적으로 투자성을 발견하는 것에 비해 너무 적은 노력이기에 이렇게 겸허한(?) 표현을 썼다. 실제로 25년간의 투자 노하우 및 투자 자문의 결과물로 이와 같은 공식이 탄생했다.

바로 '투자 점수 시스템'이다. 이 역시 내가 최초로 개발한 공식이며, 모든 복잡한 요소들을 거의 완벽하게 집약하여 간단하게 만든 공식이다. 이 공식에 투자 대상을 대입하면 웬만한 물건의 투자성은 거의 파악된다. 다만 이는 완벽한 방식이라고 할 수는 없고, 100% 맞지는 않다. 100% 맞지 않다는 뜻은 이 공식에 의해 합격점이 나왔음에도 불구하고 투자성이 조금 떨어지는 물건일 수 있고, 반대로 이 공식에서는 불합격 점수가 나왔음에도 투자성 있는 물건도 있다는 이야기다. 그럼에도 약 80% 정도는 완벽하게 맞아떨어지며, 무엇보다 좋은 건 매우 간단하게, 초스피드로 투자성을 파악할 수 있다는 점이다.

우선, 투자 점수 시스템을 활용하기 위한 대전제 두 가지가 있다.

대전제 1. 아파트만 봐라

부동산은 사실 종류가 매우 많지만 사람들이 관심을 가지는 것은 대부분 주거용 건물이다. 주거용 건물에도 종류가 상당히 많은데, 이 중에서도 아파트를 제외한 모든 대상은 관심에서 제외하고 투자로서는 아파트만 보는 것이 가장 좋다. 왜냐면 아파트가 가장 쉬운 데다가 안전하고, 무엇보다도 충분한 상승을 하기 때문이다. 반면 그 외의 대상(대표적으로 토지)은 일부 높은 상승을 하는 경우도 있으나 확률이 매우 낮다. 성공할 확률이 낮은 대상을 선택해서 그 낮은 확률이 자신에게 일어나길 기대하는 건 무모한 짓이다. 그래서 투자 대상은 아파트로만 한정하는 것이 좋다. 물론 이때의 아파트는 완성된 아파트뿐 아니라, 완성될 아파트를 의미하는 분양권, 입주권을 모두 포함한다.

대전제 2. 대단지 물건만 봐라

아파트 중에서도 대단지가 아닌 물건은 일단 제외한다. 대단지라는 건 700세대 이상이다. 그 아래의 단지들은 투자 대상에서 제외한다. 이렇게만 해도 쓸데없는 고민을 하느라 시간을 허비하는 것을 확 줄여줄 수 있다.

왜 대단지여야 하나? 앞서 말한 투자성을 발견하는 정통적인 기법에서 첫 번째, '대중이 좋아하는 것을 골라야 한다'에 해당하는 요소이기 때문에 그렇다. 대단지는 단지 관리비가 싸다는 이유로 좋은 게 아니다. 대단지를 선택해야 하는 가장 큰 이유는 노출도 때문이다. 대중에게 노출이 잘 되려면 단지가 커야 한다. 생각해 봐라. 200~300세대로 구성된 단지라면 눈에 띄었을까? 눈에 띄지 않으면 거래 자체가 일어나지 않는다. 무엇보다 눈에 띄지 않으면 대중에게 욕망이 생기지 않는다. 대중의 욕망을 자극할 수 있어야 가격이 오른다. 그렇기 때문에 단지는 눈에 띌 만큼 규모가 커야 한다.

이 두 가지 조건은 전제조건이다. 즉, 일단 이 두 가지 조건을 갖추지 않은 건 아예 투자성을 판단하려 하지도 않겠다는 말이다. 물론 이 전제조건에도 예외가 있긴 하다. 다시 말해 이런 전제조건을 갖추지 않았는데도 가격이 오르거나 투자성이 있거나 하는 물건이 있다. 그러나 굳이 우리가 그런 것까지 파악하려고 할 필요는 없다.

그럼 이제 이 두 가지 조건을 갖춘 대상 중에서 투자성이 있는지 파악하는 초간단 투자 점수 시스템을 보자.

1. 강남권
- 강남과의 교통 거리가 도어 투 도어 기준으로 1시간 이내인 경우
  → 1점
- 강남과의 교통 거리가 도어 투 도어 기준으로 1시간 20분 이내인
  경우(준강남) → 0.5점

왜 강남이 기준인지는 설명하려면 너무 길어지기 때문에 여기에서는 일단 따지지 않기 바란다. 우선 강남역을 기준으로 강남역까지 접근하는 시간을 도어 투 도어 기준으로 계산한다.

2. 역세권
- 역에서 도보로 10분 이내인 경우 → 1점
- 역에서 도보로 15분 이내인 경우 → 0.5점

아파트를 분양할 때 보면 전혀 역세권이 아닌데도 역세권이라고 홍보하는 경우가 많다. 여기선 실질적으로 역에서부터 도보로 걸어서 아파트의 중간까지 도착하는 데 걸리는 시간이라고 보면 된다. 왜냐면 아파트도 대단지라면 입구와 뒤쪽은 10분 이상 차이가 나는 경우도 많기 때문이다. 그렇다고 해서 입구에 있는 아파트만 오르는 건 아니기 때문에 단지를 기준으로 보면 되고, 단지의 중간 정도까지 도보 시간을 계산하면 된다.

3. 신축
- 준공된 지 7년 이내 → 1점
- 준공된 지 7년 이상 → 0.5 점

7년은 현재 사람들이 신축이라고 느끼는 일반적인 수준을 기준으로 한 것이다. 실제로 아주 핵심적인 지역을 제외하고는 신축 후 7년 정도가 가장 성장성이 높고, 7년 후부터는 조금 완만해지는 경향을 보인다. 그래서 신축과 준신축의 구분을 7년으로 설정했다.

4. 전세 비율
- 강남권 44% 이하 → -1점
- 강남권 45%~50% → 0점
- 강남권 51% 이상 → 1점
- 준강남권 49% 이하 → -1점
- 준강남권 50%~55% → 0점
- 준강남권 56% 이상 → 1점

전세 비율은 고평가냐 저평가냐를 보는 매우 간단한 기준이다. 즉 강남권이라고 해도 전세 비율이 44% 이하라고 한다면 고평가가 되어 있는 셈이고, 투자에서는 점수를 깎아 먹는 요소가 된다. 그러나 이 역시도 강남권과 준강남권의 기준이 다르다. 그래서 그 지역에 맞는 적당한 전세 비율을 갖고 있으면 0점, 더 좋은 전세 비율(높은 전세 비율을 의미하며, 이는 결국 매매가가 오르지 않았다는 의미이기 때문에 저평가되어 있다고 볼 수 있다)을 갖고 있으면 1점을 얻게 되고, 반대의 경우라면 1점을 잃게 된다.

이렇게 해서 4점 만점에 2.5점 이상이면 투자성이 있다고 볼 수 있다. 나는 이 투자 시스템의 앞 글자만 따서 외우기 쉽게 '강남역신전'이라고 부른다. 간단하지만 매우 놀라운 투자 점수 시스템으로 본인이 관심 있게 보는 단지의 점수를 한번 매겨보길 바란다. 의외로 2.5점 이상인 아파트가 그렇게 많지 않음을 알게 될 것이다. 또 투자 점수 시스템의 신빙성을 확인하기 위해 과거의 사례를 대입해 봐라. 거의 다 맞다는 사실을 발견하고 놀랄 것이다.

앞서 언급했듯이 투자 점수 시스템이 모든 투자성을 말해주지는 않는다. 단적으로 투자 점수 시스템은 당장 지방 부동산의 가치를 평가할 수 없다. 그렇기 때문에 모든 영역을 커버하지는 못하지만, 상당히 많은 부분을 해결해 주는 편리한 시스템임을 알고 적용해 보길 바란다.

투자 점수 시스템

1	강남권		강남과의 교통 거리가 도어 투 도어 기준으로 1시간 이내인 경우	1점
			강남과의 교통 거리가 도어 투 도어 기준으로 1시간 20분 이내인 경우	0.5점
2	역세권		역에서 도보로 10분 이내인 경우	1점
			역에서 도보로 15분 이내인 경우	0.5점
3	신축		준공된 지 7년 이내인 경우	1점
			준공된 지 7년 이상인 경우	0.5점
4	전세 비율	강남권	전세 비율 44% 이하	-1점
			전세 비율 45~50%	0점
			전세 비율 51% 이상	1점
		준강남권	전세 비율 49% 이하	-1점
			전세 비율 50~55%	0점
			전세 비율 56% 이상	1점
합계				

정책과 제도가 바뀌면 어떻게 할까?

부동산 규정은 언제든지 바뀔 수 있다. 현재까지 있었던 비과세 규정 중에서 가장 강했던 규정을 꼽자면 '최종 1주택이 되고 2년이 지나야 비과세를 해준다'라는 것과 현재 임대 사업자에게 적용되는 '평생 1회에 한해서만 비과세를 해준다' 정도를 꼽을 수 있다.

언제든지 이런 '강력한 규정'으로 복귀할 위험을 내포하고 있는 것은 사실이다. 그러나 강력한 규정이라는 것은 항상 시장의 흐름과 맥을 같이한다. 즉 강세장이 아닌 약세장에서는 그런 강력한 규제가 발생할 가능성이 매우 희박하다. 왜냐면 결국 정부에서 원하는 것은 부동산 시장의 적절한 활성화이기 때문이다. 그 어떤 정부도 부동산 시장이 침체에 빠지길 원하지 않는다. 부동산 시장이 내수시장에서 차지하는 비중이 매우 크기 때문에 그렇다. 부동산 시장이 침체한다는 것은 경기가 침체한다는 뜻이다. 누가 그렇게 되길 원하겠는가?

이런 본질적인 이유 외에 부동산 경기를 살려야 하는 아주 실질적인 이유도 있다. 부동산 시장이 활성화되어야 세금을 많이 걷을 수 있기 때문이다. 생각해 보자. 소득세 구간을 올린다거나, 법인세 구간을 올린다고 하면 엄청난 반대에 직면하게 된다. 월급도 늘지 않는데, 세금만 더 내라고 한다면 누가 좋아하겠는가? 정권을 내놓을 각오를 하고 해야 하는 일이다.

그런데 부동산 세금은 어떤가? 부동산 가격이 올라야 거래가 잘된다. 거래가 잘되어야 취득세를 많이 걷을 수 있고, 금액이 크면 자연스럽게 취득세도 커진다. 양도세 또한 이익이 나야 내는 것이고, 이익을 많이 낼수록 양도세는 덩달아 올라간다. 또 매매가가 올라가야 보유세도 자연스럽게 올라간다. 국민의 저항에 부딪히지 않으면서 세수를 올릴 수 있는 매우 자연스럽고 좋은 방법이다. 이걸 마다할 정부는 없다. 그렇기 때문에 아무 이유 없이 또는 어떤 정치적 이념이라는 이유만으로 강력한 규제를 할 이유는 전혀 없다.

다만, 부동산 시장이 지나치게 활성화되는 상황은 나라 경제 전체를 놓고 봤을 때 좋지 못한 일이다. 그러니 정부는 규제를 통해서 경기의 속도를 조절하려 한다. 정책과 제도가 현재보다 불리한 쪽으로 나온다고 해도 그다지 걱정할 필요가 없는 이유는, 만약 그렇다면 시장이 활성화되고 있다는 뜻이고, 그 말은 곧 부동산을 소유하고 있는 사람에게는 매우 유리한 상황이 되고 있다는 뜻이다. 따라서 이는 규제로 인한 불리함을 뛰어넘고도 남는다.

한편으론 정권의 색깔에 따라 강력한 규제를 하는 정권이 나오면 어쩌나 하는 우려를 하기도 하지만, 다행스럽게 우리나라 국민의 다수는 '중도파'다. 그래서 어떤 쪽에서 정권을 잡든, 시장을 무시한 극단적인 정책을 펼칠 수 없다고 봐야 한다. 우파도 좌파 눈치를 봐야 하고, 좌파도 우파 눈치를 봐야 하는 상황이라는 뜻이다.

그래서 쉽게 이렇게 생각하면 된다. 지금의 약세장에 만들어진 정책과 제도는 상당 기간(최소 3년 이상) 이어질 가능성이 높고, 지금의 정책과 제도 수준이 부동산 시장의 디폴트값 정도라고 생각하면 된다. 시장이 강해지면 규제의 수준이 올라갈 가능성이 있지만, 언제나 시장이 먼저다. 시장에서 반응을 보이고 나서 한참 뒤에 규제가 나오지, 규제가 선제적으로 나올 수는 없다. 그러니 시장의 움직임을 선제적으로 예측해서 확률적으로 행동하고, 시장의 움직임에 예민하게 반응하는 입장에서 규제는 별 걱정할 필요가 없다.

다음 장에서는 전세 레버리지의 완결판을 보여주겠다. 일명 '수익형 전세 레버리지 기법'이다. 자금의 규모가 커지면 부동산 사이클링 기법을 계속 활용할 수 없기 때문에 수익형 전세 레버리지 기법으로 옮겨가야 한다. 우리가 영원히 돈을 모으기만 하며 살 수는 없는 일 아닌가? 돈은 잘 쓰기 위해서 존재한다. 그런데 문제는 돈이 많아도 구조적으로 잘 쓸 수 없게 되어 있다면 '허덕이는 부자' '돈 많은 노인네'가 될 뿐이다. 그렇기 때문에 돈을 잘 쓸 수 있는 시스템을 만드는 데 더 집중해야 한다. 다음 장에서는 가장 현실적이고, 가장 쉽고, 가장 빠르게 리치 라이프를 달성하는 로드맵을 알려주겠다.

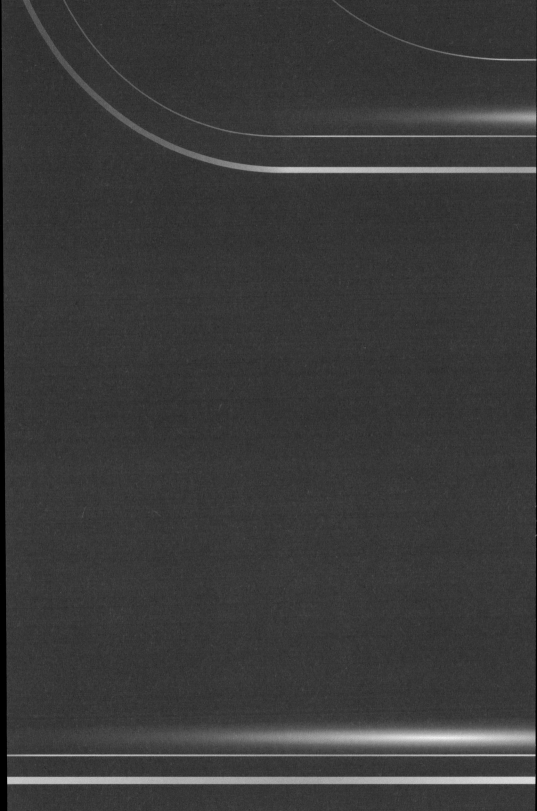

3장

두 번째 황금 로드맵,
수익형 전세 레버리지 기법

새롭게 바뀐
전세 레버리지 기법

자금을 어느 정도 모았다면 계속 부동산 사이클링 기법을 쓸 수는 없다. 자금의 덩치가 커지면 사고파는 일이 쉽지 않고 리스크도 커지기 때문이다. 부동산 사이클링 기법에서도 설명했듯이 이 기법은 자금의 규모에 따라, 본인의 실력에 따라, 그리고 운에 따라 당연히 실패가 있을 수밖에 없다. 다만 그런 실패율을 감안한다고 해도 놀라운 성적을 거둘 수 있기 때문에 하지 않을 이유가 없다.

자금이 커졌다면 다른 전략을 취해야 한다

그런데 자금이 커진 상황에서 실패한다고 생각해 보자. 결과적으로는 평균에 비해 나쁘지 않은 결과를 낸다고 하더라도 한 번 실패했을 때 심리적인 타격감은 매우 크다. 예를 들어 자금이 2억 원일 때 웬만한 사람들은 1억 원의 수익을 내는 상황에서 본인만 10%인 2000만 원의 수익을 냈다고 해보자. 기분이 별로 좋지 않다. 그런데 자금 20억 원을 보유하고 있는 상황이고 남들은 그 정도 자금을 가지고 10억 원 정도의 이익을 내는 상황에서 본인만 2억 원 정도의 이익을 냈다고 해보자. 그럼 어떨까? 기분 나쁜 정도가 아니라 앓아눕는다. 심리적 타격감이 자본금이 2억 원일 때와는 비교가 되지 않는다.

게다가 어느 정도 자금이 있으면 흔히 말하는, 모든 사람이 좋아하고 인정할 만한 부동산을 소유할 수 있다. 그런 정도면 굳이 그 부동산을 매각해서 다른 물건을 매입하는 상황이 의미가 없을 수도 있고, 투자 대상조차 많지 않다. 즉, 어느 정도 상위권에 속하는 부동산을 보유하면 그것을 매각하고 더 성장성이 높은 대상을 찾기가 점점 어려워진다. 상위권에 속하는 아파트는 단지 '비싼 아파트'뿐 아니라 대중의 선호도가 매우 높은 아파트를 의미한다. 선호도 자체가 높은 성장성을 말해주기 때문이다.

2015년부터 2025년까지 10년간 서울 평균 성장률과 서초, 강남, 송파, 강동, 과천, 분당의 아파트 성장률을 비교해 보았다. 이 사례에서 볼 수 있듯 아파트도 구축이 되어가고 더 좋은 아파트가 계속 생겨나

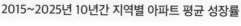

2015~2025년 10년간 지역별 아파트 평균 성장률

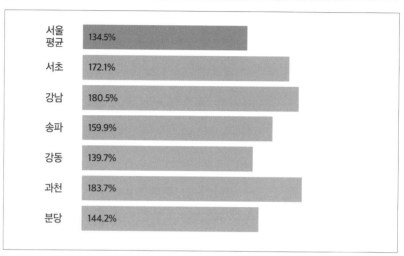

서울 평균	134.5%
서초	172.1%
강남	180.5%
송파	159.9%
강동	139.7%
과천	183.7%
분당	144.2%

출처: 부동산지인

는 상황임에도 대중의 선호도가 매우 높은 아파트들은 오랜 기간 평균보다 훨씬 높은 성장세를 보여주었다. 그래서 어느 정도 자금력이 된다면 '좋은 부동산'을 사서 장기적으로 보유하는 편이 더 유리하다.

정책은 언제든지 바뀔 수 있다

양도세도 문제가 된다. 1가구 1주택 비과세는 현재 12억 원까지다. 12억 원 이상의 양도차익에 대해서도 안분하여 양도세를 내기 때문에 역시 비과세를 받을 수 있어야 유리하다. 또 1주택을 장기 보유하면 장기보유특별공제로 받을 수 있는 세제 혜택이 매우 커지기 때문에 무척 유리해진다. 그래서 수학적으로 보자면 세금을 내지 않는 비과세 전략을 위해 부동산을 한 채로 유지하는 것이 유리해 보이지만 막상 실제로는 그렇지 않다. 앞서 말했듯 자금의 규모가 커지면 4년에 한 번씩 매도를 하기가 쉽지 않아지고, 그렇다면 결국 세금을 아끼기 위해서 부동산을 한 채로 유지한 채 오랜 시간을 보내야 하는데, 그렇게 해서 얻게 되는 이익보다 추가로 좋은 부동산을 매수해 얻는 수익률이 훨씬 더 크기 때문이다.

게다가 결정적으로 '일시적 1가구 2주택' 정책에 변화가 올 경우 매우 큰 타격을 받을 수 있다. 부동산 사이클링 기법을 취할 경우, 중간에 '일시적 1가구 2주택' 정책이 변화한다고 해도 상대적으로 양도차익이 크지 않기 때문에 일반과세를 선택하여 매도할 수도 있고, 바로 수익형 전세 레버리지 기법으로 넘어가는 유연함을 발휘할 수 있다. 그러나 자산의 덩치가 커졌을 때 양도세 정책에 변화가 온다면, 변화 전후의 양도세 차이가 너무 커서 전체적인 전략에 매우 큰 영향을 미칠 수 있다.

예를 들어 과거에 전국 대부분이 조정지역으로 분류되면서 양도세가 중과되었을 당시 같은 상황이 올 수 있다. 당시에는 이러한 정책 변화로 인해 향후 지속적으로 규제가 이어질 것이 보였고 거품의 징후가 명백한 상황임에도 매도를 하지 못하는 사람들이 넘쳐나는 상황이었다. 내 돈이라고 생각했는데 갑자기 세금으로 내라고 하니 배가 아파서 도저히 실행에 옮기지 못하게 된 상황이다. 그 이후에는 오히려 부동산 가격이 떨어져서 차라리 고액의 양도세를 내고 매도하는 편이 더 나은 상황이 되었고, 부담이 높아진 보유세까지 감안한다면 더욱 땅을 치게 되는 것이었다. 인간은 '내 돈이라고 생각한 돈을 갑자기 뺏긴다면 매우 무모한 행동을 할 수도 있다'라는 것을 보여준 사례였다.

따라서 이런 위험을 감안하면 결국에는 전세 레버리지 시스템으로 옮겨 가는 전략을 취해야 한다. 그런데 이제는 주택 수를 계속 늘리는 형태의 전세 레버리지 기법은 사용할 수 없게 되었다. 일단 취득세가 가장 큰 걸림돌이고, 보유세도 고려하지 않을 수 없기 때문에 한없이 주택 수를 늘릴 수 없는 상황이다. 그러니 적당한 수준 이상으로 주택 수를 늘리진 말아야 한다. 그렇다면 어느 정도가 적당한 수이고, 그것을 어떻게 활용해야 우리의 최종 목표, 즉 '평생 경제적으로 여유로운 생활 리치 라이프'라는 목표를 달성할 수 있을까? 자, 그럼 지금부터 그 목표를 달성하게 해줄 수 있는 '수익형 전세 레버리지 기법'의 세계로 들어가 보자.

부동산 부자가 되어도
여유롭게 살기 힘든 이유

우리가 투자로 자산을 키우는 이유를 다시 한번 생각해 볼 필요가 있다. 부동산을 통해 자산을 키우는 이유는 결국 '잘 쓰기 위해서'이다. 그런데 현실을 한번 살펴봐라. 과연 부동산 부자들이 잘 쓰면서 살고 있는가? 오히려 정반대인 경우가 상당히 많다. 똑똑한 한 채를 갖고 있어서 '부자'라고 인정받을지는 몰라도, 당장 수중에 돈이 없기 때문에 아무것도 할 수 없는 사람들이 수두룩하다. 아니, 심지어는 매번 어마어마한 이자를 감당해야 하기 때문에 허덕이면서 사는 사람들도 많다.

또 '부자가 된다는 목표'에만 모든 신경이 쏠려 있는 사람들은 충분히 괜찮은 자산을 갖고 있음에도 그것을 팔고, 있는 현금을 더 박박 긁어모으고, 더 많은 대출을 일으켜 상급 부동산으로 갈아타는 경우도 허다하다. 그렇게 되면 '더 큰 부자'가 된다는 목표를 달성할 수는 있다. 그런데 가지고 있는 현금을 다 쓰고 대출을 늘림으로써 현금은 더욱 부족해지고 더 쪼들리는 생활을 해야 하는 상황이 벌어진다. 그렇게 된다고 해도 '부자가 되었다는 사실'에 마냥 즐거워하기도 한다. 그러나 그 기분이 언제까지 갈까? 빠듯한 생활의 압박은 매번 다가오는 현실이고 '남들이 부자라고 알아주는 기쁨' 같은 건 어쩌다 한번, 그것도 아주 짧은 순간 느낄 뿐이다. 더 결정적인 문제는 그렇게 쪼들리다가 청춘이 다 가버린다는 점이다. 그러면 부자가 된 늙은 몸만 남는다. 그렇게 해서 인생을 마감한다면 '한 번 사는 인생, 참 잘 산다 간다'라고 생각할 수 있을까?

우리는 '똘똘한 한 채'의 덫에 빠져버렸다

부자의 덫에 빠지게 되는 여러 가지 이유가 있지만 '똘똘한 한 채'의 역할이 매우 크다. 일단 똘똘한 한 채를 갖게 되면 목표를 달성한 것 같지만, 문제는 그 똘똘한 한 채를 절대 매도하지 못한다는 사실이다. 언젠가는 노후에 그것을 팔아서 이렇게 쓰고 저렇게 써야겠다고 생각하겠지만 그 '언젠가'는 오지 않는다. 왜냐면 '똘똘한 한 채'가 계속 오르기 때문이다. 이는 마치 내가 어떤 줄을 꽉 잡고만 있으면 계속 하늘에서 돈이 떨어지는 것이나 마찬가지다. 언젠가는 그 줄을 놓고 떨어진 돈들을 주워서 써야 하는데, 줄을 잡고 있는 이상 하늘에서 계속 돈이 떨어지니 그 손을 놓지 못한다. 늙어 죽을 때까지.

똘똘한 한 채는 가진 사람의 아이덴티티를 만들어내기도 한다. 어떤 사람이 반포에 아파트를 갖고 있다면 그 사람은 '반포 사람'이다. 그런데 이 사람이 반포의 집을 팔아서 용인 수지로 이사를 했다면 '반포 사람'에서 '수지 사람'으로 갑자기 신분이 추락한 듯한 느낌을 받게 된다. 홍대 건축과 유현준 교수가 방송에서 이런 문제를 잘 지적했다. "한국의 아파트들은 개성이 없이 모두 동일하다는 것이 문제입니다. 이렇게 되면, 가치판단의 기준은 오직 정량적인 판단에만 두게 됩니다. 몇 평이냐 어느 지역에 사냐 하는 것으로 가치를 판단할 수밖에 없게 되고, 몇 동 몇 호에 산다고만 해도 얼마짜리 아파트인지 다 알 수 있기 때문에 결국 가격이 그 사람의 가치가 된다는 것이 문제입니다."

게다가 똘똘한 한 채가 계속 가속화되고 있으니 이제 내가 소유하는 아파트, 내가 거주하는 아파트가 나의 아이덴티티가 되어버리는 현상까지 발생하게 된다. 그러니 '나중에 팔아서 써야지' 하는 생각은 현실적으로 불가능하기까지 하고, 부동산을 매도한다는 것은 자신의 아이덴티티를 버리는 꼴이기 때문에 실행하기 매우 어렵다. 그야말로 정말 최악의 상황이 되지 않는 한 절대 실현되지 않으니 그야말로 자식 좋은 일만 시키고 인생을 마감한다고 봐야 한다. 즉, '나중에 노후가 되면 팔아서 써야지'라는 말은 '나중에 돈을 많이 벌면 돈 없는 학생들이 마음껏 공부할 수 있도록 장학재단에 기부할 거야'와 같이 영원히 생각으로만 끝날 가능성이 매우 높다. 기부하고도 남을 만큼 돈을 많이 버는 일은 평생 일어나지 않을 가능성이 더 높기 때문이다. 이런 식으로는 기부는커녕 부동산 부자가 되어도 여유로운 삶을 살기는 틀렸다고 봐야 한다.

수익형 부동산과 배당주 투자가 낭만적이지 않은 이유

리치 라이프를 위해서는 매달 실질적인 수입을 얻는 시스템 구축을 목표로 해야 한다. 그래야 인생을 살아가면서 하고 싶은 것을 할 수 있고, 위험을 피할 수 있고, 하기 싫은 일을 안 하고 살 수 있다. 그래서 나 역시 이전 책에서 전세 레버리지 기법을 통해서 어느 정도 충분한 자금이 만들어지면 수익을 만들기 위해서 수익형 부동산과 배당주에 투자하라고 권유했었다. 그런데 이러한 수익형 투자에 몇 가지 문제가 발생했다.

첫째, 좋은 수익형 부동산은 여전히 고르기 힘들다

수익형 부동산에 투자하려고 해본 사람들은 알겠지만, 정말 쉽지 않다. 좋아 보이는 상가나 건물은 너무 가격이 비싼 데다가 수익형 부동산이라는 이름에 걸맞지 않게 수익이 별로 나지 않는다. 은행 이자와 수익률이 같거나 더 낮기까지 한 수준이다. 그러다 보니 만약 대출을 일으켜 매입한다면 오히려 추가로 매달 이자를 감당해야 하는 상황이 오기도 한다(그럼에도 불구하고 시장에서 이런 가격이 형성되는 이유는 좋은 상가나 건물은 매매가가 상승하기 때문에 그렇다. 하지만 당장 수익을 만들

'상권 1번가' 명동의 부활⋯ '청담' 울고 '이대·신촌' 찬바람

부동산원, 1분기 서울 소규모 상가 공실률 0.6%P 감소
'돌아온 외국인' 명동 회복⋯ 이대·신촌, 5곳 중 1곳 빈 상가

2024.05.07, 뉴스1

"중딩부터 대학생까지 바글바글했는데" ⋯한숨 소리만 들리는 '이 지역' 상권

용산 임대료 6.0% 오른 반면 신촌·이대 2% 하락 양극화 심화

2024.07.26, 매일경제

려는 입장에서 보면 이러한 대상은 적합하지 않다).

상가의 입지는 아파트의 입지에 비해서 매우 크게 변동되는 경우가 많다. 단적인 예로, 아직도 과거의 영광을 찾지 못하고 쇠퇴 일로를 겪고 있는 신촌, 이대 상권 같은 곳이 그렇다. 이런 곳에 상가를 갖고 있었다면 이런 흐름을 빠르게 감지하고 매도하고 빠져나왔어야 하는데, 매우 어려운 일이다. 경기는 호황도 있고 불황도 있는데 경기가 좋지 않다면 그게 상권 자체가 쇠퇴하는 것 때문인지 불황 때문인지 파악하기 어렵기 때문이다.

상가의 가격도 그렇다. 무엇보다 '성장하는 상가'를 사야 한다. 성장하는 상가를 사려면 먼저 성장하는 상권을 볼 줄 알아야 하는데, 이게 무척 어려운 일이다. 또 다른 문제는 자금이 너무 많이 들어간다는 점이다. 현재 안정적으로 보이는 상권이라면 역시 강남권, 성수, 연남

동 정도인데 이런 곳의 상가(상가 건물)를 사려고 한다면 최소한 현금이 15억 원, 일반적이라면 20억~30억 원 이상은 있어야 한다. 그렇기 때문에 상가 투자는 상권에 대한 파악도, 자금도 일반인이 접근하기 매우 힘들다.

핵심 상권의 1층 상가를 사는 전략을 해볼 수도 있다. 이건 내가 수익형 부동산을 사려는 사람들에게 권장하는 방법이기도 하다. 이런 전략을 취하면, 일단 상권을 보기가 쉽다. 특히 택지개발지구의 핵심 상권 같은 경우는 상권 자체가 변하기가 매우 어려운 구조다. 앞서 말한 신촌 같은 사례가 발생하기 힘든 구조다. 처음부터 계획적으로 상권을 만들었고, 추가적으로 다른 곳에 대규모 상권이 발생할 가능성이 거의 없기 때문에 경쟁 상권이 발생할 수 없는 경우가 많다. 게다가 인구수의 변화나 유동인구도 늘 안정적일 수밖에 없다. 따라서 별 이변이 없는 현재의 상권을 유지하는 경우가 대부분이다. 그래서 이런 곳의 1층 상가를 사는 전략은 꽤 괜찮은 전략이다.

그런데 그런 좋은 입지의 물건은 일단 매물로 잘 나오지 않는다. 또한 수익률도 앞서 설명한 상가 건물과 같은 상황이다. 택지개발지구의 좋은 입지의 1층 상가라면 보통 2.5%대의 수익률로 매매가가 정해져 매물로 나오는 경우가 일반적이다.

20억 원짜리 상가를 매입했다고 해보자. 70%인 14억 원을 대출받고, 나머지 6억 원을 투자했다. 이자율 4.5%로 계산하면 연이자는 무려 6300만 원이다. 하지만 2.5%의 수익률로는 연 5000만 원의 수익이 나온다. 수익은커녕 월 108만 원이 넘는 손실이 매달 발생하는 구조

20억 원짜리 상가를 매입하는 경우

매매가	20억 원
대출	70%
대출액	14억 원
투자금	6억 원
이자율	4.5%
연 이자	6300만 원
수익률	2.5%
연 수익금	5000만 원
월 수익금	- 108만 원

다. 물론 이렇게 손실이 발생해도 향후 월세가 오르고 가치가 오르면 차익이 발생하는 경우가 많다. 그런데 차익형 투자를 하려면 굳이 상가를 살 이유가 없어진다.

대출을 받지 않고 20억 원을 투자한다면 월 400만 원을 벌 수 있지만, 이 역시도 '여유로운 생활'을 하기에 충분한 금액이 아니다(세금까지 고려해야 하기 때문에 금액은 더 줄어든다). 그리고 20억 원이라는 금액을 모조리 상가 투자에 쓴다면 주거 문제 등을 해결할 수 없기 때문에 적은 자금에서 시작해서 경제적으로 여유로운 생활에 이르고자 하는 우리의 여정과는 거리가 먼 이야기가 된다.

대출을 받지 않고 매수하는 경우

매매가	20억 원
수익률	2.5%
연 수익금	5000만 원
월 수익금	417만 원

부동산 중개업자의 함정을 조심하라

상가 투자에는 현실적인 문제가 또 있다. 정작 입지가 좋은 물건이 어떤 건지 다 알고 있어도 그런 물건을 못 사는 경우가 허다하다. 이유는 중개업자 때문이다. 실제로 중개업자를 상대하면서 상가를 구해본 사람들은 모두 느낄 수 있는 이야기지만, 일단 실수요자라고 확실하게 판단이 되면 중개업자가 그냥 내버려두지 않는다. 마치 이미 낚시에 걸려든 물고기를 본 낚시꾼 같은 심정으로 달려든다. 절대 놓칠 수 없기 때문에 이렇게든 저렇게든 사람들을 몰고 간다. '이건 싫다'라고 한다면 이런 이유 저런 이유를 대면서 비슷한 물건을 추천하고, '이런 이유'로 싫다고 하면 또 다른 물건을 추천한다. 중개업자가 계속 이런 정성과 집요함을 보이면, 결국 중개업자의 꼬임에 넘어가는 일이 다반사이다.

이때 중개업자의 꼬임에 '넘어가는' 이유는 본인에게 자금이 있고, 수익이 나는 물건을 사고 싶다는 욕망과 결합했기 때문이기도 하다. 결국 입지가 좋은 상가를 사겠다는 애초의 목적 대신에 '이것도 괜찮잖아' 하는 정도의 물건을 매입하기가 매우 쉽다는 뜻이다. 더 나쁜 경우는 '이것도 괜찮잖아'하고 매입했던 물건임에도 세월이 지나 정신을 차리고 보면 전혀 괜찮지 않은 데다가 심지어는 '괜히 샀다'고 후회할 만한 물건인 경우가 더 많다는 것이다.

물론 모든 사람들이 이런 과정을 겪진 않는다. 그러나 대부분의 사람들은 상가에 대해 그렇게 많이 공부하고 경험을 쌓을 만한 여력이 없다. 이제 겨우 상가를 살 만큼 돈을 모았을 뿐이다. 그렇게 돈을 모으는 데만도 수십 년이 걸린다. 그런데 상가를 깊이 있게 공부할 시간이 어디 있었겠는가? 상가에 대해 충분히 공부했고, 중개사의 사탕발림에 쉽게 넘어가지 않을 정도의 내공을 가진 사람이라면 이런 실수를 하지 않을 것이다.

그런데 노련한 중개업자일수록 이런 사람을 바로 알아본다. 몇마디 해보면 금방 알 수 있기 때문에 그렇다. 그래서 중개업자들은 이런 '고수'를 만나면 포기해 버린다. 낚싯줄에 물고기가 걸리긴 했는데, 너무 큰 물고기가 걸린 셈이다. 이런 물고기는 노련하게 먹이만 채가고 가버리거나, 아니면 낚시바늘을 통째로 뜯어버리고 가버린다는 사실을 알기 때문에 쓸데없는 노력을 하지 않는다. 결국 충분히 공부가 되지 않은 대부분의 사람들은 '좋은 입지의 상가를 사겠다'라는 각오로 공부하고 접근을 했어도 중개업자의 노련함에 넘어가서 그렇지 못한 입지의 상가를 사기 쉬운 것이 현실이다.

이는 마치 정글과 같다. 사자는 생존을 위해서 얼룩말이 사정거리에 들어오면 죽을 힘을 다해서 달릴 수밖에 없다. 이제 새끼를 낳은 지 얼마 안 된 얼룩말인지, 이제 갓 성체가 된 얼룩말인지, 어제 발을 헛디뎌서 잠깐 다리가 불편한 얼룩말인지 따위의 개별적인 사정은 봐줄 수가 없다. 사정권 안에 들어오면 무조건 필사적으로 뛰어야 한다. 이건 사자와 사자 가족의 생존이 달린 문제이기 때문에 그렇다. 따라서 사자에게 "서로 초원에서 같이 사는 처지에서 이러지 맙시다"라고 할 수 있는 문제가 아니다.

둘째, 배당주 투자도 변동성이 매우 크다

전세 레버리지로 돌아오는 자금으로 배당주를 사두는 투자는 꽤 의미 있는 일이다. 특히 지금은 미국 주식에 쉽게 투자할 수 있기 때문에 미국 배당주, 그중에서도 부동산 리츠에 투자하는 것은 꽤 괜찮아 보인다. 내가 2020년에 출간했던 『코로나 이후 대한민국 부동산』에서도 미국 리츠 중 성장성 있는 리츠를 추천한 적이 있다. 4년 만에 결과를 평가하기에 적당하진 않지만, 세 개의 종목 중 한 개는 플러스, 한 개는 원금 수준, 한 개는 마이너스이다. 그동안 배당수익인 2.5~4% 정도는 챙겼고, 원금을 손해 보지도 않았고, 기간도 오래되지 않았으니 나쁘지 않은 셈이다.

문제는 배당주를 투자하는 과정에서 겪게 되는 심리적인 문제들이다. 아무리 안정적인 미국 리츠라고 해도 변동성이 매우 크다. 배당주에 투자했더라도 부동산에 투자한 셈이라고 생각할 테니 시세를 자주 확인하지는 않겠지만, 그렇다고 해도 내가 산 금액보다 마이너스가 되고 그런 상태가 계속 이어진다면 불안한 마음은 어쩔 수 없다.

심지어는 배당주 포트폴리오를 구성해서 전체적으로 수익률이 플러스인 상태라고 해도 마찬가지다. 배당수익만으로는 수입이 충분하지 않기 때문에 일부 매도해서 수익을 챙겨야 하는 경우가 종종 생기는데, 이때 뭘 매도해야 하는가는 생각보다 큰 고민거리다. 일정한 비율로 모조리 같이 매도하는 일은 기술적으로 쉽지 않고, 매도할 종목을 정하는 과정에서 종목의 비중도 달라지고, 포트폴리오의 전체 수익률도 달라지기 때문에 상당한 스트레스를 받을 수 있다. 또 그럴 때마다 마이너스 상태의 종목을 보면 상당한 스트레스와 불안감이 생긴다.

문제는 또 있다. 미국 리츠에 투자하려면 환율변동에도 신경을 쓸수밖에 없다. 환율에 조금이라도 관심을 가지고 지켜본 사람들은 잘 알겠지만, 환율 예측은 틀리는 경우가 매우 많다. 환율이 계속 오르고 있고, 앞으로도 계속 오르리라는 분석이 지배적이라고 해도 어느날 갑자기 환율이 떨어지는 일이 비일비재하다. 그 반대의 경우도 마찬가지다. 따라서 일반인으로서 환율을 예측하기란 대단히 어려운 일이고, 환율 헤지까지 하는 투자는 너무 복잡해지기 때문에 쏟는 에너지에 비해서 얻는 수익이 너무 적다.

결과적으로 수익이 나고 그 수익이 상당히 크다 하더라도, 이렇게 변동성이 큰 투자는 우리로 하여금 수시로 불안한 마음을 갖게 만들고, 투자법에 대한 믿음을 계속 시험하는 일이 벌어져 삶이 불편해진다. 투자는 기본적으로 마음이 편해야 하고, 그러면서도 우수한 결과를 만들어내야 한다. 그게 우리가 지향해야 할 길이다(그래서 내가 운영하는 회원제 모임의 이름도 '김사부의 맘 편하고 우수한 투자'다). 그런데 배당주 투자는 이러한 투자의 길을 가기에는 적합하지 않은 모습을 하고 있다. 최선의 길은 배당주 투자를 하긴 하되 본인의 자산에서 아주 적은 비중을 자지하는 수준 정도로만 하면 된다. 그러다 보니 매달 사용할 수 있는 충분한 자금은 만들어낼 수 없다는 문제가 발생한다.

결국 전세 레버리지 기법을 통해 적당히 주택 수를 늘리며 현금흐름을 만드는 방법이 마음 편하게 우수한 결과를 낼 수 있는 최선이다. 『부동산 투자의 정석』에서도 이 점을 강조하며 전세 레버리지 기법을 설명했었는데, 책을 출간한 이후로 상황과 정책이 바뀌며 몇 가지 현실적인 문제가 발생했다.

첫째, 주택 수를 늘리기가 매우 어렵다. 취득세 규제가 풀리지 않을 것으로 보이기 때문에 결국 주택 수를 늘리는 방법은 입주권을 매수하는 방법밖에 없다(입주권의 취득세는 주택 수에 관계없이 동일하게 4.6%).

그런데 그저 주택 수를 늘리는 것보다 '투자성이 있는' 주택 수를 늘리는 것에 의미가 있다. 그래서 투자성이 있는 입주권을 매입해야 하는데, 투자성이 있는 입주권에는 투자금이 꽤 많이 들어가는 것이 일반적이기 때문에(현재 수도권에서는 최소 2억 원, 더 대중적인 수준은 약 5억~8억 원 정도의 투자금이 들어간다. 서울권에서는 최하 5억 원, 대중적인 수준은 투자금 10억~15억 원 정도다) 이 정도의 자금을 전세금 상승분으로 마련하기는 쉬운 일이 아니다.

둘째, 주거용 오피스텔을 매입하면 아파트 매입에 제약이 생긴다. 주거용 오피스텔은 거의 대부분 투자로서는 가치가 없지만, 아주 일부는 투자성이 있다. 그래서 그런 주거용 오피스텔을 매입해서 전세 레버리시용으로 사용한다면 큰 수익을 낼 수는 있었기에 이전 책에서 투자성 있는 오피스텔 물건을 찾는 방법을 다루기도 했다. 문제는 주거용 오피스텔을 매입하면 주택 수에 포함되기 때문에 보유하고 있는 아파트를 매도하고 더 좋은 아파트로 갈아타려 할 때 취득세 중과를 받게 된다는 점이다. 결국 갈아타기를 할 수 없게 된다는 문제가 발생한다.

만약 아파트 매수가 끝난 다음이라면 나머지 자금으로 주거용 오피스텔을 늘려가는 전략을 써볼 수 있다. 하지만 사람 일이 언제 어떻게 될지 모른다. 추가로 자금이 더 많이 생길 수도 있고, 보유하고 있는 아파트가 많이 오를 수도 있다. 더 좋은 아파트로 옮길 수 있는 여력이 생겨도 주거용 오피스텔을 여러 채 갖고 있다면 취득세 때문에 새로운 아파트를 매수하기에는 비용이 매우 많이 들어 실천에 옮기기 힘든 상황이 된다.

그런 상황이 발생한다면 주거용 오피스텔을 매도하는 방법이 있겠지만, 현실적으로 쉽지 않은 일이다. 현재 규정상 주거용 오피스텔은 주택 수로 인정되기 때문에 이러한 이유로 대중에게 외면받고 있는 상황이다. 그러니 매각이 쉽지 않다. 매각이 쉽지 않다면 결국 아주 낮은 금액에 팔아야 하는데 그렇게 되면 이익이 없어 아무런 의미가 없게 된다.

그렇다면 새롭게 바뀐 '수익형 전세 레버리지 기법'은 이 모든 문제를 해결할 수 있다는 말인가? '그렇다'라고 감히 말할 수 있다! 지금부터 수익형 전세 레버리지 기법의 신비로운 세계로 들어가 보자.

완벽한 수익을 만들어내는
궁극의 로드맵

　전세 레버리지 기법은 내가 2007년 처음 설명한 이후로 널리 알려지기 시작했다. 부동산 책을 쓴 다른 사람들도 이 기법에 관한 내용을 하도 많이 싣는 바람에 내용 자체를 모르는 사람들은 많지 않다.

　기존의 전세 레버리지 기법을 간략히 설명하자면 이렇다. 1년 동안 모은 3000만 원의 종잣돈으로 전세 낀 부동산을 4년간 매년 1채씩 구입한다. 그리고 2년에 한 번씩 나오는 전세보증금 상승분 약 2000만 원으로 비슷한 부동산을 다시 구입한다. 이 과정을 10년간 반복하면 23채의 부동산이 세팅되면서 현금흐름이 만들어진다.

　이전에는 부동산을 여러 채 소유해도 문제가 되지 않았지만, 부동산 규제가 시작되고 다주택자에 대한 세금 규제 또한 강화되면서 기존의 전세 레버리지 기법을 실천하기 어려워졌다. 한때는 규제가 풀리면 다시 부동산을 과거처럼 매입할 수 있는 시기가 올 것이라 생각했었는데, 현재 상황으로 봐서는 그런 시기는 아주 지나가 버린 것 같다. 취득세 개정안이 상정되어 있지만 통과도 요원해 보이고, 통과가 된다고 해도 과거처럼 다주택자의 취득에 전혀 제한이 없는 상황이 오진 않을 것이다. 세율만 낮아질 뿐이지 결국 다주택자에 대한 규제는 계속되는 셈이다.

물론 이러한 정책은 겉으로 보기에는 부동산 시장을 안정되게끔 만든 듯 보이지만 사실은 부동산의 쏠림 현상을 가속화시켜 매우 부정적인 결과를 만들어낸 원흉이기도 하다. 부동산을 여러 채 살 수 없다 보니 사람들은 최대한 끌어모아서 자신이 살 수 있는 가장 좋은 것 딱 한 채를 사려고 하고, 그러다 보니 결국 강남 아파트, 신축 아파트로 더욱 쏠리는 현상이 벌어지게 되었다.

그러나 이런 부작용을 인정한다고 해도 정치적인 부담을 떠안으면서 취득세를 풀어주기는 힘들어 보인다(설령 풀어준다고 해도 지방 부동산의 취득만 제한적으로 풀어줄 가능성이 있다). 그래서 지금 상황에서는 일단 자금을 모을 때까지는 부동산 사이클링 기법을 실행하고, 자금을 모은 다음에 전세 레버리지 기법으로 넘어가는 방법이 가장 현명하다. 전세 레버리지 기법은 기존 부동산은 보유한 채 그 전세금을 활용하여 주택 수를 계속 늘리는 시스템인데, 새로운 전세 레버리지 기법은 내 집을 포함하여 최대 5채까지만 보유한다. 그리고 보유한 주택들에서 나오는 자금으로 리치 라이프를 즐기는 것이다. 이것이 2007년에 '전세

레버리지 기법'이 나온 이래로 현재 실정에 맞게 약 17년 만에 완성된
'수익형 전세 레버리지 기법'이다.

수익형 전세 레버리지 기법의 기본 구조

어떤 아파트를 5억 원에 매수했다고 가정해 보자. 전세가는 3억
원이고 투자금 2억 원이다. 이후에 전세금이 5000만 원 상승했다. 그
럼 이 5000만 원은 회계적으로 어떻게 처리해야 할까? 원금 회수다.
즉 투자금 2억 원 중에서 5000만 원을 회수한 것이다. 다시 시간이 지
나, 또 전세금 5000만 원을 올리고, 그다음에는 전세금 1억 원을 올리
게 되었다고 해보자. 어느덧 투자금 2억 원을 모두 회수하게 되었다.
그다음 다시 전세금 5000만 원이 상승했다. 그렇다면 이 5000만 원은
어떻게 해야 할까?

회계적으로 이야기하자면 이 돈은 가수금에 해당된다. 내 돈이 아
닌데 맡아두고 있는 돈이라는 뜻이다. 그러나 이때 원금을 회수한 이
후에 추가로 나오는 전세금 상승분은 수익으로 생각해도 된다! 부동
산을 좀 아는 사람이라면 이런 의문이 들 것이다. '아니, 양도할 때 비
과세를 받을 수 없지 않은가? 그런데도 수익으로 생각한다고?' 그렇
다. 양도세가 남아 있다. 그래서 추가로 나온 자금을 전부 수익으로 보
지 않고 양도세분을 제외하고 나머지를 수익으로 보면 된다.

원금 회수 이후 상승한 전세금 5000만 원은 40%의 세율을 적용한

	매입가 5억 원 전세가 3억 원 투자금 2억 원		
전세금 5000만 원 상승 ↗	전세가 3억 5000만 원	자금 회수 5000만 원	투자금 잔액 1억 5000만 원
전세금 5000만 원 상승 ↗	전세가 4억 원	자금 회수 5000만 원	투자금 잔액 1억 원
전세금 1억 원 상승 ↗	전세가 5억 원	자금 회수 1억 원	투자금 잔액 0원
전세금 5000만 원 상승 ↗	전세가 5억 5000만 원	+ 5000만 원	

⋮

전세금 상승분	5000만 원
양도세율	40%
양도세	2000만 원
순수익	3000만 원

2000만 원을 양도세용으로 제해놓고, 나머지 3000만 원은 수익으로 보고 사용해도 된다는 뜻이다. 이때 양도세율은 왜 40%로 정했을까? 양도세율은 구간에 따라서 세금이 다르지 않은가?

구간마다 양도세율이 다르지만 실제로 5억 원 이상의 양도차익을 내는 경우는 드물다. 또한 부부공동명의를 이용하면 양도차익이 10억 원이라고 했을 때 각각 안분하기 때문에 5억 원의 양도세 구간을 적용

받게 된다. 게다가 수익형 전세 레버리지 기법은 특별한 경우가 아니라면 오랜 기간 보유하기 때문에 장기보유특별공제도 받을 수 있다.

다주택자라고 해도 10년만 보유하면 양도차익에서 20%를 제해준다. 즉 10억 원의 양도차익이 났다면 8억 원으로 보고, 부부공동명의라면 각각 4억 원에 해당하는 양도세를 내게 된다. 물론 양도세를 낼 때에는 양도세뿐 아니라 본세에서 10%의 지방세가 붙는다. 그러나 기본공제, 누진공제도 상당히 크기 때문에 결국 실제로 차익에서 40% 이상을 세금으로 내는 경우는 매우 드문 경우라고 봐도 된다.

만약 양도세를 40% 이상 내야 한다고 해도 수익형 전세 레버리지 기법에서는 문제가 되지 않는다. 왜냐면 우리는 전세금 상승분에 대해서만 차익을 생각하고 일부를 양도세용으로 떼어놓고 사용하지만, 실제로 매각을 할 때는 보통 전세금보다는 매도가가 더 높기 때문이다. 즉, 매도 시에는 보너스처럼 차익이 또 발생할 것이기 때문에 혹시 금액이 부족하다고 해도 그때 제하면 되기 때문이다.

양도소득세 기본세율

과표	세율	누진공제
1200만 원 이하	6%	-
1200만 원 초과~4600만 원 이하	15%	108만 원
4600만 원 초과~8800만 원 이하	24%	522만 원
8800만 원 초과~1억 5000만 원 이하	35%	1490만 원
1억 5000만 원 초과~3억 원 이하	38%	1940만 원
3억 원 초과~5억 원 이하	40%	2540만 원
5억 원 초과~10억 원 이하	42%	3540만 원
10억 원 초과	45%	6540만 원

기간	다주택자	1세대 1주택	
		보유 기간	거주 기간
2년 이상 3년 미만	–	–	8%
3년 이상 4년 미만	6%	12%	12%
4년 이상 5년 미만	8%	16%	16%
5년 이상 6년 미만	10%	20%	20%
6년 이상 7년 미만	12%	24%	24%
7년 이상 8년 미만	14%	28%	28%
8년 이상 9년 미만	16%	32%	32%
9년 이상 10년 미만	18%	36%	36%
10년 이상 11년 미만	20%	40%	40%
11년 이상 12년 미만	22%		
12년 이상 13년 미만	24%		
13년 이상 14년 미만	26%		
14년 이상 15년 미만	28%		
15년 이상	30%		

장기보유특별공제율

수익형 전세 레버리지 기법 4 스텝

그럼 이렇게 전세금 상승분을 수익으로 인식한 후 최종적으로 매도하는 경우를 시뮬레이션 해보자.

스텝 1. 전세가 3억 원, 투자금 2억 원으로 5억 원에 매입한 뒤 전세금 상승분으로 투자금을 모두 회수한다.

스텝 2. 전세금이 5000만 원 추가로 상승했을 때, 양도세 40%인 2000만 원을 제한 3000만 원을 수익으로 사용한다.

스텝 3. 다시 전세금 1억 원이 추가로 상승했을 때, 양도세 40%인 4000만 원을 제하고 나머지 6000만 원을 수익으로 사용한다.

스텝 4. 그 시점(추가적인 전세금 상승분이 없는 상태)에서 매도한다.

	매입가 5억 원 전세가 3억 원 투자금 2억 원			
	⋮			
전세금 5000만 원 상승 ↗	전세가 5억 원	투자금 전액 회수		
전세금 5000만 원 상승 ↗	전세가 5억 5000만 원	+5000만 원	양도세 40% -2000만 원	수익 3000만 원
전세금 1억 원 상승 ↗	전세가 6억 5000만 원	+1억 원	양도세 40% -4000만 원	수익 6000만 원
	매도 (추가 전세금 상승이 없는 상태)			

이때 예상되는 매도 시점에서의 매도가를 알아내는 것이 가장 중요한데, 매도가는 항상 당시 시장의 상황에 따라서 낮을 수도, 높을 수도 있다. 시장이 강세장으로 흐른다면 기대감에 매도가는 매우 높아질

것이고, 약세장으로 흐른다면 미래에 대한 부정적인 기대로 매도가는 낮아질 것이다. 그래서 매도할 시점에 매도가가 얼마나 될지에 대해서는 예상하기가 매우 힘들다.

그러나 비교적 실제에 근접하게 매도가를 예상할 수 있는 방법이 있다. 그건 바로, 전세가를 역산해서 매도가를 추측하는 방법이다. 이 방법이 실제 가격을 예측하는 데 매우 유용한 이유는 전세가의 움직임은 비교적 쉽게 예측할 수 있기 때문이다. 전세가는 아주 특별한 경우를 제외하고는 거품이 존재하지 않는다. 즉, 수요와 공급에 따라 움직이는 데다가 수요 예측도, 공급에 대한 예측도 가능한 수준이기 때문에 전세가의 움직임도 예측할 수 있다. 그렇다면 이렇게 예상되는 전세가 수준에서 평균적으로 유지되는 전세가율을 적용하면 역산이 가능해진다.

다만 전세가율도 늘 일정하기만 한 것은 아니다. 시상의 분위기에 따라서 높아지기도 하고, 낮아지기도 한다. 전세가율이 높다면 시장에 대한 부정적인 의견이 많아서 매매가가 올라가지 않는다는 뜻이고, 전세가율이 낮다면 시장을 긍정적으로 보기 때문에 매매가가 높아지는 시점이라는 뜻이다. 그래서 이런 변수를 감안해서 예상되는 전세가율의 범위 수준을 정하고, 그 범위 안에서 매도가가 결정될 것이라고 본다면 충분히 현실적인 매도가를 예상할 수 있다.

전세가율은 역사적으로 40~88%까지 매우 큰 폭의 변동을 보여왔다. 그러나 이는 과거 이자율이 높았던 시절까지 모두 포함한 수치이다. 지금은 아무리 금리가 올라간다 해도 과거와 같은 고금리 상황이 펼쳐질 가능성이 없다는 것을 고려한다면 88%에 이르는 전세 비율까지 예상하는 건 지나친 대비라고 봐야 한다. 게다가 이제는 과거와 달리 부동산 정보가 대중화되었기 때문에 지나친 저평가의 시대는 절대 오지 않을 것이다. 시장은 이제 좋은 부동산이 한없이 저평가 되도록 놔두지 않는다. 게다가 우리가 '수익형 전세 레버리지'용으로 보유하는 부동산은 한마디로 '팔기 아까운' 부동산들이다. 그렇다면 매도 시 전세가율이 50%를 넘어가는 일은 거의 없다고 봐야 한다.

혹시 모르는 위기도 감안하고, 생각지도 못했던 장기적인 불경기 또는 아파트의 노후화나 환경의 변화로 인해 치명적인 약점 발생 같은 최악의 상황도 가정해 볼 수는 있지만 그런다고 하더라도 전세가율 60%를 넘을 수는 없다고 봐야 한다. 그래서 그런 특별한 경우까지 계산에 넣을 필요는 없고, 보수적으로 전세가율 45~55% 정도의 범위 안에 들어간다고 보면 충분히 현실적인 계산이라고 할 수 있다.

방금 살펴본 사례에서 전세가율 각 55%, 50%, 45%로 예상 매도가를 환산해서 예상 매도가와 수익금을 계산해 보면, 어떤 금액에 매도해도 이익이 발생한다. 원금 이상으로 들어오는 전세가 추가분에 대한 양도세는 미리 빼놓았기 때문에 이 금액으로 최종 양도세의 일부를 충당하고, 그 이상 되는 양도세에 대해서는 매도하면서 나온 양도차익에서 내면 되기 때문에 결국 전세금 상승분을 수익으로 미리 사용한다고 해도 매도 시 아무런 문제가 없을 뿐만 아니라, 심지어는 추가적인 보너스까지 받게 된다고 봐도 무방하다.

전세가율이 각 55%, 50%, 45%인 경우의 예상 매도가			
① 초기 매입가	5억 원		
② 전세가	6억 5000만 원		
③ 원금 회수 이후 전세금 상승분	1억 5000만 원(5000만 원+1억 원)		
④ 양도세 보관 (③×40%)	6000만 원(2000만 원+4000만 원)		
⑤ 수익금 (③-④)	9000만 원		
⑥ 전세가율	55%인 경우	50%인 경우	45%인 경우
⑦ 예상 매도가	11억 8182만 원	13억 원	14억 4444만 원
⑧ 양도차익 (⑦-①)	6억 8182만 원	8억 원	9억 4444만 원
⑨ 추가로 내야 할 양도세 (⑧×40%-④)	2억 1273만 원	2억 6000만 원	3억 1778만 원
매도 시 수익금 (⑧-⑨-④-⑤)	3억 1909만 원	3억 9000만 원	4억 7666만 원

전세금이 하락하면 어떻게 해야 할까?

이때 가장 큰 고민은 전세금이 하락하는 경우다. 그러나 2년 기준으로 봤을 때 실제로 전세가가 하락한 시점은 10년에 한 번씩 올까 말까 한 일이고, 그것도 전세가의 평균 수준을 알면 충분히 대비할 수 있다. 앞서 설명한 것처럼 전세가는 매매가보다는 훨씬 더 예측 가능하게 상승한다. 물론 전세가에도 왜곡 현상이 벌어지는 일이 전혀 없지는 않다. 그러나 이것도 전세 계약이 2년이 기본이라는 점을 감안하면 설령 전세가의 왜곡 현상이 있다고 해도, 내가 계약을 하는 시점에는 왜곡된 현상이 정상으로 돌아올 가능성이 더 높다고 할 수 있다. 말 그대로 일시적인 왜곡 현상이니, 2년 이상 이어질 가능성은 희박하다고 봐야 한다.

그럼에도 마침 내가 계약할 때 전세가가 떨어질 수도 있고, 왜곡 현상이 2년 이상 지속되는 때도 있다. 이에 대비할 방법도 있을까? 충분히 대비할 방법이 있다. 전세가의 평균 상승률을 기준으로 그 이상의 전세금은 따로 보관하면 된다.

전세가는 10년 정도의 기간을 지역별로 보면 평균 상승률이 나온다. 이 평균 상승률을 기준으로 두고, 그보다 낮게 상승하는 경우라면 전세금 상승분을 수익으로 사용해도 아무런 문제가 되지 않을 것이고, 폭등하는 경우에는 평균적 수치를 고려해서 그 이상은 아예 역전세 대비용으로 빼놓는 '관리'를 하면 된다. 즉 평균 회귀의 법칙을 적

예시) 전세가 상승률이 연 8%인 경우

가정 1. 전세가 5억 원이 되었고, 원금을 모두 회수한 상황
가정 2. 2년 후 전세가가 6억 원으로 1억 원이 오른 상황

연평균 상승률로 보자면 2년에 16% 상승해 8000만 원 상승이 예상되는데, 1억 원이 올랐으므로 8000만 원에 대한 양도세 40% 3200만 원을 제하고, 나머지 4800만 원을 수익으로 사용한다. 이때 평균 전세금 상승분을 초과한 금액인 2000만 원은 역전세 대비용으로 따로 보관한다.

용하는 것이다. 그렇게 하면 나중에 역전세난이 발생한다고 해도 문제가 없을 뿐만 아니라, 어떤 경우라도 전세금을 수익으로 사용할 수 있게 된다.

매년 전세 상승분은 얼마나 되어야 할까?

그럼 리치 라이프를 누리기 위해서는 매년 전세금 상승분(원금을 회수하고 난 이후의 전세금 상승분)은 얼마나 되어야 할까? 간단하게 표로 보자면 다음과 같다.

월 250만 원 정도만 나와도 충분히 여유로운 사람이 있고, 1500만 원은 나와야 충분히 여유로운 사람도 있다. 대부분의 사람들이 원하는 월 1000만 원 정도를 목표로 한다면 매년 나와야 하는 전세금 상승분은 무려 2억 원이다.

전세금 상승에 따른 월 수익

전세금 상승분	5000만 원	1억 원	1억 5000만 원	2억 원	2억 5000만 원	3억 원
양도세 (양도세율 40%)	2000만 원	4000만 원	6000만 원	8000만 원	1억 원	1억 2000만 원
수익	3000만 원	6000만 원	9000만 원	1억 2000만 원	1억 5000만 원	1억 8000만 원
월 수익 (수익÷12)	250만 원	500만 원	750만 원	1000만 원	1250만 원	1500만 원

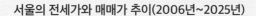

서울의 전세가와 매매가 추이(2006년~2025년)

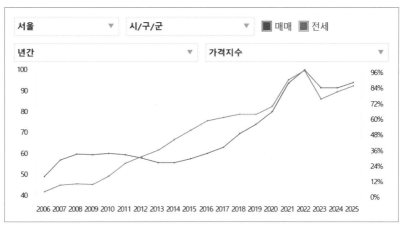

2010~2015년은 약세장, 2015~2022년은 강세장, 2022~2023년은 하락장, 2023년~ 다시 약세장으로 모든 사이클을 다 거쳤다. (출처: 아실, KB부동산)

전세금 상승분 2억 원이 매년 나오도록 하려면 도대체 얼마짜리 아파트를 가지고 있어야 할까? 이것을 알려면 본격적으로 매년 전세금이 어느 정도 오르는지 알고 있어야 한다. 앞서 말한 것처럼 전세금은 변동성은 있으나, 2년 단위로 봤을 때 거의 대부분 상승한다고 할 수 있고, 그 상승의 수준도 평균에서 크게 벗어나지 않는 모습을 보인다. 그렇기 때문에 평균적인 수준이 어느 정도인지 알면 미래에도 어느 정도 수준으로 상승할지 가늠할 수 있다.

2006년부터 2025년까지의 서울 전세가와 매매가 추이를 통해 부동산 사이클을 살펴보면, 전세가는 의외로 변동성이 크지 않은 데다가 2014년부터 2024년까지는 놀랍게도 부동산의 모든 사이클을 다 거쳤다는 사실을 알 수 있다. 그래서 이 기간 동안의 자료를 꽤 신뢰할 수

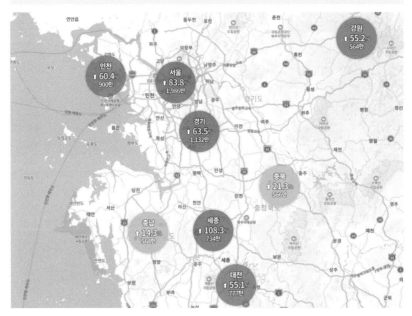

20~30평형대 전세금 상승률(2014년 9월~2024년 9월)

강원 ↑55.2%
564만

인천 ↑60.4%
900만

서울 ↑83.8%
1,986만

경기 ↑63.5%
1,132만

충북 ↑21.3%
566만

충남 ↑14.3%
564만

세종 ↑108.3%
734만

대전 ↑55.1%
777만

출처: 부동산지인

있는 평균 상승률이라고 보고, 2014년부터 2024년까지의 지역별 전세금 상승률을 통해 가늠해 보겠다. 이런 자료들은 기간을 어떻게 하느냐에 따라서 매우 다른 결과가 나온다. 당연히 가장 낮은 시점부터 가장 높은 시점으로 구간을 정하면 매우 높은 상승률이 나올 테고, 가장 높은 시점부터 가장 낮은 시점까지 구간으로 정하면 매우 낮은 상승률이 나올 것이다.

2014년부터 2024년까지의 지역별 전세금 상승률을 살펴보니 세종은 10년간 무려 108%나 상승했다. 그럼 연평균 약 10.8% 상승한 셈이다(단리로 계산). 그런데 세종은 좀 특수한 상황이다. 신규로 만들어

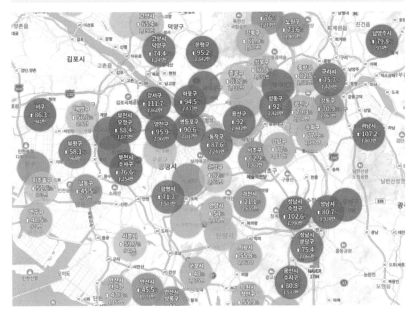

20~30평형대 수도권 전세금 상승률(2014년 9월~2024년 9월)

출처: 부동산지인

진 도시인 데다가 정책적으로 이주를 추진한 곳이기 때문에 주요 기관들이 완공되면서 없던 수요가 급격히 늘어난 측면이 있다. 그래서 미래에도 계속 같은 정도의 상승이 계속 이어질 거라고 보기에는 무리가 있다.

우리가 주로 투자 가치가 있다고 보는 서울, 경기, 인천의 경우 60~80% 정도 상승했다. 그렇다면 전세가의 상승률이 이 정도라고 봐도 될까? 그 정도도 넘는다고 봐야 한다. 우리는 이러한 지역에서도 수요가 많은 대상, 더 많은 사람들이 살고 싶어 하는 곳을 선택한다. 그래서 이런 곳은 평균 상승을 뛰어넘는다. 투자의 성적이 좋다는 건 무엇을 뜻할까? 반드시 평균보다 뛰어난 물건이어야 투자 가치가 있는 대상을 골랐다고 할 수 있다. 결국 투자는 상대적으로 우월한 것을 찾는 행위이기 때문이다.

수도권 상승률을 더 자세히 살피면 지역마다 판이하게 다른 모습을 보인다는 사실을 알 수 있다. 확실히 그 기간 동안 크게 주목받았던 지역들, 서울권은 강남, 서초, 송파, 양천, 성동, 마포, 용산, 강서는 말할 것도 없고, 분당, 판교, 수지, 광명, 하남, 부천 같은 지역도 매우 높은 상승을 했다. 이런 점에 근거해서 보자면 우리가 관심을 가지는 지역의 전세가 상승률은 10년간 평균 70~100%의 상승을 했다고 볼 수 있다. 연간 평균 7~10% 수준이다. 그렇다면 이를 기준으로 향후 전세가 상승을 예상해 보고, 그에 따라 어느 정도의 아파트를 소유해야 할지 가늠해 보자.

전세가 상승액이 연산 2억 원이 되려면 23억 5000만 원 정도의 전세를 두고 있어야 한다(그래야 8.5% 상승하면 연 2억 원 상승). 전세가가 23억 5000만 원 정도라고 한다고 하면, 그 정도 고가의 전세금을 가진 아파트라면 매매가는 얼마나 할까? 역시 전세가율로 역산해서 계산해 보면 된다. 이 정도의 고가 아파트라면 전세가율이 50%를 넘지 않을 것이라 볼 수 있으니 전세 비율 50%라고 계산하면 무려 47억 원의 아파트, 전세 비율이 45%라면 무려 52억 원짜리 아파트를 소유하고 있어야 한다는 결론이 나온다.

전세 비율에 따른 매매가 환산 금액		
전세가 상승률	8.5% (평균 7~10% 수준의 중간인 8.5%로 연간 상승률을 계산)	
전세가 상승액	2억 원	
전세가	23억 5294만 원	
전세 비율	50%	45%
매매가	47억 588만 원	52억 2876만 원

어떤가? 너무 먼 미래의 일 같은가? 하지만 이러한 원대한(?) 목표
는 그렇게 먼 미래의 일이 절대 아니다. 실무적으로 보면 매우 쉽고,
빠르게 달성할 수 있다. 그럼 이제부터 실제로 세팅을 해보겠다.

수익형 전세 레버리지 기법
실천하기

부동산 사이클링 기법을 통해 20억 원을 벌었다고 가정하고 시작해 보겠다. 앞서 말한 것처럼 20억 원이라는 금액은 실패율을 감안하면 그보다 적은 금액이 될 수도 있다. 반대로 모든 사람이 종잣돈 5000만 원을 가지고 시작하는 조건도 아니기 때문에 그보다 더 많은 자금을 가지고 시작한다면 20억 원보다 훨씬 더 큰 금액을 만들 수도 있다. 그러니 각자 자신의 수준에 맞는 금액을 생각하면서 다음 계산을 따라오면 된다.

핵심은 일단 적은 자금에서 시작해서 어느 정도 재산을 불릴 때까지는 '부동산 사이클링 기법'을 실행하는 것이 좋고, 어느 정도 재산을 불린 다음에는 수익을 만드는 시스템인 '수익형 전세 레버리지 기법'

으로 넘어가야 한다는 점이다. 그럼 20억 원이 손에 있다고 가정하고 시작해 보자.

스텝 1.
자금의 절반으로 내 집 마련을 하고,
나머지로 투자용 자산을 매입한다

이제 내 집을 마련해야 할 필요가 있다. 앞서 말했지만, 내 집 마련보다 여유로운 생활을 만드는 시스템 구축이 목표가 되어야 함은 물론이다. 그렇다고 해서 여건이 되는데도 무조건 현금흐름만 만들 필요는 없다. 이때는 목표한 자금을 모았고, 또 어느 정도 투자의 경험도 쌓은 시점이다. 무엇보다도 가장 좋은 점은 약세장이 시작되는 시점이기에 충분히 가격이 낮아졌다는 점이다. 그러니 부동산을 매입하기에 가장 좋은 시점이고, 특히 내 집을 마련하기에는 가장 좋은 시점이다. 그러니 자금의 절반을 뚝 떼어서 '내 집 마련'을 하는 것을 첫 번째 단계로 한다.

그런데 이 대목에서부터 실패의 길로 들어서기 쉽다. 이 쉬운 전략마저도 하지 못한다. 내 손에 현금 20억 원이 있다면, 10억 원으로 나눠 내 집 마련을 하기는커녕 50억 원, 60억 원, 100억 원짜리 '내 집'을 살 수는 없을까? 하고 욕심을 부리게 된다. 그래서 가진 20억 원을 풀베팅해서 내 집을 마련하고, 나머지 인생은 대출을 갚느라 허덕이면서 살아가게 된다. 대부분의 사람들이 충분한 자금을 가지고 있어도 경제적으로 여유 있는 생활을 하지 못하고, 평생 돈 때문에 허덕이기만 하다가 생을 마감하는 이유이기도 하다.

리치 라이프를 위해서는 첫 단추부터 잘 끼워야 한다. 첫 번째 단추는 자금 전액을 '내 집 마련'에 쓰지 말고, 절반만 사용하는 것이다. 이는 사실 매우 중요한 일이지만 아무도 이야기해 주는 사람이 없고, 시중에 나와 있는 어떤 부동산 책을 봐도 '이러이러한 아파트를 사야 돈을 번다'라거나 매우 과장된 무용담만 잔뜩 나열되어 있다. 이런 핵심적이면서 필수적인 전략에 관해서는 이야기해 주는 책이 없기 때문에 잘못된 길로 들어서는 사람들이 많다.

설령 이 전략을 머리로는 알고 있다고 하더라도 '욕심'을 제어하기가 쉽진 않다. 당장 10억 원의 현금을 가지고 살 수 있는 집과 20억 원을 가지고 살 수 있는 집은 그 수준이 완전히 다르다. 일단 손에 20억 원을 들고 있으면 눈이 확 높아지기 때문에 10억 원씩 나눌 생각을 하지 못하는 경우가 너무 많다. 바로 이 함정부터 피해야 한다는 사실을 반드시 명심하자. 좋은 집에 살기만 한다고 인생의 수많은 문제를 해결할 수 있지 않다. 우리 인생에서 돈은 우리가 생각하는 것보다 훨씬 더 많이 필요하다. 그저 집만 있으면 다 해결되는 일이 아니다. 게다가 무리한 대출 이자까지 내고 있다면, 평소 쓸 수 있는 돈은 더욱 줄어드는 꼴이기에 생활은 더 각박해지게 된다.

그렇다고 해서 내 집을 마련할 때 대출을 전혀 받지 않아야 한다는 말은 아니다. 충분한 대출을 일으켜도 된다. 다만 대출의 수준은 본인이 벌어들이는 수입에서 대출 이자를 갚고도 매달 일정 정도를 저축할 수 있는 수준이어야 한다. 구체적으로 수치를 제시하자면 '부동산 사이클링 기법'을 실행할 때 매달 모았던 정도의 현금(2500만 원)을 여전히 유지하는 수준이다. 그래야 인생의 많은 위험에 대처할 수 있다. 다시 한번 말하지만, 우리 손에 당장 20억 원이 있다고 해도 아직 완벽한 자유로움을 누릴 상황은 아니다. 아직도 갈 길이 멀다. 그러니 '내 집 하나 멋진 걸 장만했으니 됐다'라고 축배를 터트릴 수는 없는 노릇이다.

자금을 절반으로 나눠서 절반은 내 집 마련에 사용하고, 나머지 절반은 투자용 자산을 매수한다. 내 집 마련에는 대출 50% 정도를 사용하는 것으로 하고, 투자용 자산 10억 원으로는 전세를 끼고 부동산을 매수한다. 일반적으로 현금 10억 원 정도를 가지고 매수하면, 전세 비율은 50%를 넘지 않는 것이 일반적이다. 그렇다면 다음과 같은 정도의 자산을 보유할 수 있게 된다.

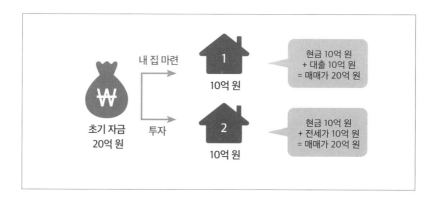

이 경우 '부동산 사이클링 기법'처럼 각 부동산을 매입할 때 1년이라는 기간을 두지 않는다. 매도해서 비과세를 받으려는 전략이 아니라 계속 보유할 생각이기 때문에 굳이 1년의 기간을 둘 필요가 없을 뿐만 아니라, 약세장이라도 좋은 부동산의 경우 완만하게 계속 오르기 때문이다. 오히려 이런 때에 1년이란 시간을 기다리면, 고가 아파트의 경우 억대의 상승도 가능하기 때문에 그만큼 기회비용을 지불하는 셈이다. 따라서 과감하게 연속으로 매수하는 편이 낫다.

스텝 2.
4년을 보낸 후 입주권을 매입한다

1번 부동산은 내 집이기 때문에 당분간 신경쓰지 않는다. 4년이 지난 후 2번 부동산에 어떤 일이 벌어지는지 보면 다음과 같다. 4년이 지나 평균 상승률로 고려할 때, 전세가 10억 원으로 시작한 아파트는

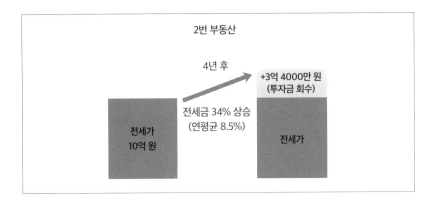

약 34% 정도 상승했을 것으로 예상할 수 있다. 그렇다면 전세가 상승분은 무려 3억 4000만 원이 된다.

그 금액은 어떤 금액인가? 당연히 원칙적으로 원금을 일부 회수한 것이다. 그런데 원금을 회수했다고 해서 투자를 하면 안 되는 돈은 아니다. 회수한 원금을 재투자해야 한다(전세 레버리지 투자). 이때도 여전히 매년 모을 수 있는 자금 2500만 원이 있다고 가정하면 4년 동안 모은 금액은 1억 원이고, 총 4억 4000만 원이다. 4억 4000만 원의 자금을 가지고 3번 부동산을 매수한다. 이때 3번 부동산은 입주권에 투자할 수밖에 없다. 현재 취득세 중과에 대한 규정이 있기 때문이다.

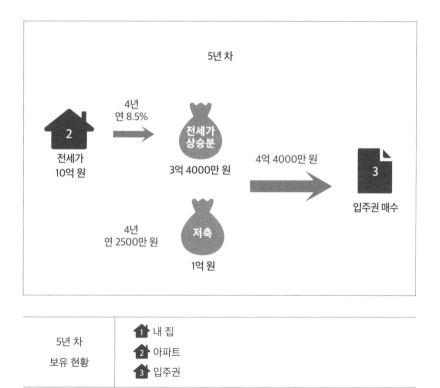

5년 차 보유 현황	🏠 1 내 집
	🏠 2 아파트
	🏠 3 입주권

향후 취득세 중과에 대한 규정이 바뀐다고 하더라도 과거처럼 1개의 주택을 매입하나 10개의 주택을 매입하나 똑같은 세율이 적용될 가능성은 없어 보인다. 결국 어떤 형태로든 중과는 적용이 될 테니, 그것을 피해서 입주권(관리처분인가 이후 철거까지 마친 입주권)을 매입하는 전략이다.

입주권을 매수하는 이유는 이 때문만은 아니다. 매우 중요한 두 가지 이유가 더 있다. 하나는 입주권 매입이 결국 새 아파트를 매입하는 방법이기 때문이다. 우리는 이제부터 전세 레버리지 기법을 쓰기 때문에 부동산을 장기로 보유할 것이다. 장기 보유를 할 때는 지속적으로 가치가 높아지는 부동산을 소유하는 것이 매우 중요하다. 그 목적을 달성하려면 두 가지에 집중해야 하는데, 부동산 수요가 넘치는 핵심 지역에 있는 물건이냐는 점과 7년 이하의 새 아파트이냐는 점이다. 물론 후자의 조건보다는 전자의 조건이 더 중요하다. 새 아파트의 조건을 충족하지 못해도 수요가 넘치는 핵심 지역이라면 구축이라도 지속적으로 전세가가 오르기 때문이다. 물론 두 가지 조건을 모두 충족하면 당연히 더 좋다.

만약 신규 아파트의 조건만이라도 충족한다면, 초핵심적인 입지가 아닌 웬만한 입지라도 전세가 상승이 지속적으로 이뤄질 수 있다. 그래서 입주권을 매입한다면 신축 아파트라는 메리트만으로도 매우 장기간 전세가의 상승효과를 충분히 누릴 수 있다.

두 번째 이유는 투자금 회수율 때문이다. 지금 사례처럼 투자금 10억 원에 전세 10억 원을 끼고 아파트를 매수했는데, 4년 만에 3억

4000만 원을 회수했다면 4년 만에 원금 회수율은 34%가 된다. 당연히 이 회수율은 높으면 높을수록 좋다. 그런데 입주권의 경우에는 어떨까? 의외로 회수율이 매우 높다. 이 부분은 웬만한 고수들도 잘 모르는 부분이다. 자료를 찾기가 매우 어려울 뿐만 아니라, 실제로 이런 시각을 가지고 접근하려고 시도하는 사람조차 매우 드물기 때문이다. 입주권의 회수율에 관해서는 다음 스텝에서 더 자세히 살펴보겠다.

스텝 3.
4년 후 새 아파트를 소유하면서
동시에 입주권을 매입한다

3번 입주권을 매입한 지 4년이 지났다. 3번 입주권에서는 어떤 일이 벌어질까? 우선 4년 후 입주가 가능한 입주권, 즉 이미 관리처분인가를 끝냈고 이주 및 철거까지 마친 입주권을 매입했기 때문에 4년 후에는 입주를 하게 된다고 봐야 한다. 입주권을 매입할 때는 토지의 매입으로 봐서 취득세율은 4.6%로 단일세율을 적용받는다. 그리고 입주를 할 때는 신규로 취득하게 되는 건물분에 대한 취득세를 내게 되는데, 신규 건물분 세금은 금액도 크지 않고, 이때 내는 취득세도 건물분에 대한 원시취득세로 단일하게 2.96%이다. 그러니 일단 취득세 부담은 크지 않은 편이다(무주택자로서 일반주택을 구입할 때 내는 금액보다는 크지만 이미 다른 부동산을 여러 채 소유한 상황에서 취득세 중과를 받는 것에 비해서는 크지 않다는 뜻이다).

　자금의 움직임은 어떻게 될까? 회수율은 투자한 금액의 50%가량
이 되고, 결국 전세금을 통해서 회수하게 되는데, 이때의 예상 전세 금
액은 투자한 금액의 1.5배 수준이다. 이런 계산을 할 수 있다는 사실은
매우 중요하다. 실제로 재개발 현장에 오래 있던 사람들이라고 해도
이런 식으로 생각할 수 있는 사람은 거의 없다. 하지만 거의 모든 주요
한 재개발의 결과들을 쭉 살펴보면 이와 같은 계산이 성립됨을 발견
할 수 있다.

　물론 언제나 회수율은 50%이고, 전세 금액은 1.5배가 되진 않는
다. 더 정확하게 말하면, 회수율은 30%에서 120% 사이이고, 전세 금액
은 1.3에서 2배 사이에서 결정된다. 더 좋은 결과가 나면 보너스 같은
일이니 미리 신경 쓸 일 없고, 조금 나쁜 결과가 나온다고 해도 큰 문
제가 되지 않는 데다가, 투자성이 있는 물건을 잘 고른다면 현재 시점
에서는 회수율 50%, 전세 금액 1.5배 정도로 계산을 해도 실제 결과에
근접한 수치가 나올 가능성이 높다. 이 수치와 공식의 신빙성에 대해
서는 4장에서 여러 사례를 통해 확인할 수 있으니, 일단 계속 그다음
단계를 진행해 보도록 하자.

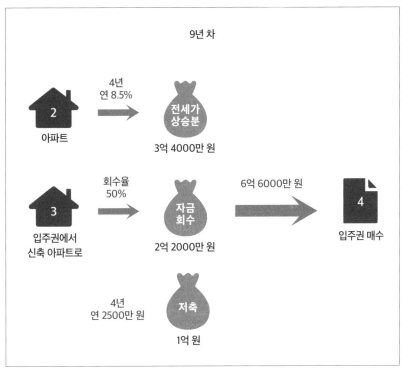

9년 차 보유 현황	🏠 내 집 🏠 아파트 🏠 신축 아파트 🏠 입주권

4년이 지난 후 3번 물건에서 이와 같은 결과가 나온 상태이기 때문에 3번에서 나온 자금과 그동안 모은 자금을 합치면 총 6억 6000만원의 자금이 생긴다. 이 돈으로는 또다시 새로운 입주권인 4번 물건에 투자한다.

어느 단계에 있는 입주권을 사야 할까?

재개발 절차를 간략하게 나타내면 다음과 같다. 재개발 구역은 지정하는 데만 오랜 시간이 걸리고, 단계마다 수년씩 걸리기도 한다. 일반적으로 사업시행인가까지 가면 사업의 8부 능선을 넘었다고 보는데, 그렇게 어려운 과정을 거쳐서 성취한 사업시행인가가 취소되고 재개발 사업 자체가 무산되는 경우도 있다.

재개발 절차

이렇게 시간이 많이 걸리고 사업 자체가 무산되기도 하는 이유는, 조합원들의 사업에 대한 이해관계가 각자 다르기 때문에 그렇다. 어떤 결정을 하느냐에 따라 본인의 재산 가치가 1억~2억 원씩 달라진다고 해봐라. 어떻게 되겠는가? 어떠한 사안에 대해서도 쉽게 동의하고 넘어갈 수 없다. 그리고 이렇게 결정해야 할 사안들은 계속 발생한다. 그래서 이해관계를 조율하는 데 많은 시간이 걸린다.

거기다 건설사의 이해관계와도 첨예하게 부딪친다. 건설사는 건설사 나름대로 많은 리스크를 안고 있다. 건설자재비의 상승도 그렇지만 부동산 시장이 침체되면 미분양 문제가 있고, 부동산 시장이 활성화되면 건설사도 한몫 챙기려고 하는 이익의 문제가 대두된다. 부동산 정책에도 적잖은 영향을 받는다. 또 조합의 내부 비리도 수시로 발생한다. 조합장이 구속되는 일은 이제 뉴스거리도 아닐 정도다.

그러니 재개발을 해서 실제로 새 아파트에 입주한다는 것은 조금 과장해서 말하면 수많은 연예인 지망생 중에 0.01%만 스타가 되는 상황과 같은 수준이다. 그 정도로 험난하고 시간도 많이 걸린다. 그러니 투자자의 입장에서는 어떻게 해야겠는가? 100%의 수익을 냈다고 해도 10년, 심지어는 20년이 걸렸다면 별 의미없는 일일 뿐만 아니라, 그런 시간을 버티는 과정도 매우 고통스럽다. 그러니 투자의 진정한 성과를 생각하는 사람이라면 관리처분인가라는 마지막 관문을 통과하고 철거까지 마친 입주권을 선택함으로써 리스크를 확 줄이는 방식이 옳다.

여기서 한 가지 의문이 들 것이다. 리스크가 줄어들긴 하지만 이때 매수하면 가격이 너무 많이 올라 이익이 전혀 없는 게 아닌가 하는 점이다. 하지만 그건 보통 사람들이 하는 가장 큰 착각이다. 입주권은 언제나 주변 신축 아파트보다 약간 낮은 가격으로 거래된다. 왜냐면 금융 비용을 감안할 수밖에 없기 때문에 그렇다. 쉽게 말해 입주권은, 사는 사람 입장에서는 큰 금액을 매도자에게 건네지만 당장 아무짝에도 쓸 수 없는 물건을 사면서 거금을 주는 꼴이다. 아파트 같은 경우는 매수를 하면 본인이 거주를 하든 전월세를 놓든 뭐든 당장 활용이 가능하다. 그에 비해 입주권은 아무것도 할 수 없는 권리일 뿐인데도 수억 원을 내고 미리 사두는 것이다. 그러니 어떻겠는가? 매도자의 입장에서는 할인을 해줄 수밖에 없다. 할인이 되지 않는다면 아무도 매수하려고 하지 않기 때문이다. 할인 금액은 대단히 높지는 않지만, 어쨌든 주변의 신축보다는 일반적으로 낮은 금액이다. 그래서 단순 계산상으로는 주변 가격보다 10% 낮은 금액에 매수했다면 10%의 이익을 보는 것이다.

여기서 투자의 포인트가 나온다. 세월이 지나면 주변의 신축은 어떻게 될까? 일반적으로 가격이 오른다. 그러니 10%의 이익은 단순 계산일 뿐 실제로는 시간이 흐르면서 이익의 수준이 커진다. 그뿐 아니라 정작 입주를 하게 되면 기준이 되었던 주변의 신축보다 더 새 아파트가 되는 셈이므로 신축 프리미엄이 붙게 된다. 아무래도 조금 더 나중에 들어서는 아파트가 주차든 보안이든 관리든 어떤 측면에서라도 조금 더 좋기 때문이다. 게다가 거액의 자금을 주고 매수를 했다고 해도, 아파트의 매매 금액 전부를 건네지 않았기에 레버리지 효과까지 일어나서 수익은 확대된다.

그래서 일단 시간이 지연된다는 리스크기 없어진 단계인 관리처분인가 이후 철거까지 끝난 입주권을 사는 것이 좋고, 취득세의 문제가 없다면 관리처분인가만 끝난 입주권도 괜찮다. 그때 매수를 해도 너무 높은 가격에 매수하지만 않았다면 이익은 충분하다.

스텝 4.
추가로 새 아파트를 소유하면서
마지막 입주권을 매입한다

투자금 6억 6000만 원으로 4번 물건인 입주권을 매수한다. 그리고 다시 4년을 보낸다. 그러면 이번에는 어떤 일이 벌어지는가?

4년이 또 지났기 때문에 2번 전세금 상승분 3억 4000만 원을 손에 쥘 수 있게 되었다. 3번 물건도 이제 신축 아파트가 된 지 4년이 지났다. 그래서 전세금 6억 6000만 원에서 매년 8.5%씩 상승해서 약 2억 2440만 원의 전세금 상승분을 거두게 되었다. 또한 입주권이었던 4번이 이제 입주를 시작하게 되었다. 마찬가지로 회수율이 50%가 될 것이므로 3억 3000만 원의 자금을 회수할 수 있다. 4년간 저축한 1억 원까지 자금을 모두 합치면 무려 9억 9440만 원이다. 이 자금은 어떻게 해야 할까? 그렇다. 또 입주권을 매수한다. 이렇게 마지막으로 5번 입주권을 매수한다.

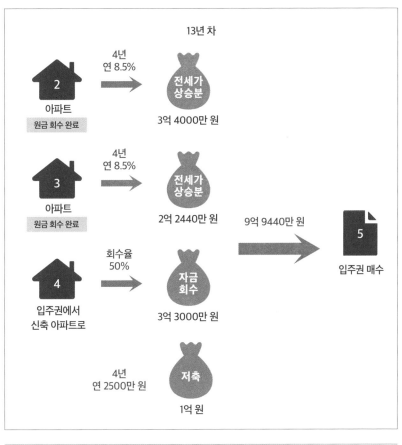

이렇게 계속 투자를 진행해 나갈 수도 있다. 그러나 이때 두 가지 문제에 부딪히게 된다. 하나는 12년 정도가 되었다면, 약세장부터 투자를 시작했다고 해도 이때는 거의 강세장의 끝자락 쯤에 도달해서 하락장을 준비할 시점이 되었다는 점이고, 다른 하나는 우리가 평생 돈을 모으기만 하면서 살 수는 없다는 점이다. 결국 우리의 목표는 리치 라이프이다. 따라서 맘 편하게 돈을 쓸 수 있는 시점을 잡아야 한다. 실제로 이것은 매우 중요하다. 많은 사람들이 큰돈을 보유하고 있으면서도 맘 편하게 돈을 쓰지 못하고 사는 이유는 미래가 불안하기 때문이다. 지속적이면서 안정적으로 수입이 만들어지는 시스템이 없다면 수십억 원을 가지고 있어도 불안할 수밖에 없다. 그래서 진정한 리치 라이프를 살고 싶다면 '얼마를 벌어야겠다'라는 생각보다는 시스템을 만드는 것이 훨씬 더 중요하다. 또한 어느 정도의 시스템이 마련되면 돈을 쓰는 시점을 잡아두는 것도 매우 중요하다. 그러지 않으면 '조금만 더, 조금만 더' 하다가 그만 돈만 많은 힘없는 늙은이가 될 수 있기 때문이다.

5번 물건을 매입한 시점이 되면 이제는 돈을 쓰는 시점이 된 것이다. 왜냐면 다음과 같은 일이 벌어졌기 때문이다.

2번 물건
전세금 상승분 3억 4000만 원 × 3회
= 10억 2000만 원(원금 회수 완료)

13년 차에 2번과 3번 물건에서 원금을 회수하고 2년 후

	2번	3번
전세가	20억 원	8억 8440만 원
전세금 상승분 (연간 8.5% 상승)	3억 4000만 원	1억 5035만 원
양도세 (40%)	1억 3600만 원	6014만 원
수익	2억 400만 원	9021만 원
수익 총 금액	2억 9421만 원	
월 수익	850만 원	376만 원
월 수익 총 금액	1226만 원	

13년 차가 되면 2번 물건에 투자한 자금, 즉 10억 원의 자금이 모두 회수되는 시점이 된다. 물론 이렇게 회수된 자금은 현금이 아니라, 모두 다른 투자 자산에 들어 있는 상태이다. 그러나 다른 투자 자산들도 마이너스가 날 일은 없으니, 원금은 안전하게 보존되고 있는 상태다. 그렇게 원금을 다 회수하고 나면 어떤 일이 벌어지는가? 그렇다! 앞서 말한 대로 이제부터 추가로 회수되는 자금은 수익으로 사용해도 되는 상황이 벌어진다. 이전까지는 회수되는 자금을 모두 재투자하기에 바빴지만, 이제부터는 이 자금을 수익으로 인식해도 되는 상황이기 때문에 내 인생을 위해 사용할 수 있다.

게다가 13년 차가 되면 2번 물건만 원금을 모두 회수한 것이 아니다. 3번 물건도 동시에 원금을 모두 회수하게 된다. 9년 차에 3번 입주권이 새 아파트가 되어 입주하면서 2억 2000만 원을 회수했고, 나머지 투자금 2억 2000만 원이 남아 있었다. 그 후 6억 6000만 원으로 시작한 전세가는 4년간 상승해서 2억 2440만 원의 전세금 상승분을 가져다주었다. 딱 원금을 모두 회수한 수준이 되었다. 이게 13년 차에 벌어진 일이다.

이제 2번과 3번의 물건이 모두 원금을 회수한 상황이기 때문에 그 이후로 발생하는 모든 자금은 수익으로 활용할 수 있다. 그럼 2년이 지난 시점부터는 어떤 일이 발생하는지 확인해 보자. 2번 물건과 3번 물건에서 역시 전세가가 상승하면서 합쳐서 약 4억 9000만 원의 현금을 만들어준다(같은 비율로 상승했다고 가정). 여기서 양도세 40%를 제한 약 2억 9000만 원을 수익으로 사용할 수 있다. 다시 자금이 나오는 시점은 2년 후가 될 테니, 이 자금을 24개월 동안 사용할 자금으로 보고 24로 나누면 월 1226만 원의 수익이 된다. 놀라운 사실은 이 자금은 실제 수익보다도 더 강력한 수익이라는 점이다. 즉 기타 세금이 조금도 붙지 않는, 그야말로 진짜 순수한 수익이다. 드디어 월 1200만 원가량을 부담 없이 써도 되는 시점이 온 것이다.

놀랍게도 이게 끝이 아니다. 다시 2년이 지나면 4번 물건도 원금을 모두 회수한 상태가 된다. 그러면 그때부터는(17년 차) 2번, 3번, 4번에서 나오는 금액을 모두 수익으로 활용할 수 있게 된다. 그리고 얼마 지나면 5번 물건에서도 수익을 창출하게 될 예정이고, 수익은 기하급수적으로 늘어나게 될 것이다. 아무리 인플레이션이 일어난다고 해도 끄떡없는 상태가 된 것이다. 5번 물건을 매입하고 나서는 추가 매수는 하지 않는다. 이 정도면 충분하기 때문이다.

이제 총 12년간의 결과를 정리해 보자.

1번 물건

12년 전에 20억 원으로 매수한 내 집이다. 서울의 30년간 평균 상승률은 6.7%이지만, 지난 10년간 서울의 평균 상승률은 10.4%이다. 투자성 있는 곳에 투자한다고 가정했을 때, 평균보다는 높은 상승을 할 것이라고 봐야 한다. 게다가 전세가가 꾸준히 강세로 가는 곳을 매수한다면 전세가의 상승률은 연 8.5% 수준이다. 그렇다면 매매가의 연 성장률을 10~12%로 봐야 할 것이다. 12년이 지난 시점의 추정 매매가는 약 44억~48억 8000만 원 정도의 수준이라고 예상된다.

연 성장률에 따른 1번 물건의 추정 매매가

	연 성장률 10%	연 성장률 12%
매입가	20억 원	
12년 성장률	120%	144%
성장액	24억 원	28억 8000만 원
추정 매매가	44억 원	48억 8000만 원

2번 물건

전세가 10억 원에 투자금 10억 원, 매매가 20억 원으로 투자한 아파트이다. 12년이 지나면 투자 원금인 10억 원을 모두 회수한다. 그 시점의 전세가는 약 20억 원 수준이다. 평균 전세가율 50%로 본다면, 매매가는 약 40억 원 수준이다.

3번 물건

입주권으로 구매해 준공된 지 이제 7년밖에 되지 않은 새 아파트이고, 전세금 8억 8400만 원이 형성되었다. 평균적인 전세가율인 50% 수준으로 봤을 때, 17억 7000만 원 정도의 가격을 형성하고 있을 것으로 보인다.

4번 물건

입주권을 구매해 투자금의 절반을 회수했고, 신축 아파트가 된 상태다. 전세가는 9억 9000만 원 정도 형성되어 있을 것이며, 매매가는 약 20억 원으로 계산된다.

5번 물건

약 10억 원의 자금으로 매입한 입주권이며, 4년 후에는 신축 아파트가 되며 자금의 절반 정도를 회수할 것으로 보인다.

현금흐름

2년 후면 약 4억 9000만 원의 목돈이 들어올 예정이며, 이는 세금을 따로 떼어놓고도 매달 1226만 원씩 매달 수익으로 사용할 수 있는 자금이다. 게다가 또 2년이 지나면 4번 물건에 투자한 원금을 모두 회수하고 그 이상 오르는 금액을 수익으로 쓸 수 있는 상황이 되니, 매달 수익은 약 1500만 원 정도로 늘어날 것이다.

전체 자산의 상황

5개의 부동산만을 보유하고 있어서 관리하기 까다롭지 않은 데다 매매가가 계속 오르고 있어 자산의 규모는 매년 더 커지고 있다. 자산을 갉아먹으면서 쓰는 것이 아니라, 오히려 자산을 키우면서 커지는 이익금만을 수익으로 쓸 수 있다.

이 정도가 되면 리치 라이프를 달성했다고 해도 과한 표현은 아니다. 부동산 사이클링 기법부터 따지자면, 종잣돈 5000만 원을 가지고 시작하여 매년 2500만 원씩 저축하며 꾸준히 투자의 길을 가서 24년 만에 이런 엄청난 결과를 맛보게 된 것이다.

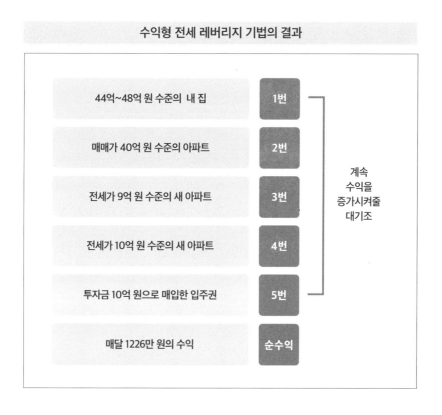

수익형 전세 레버리지 기법의 결과

44억~48억 원 수준의 내 집	1번	
매매가 40억 원 수준의 아파트	2번	계속
전세가 9억 원 수준의 새 아파트	3번	수익을 증가시켜줄
전세가 10억 원 수준의 새 아파트	4번	대기조
투자금 10억 원으로 매입한 입주권	5번	
매달 1226만 원의 수익	순수익	

과연 계산대로 딱딱 맞을까?

모든 일이 계산대로 딱딱 맞을 수는 없다. 사실 잘 생각해 보면 변수는 상당히 많다.

우선 첫 번째 변수는 시장의 변수다. 악세장의 처음부터 투자를 시작했다면 12년 차 정도 되었을 때 강세장의 거의 끝자락이 되었거나 아니면 이미 하락장이 시작되었을 수도 있다. 그렇게 되면 5번 물건을 매입할 수 없게 된다. 이 책을 읽는 독자들의 투자 시점이 각자 다를 테니, 그 시작 시점에 따라 강세장의 끝자락을 만나는 시점도 달라질 것이다. 따라서 개인에 따라 강세장의 끝자락이 좀 더 빨리 올 수도 있다. 그렇게 되면 4번 물건부터 매입을 해서는 안 되는 상황이 올 수도 있다. 그렇게 되면 모든 계획이 틀어지는 것 아닌가?

그렇지 않다. 만약 4번 물건을 매수해야 할 시점에 너무 가격이 올라서 불안하다면 매수를 멈추면 된다. 그러면 결국 하락장이 올 것이다. 그런데 하락장이 지나고 나서 4번 물건을 매입한다면 어떤 일이 벌어지겠는가? 그렇다! 아주 싼 금액으로 4번 물건을 매수할 찬스가 오게 된다. 반면 하락장이 오더라도 2번 물건과 3번 물건에서 전세금을 통한 투자금이 만들어진다는 사실에는 변화가 없을 것이다. 그러니 시간은 좀 지연되지만 그만큼 매우 높은 수익을 안겨주는 결과가 만들어진다.

이렇게 되면 결국 매입을 멈추고 기다리는 시간, 즉 하락장을 보내는 시간 정도가 추가된다. 만약 비교적 정확하게 상승장의 끝자락을 맞췄다면 매입을 멈추고 기다리는 시간 1년과 하락장을 보내는 시간 1년 정도, 총 2년 정도의 시간이 늦어질 뿐이고, 만약 맞추지 못했다고 하더라도 3~4년 정도 늦어지는 것뿐이다. 그러나 시간이 늦어지는 만큼 수익은 훨씬 커질 수 있기 때문에 오히려 더 좋은 결과를 만들어낼 수도 있다.

두 번째 변수는 입주권 회수율의 변수다. 정말로 50% 이상의 투자금이 회수될 것인가 하는 의문이 들 텐데, 실제로 그렇게 되지 못하면 모든 것이 틀어지는 게 아닐까 하는 불안함이 있을 수 있다. 이는 다음 장에서 더 자세히 살펴보겠지만, 그동안의 웬만한 재개발 입주권의 투자금 회수율은 70% 수준이었다.

그러나 지금은 사람들이 더 똑똑해져서 투자성이 있는 물건을 아는 사람들이 많아졌다. 그래서 가격이 많이 낮아지지 않다 보니, 회수율은 약 50% 수준이 되고 있다. 혹은 이보다 더 적게 회수되는 때도 있을 수 있지만, 50%를 훨씬 뛰어넘는 일이 더 많다. 우리는 딱 한 번의 투자를 하는 것이 아니다. 여러 번의 투자를 한다는 점을 감안해야 하고, 또 여러 시점에 투자를 한다는 점을 감안해야 한다. 50%에 못 미칠 때보다는 50%를 뛰어넘을 때가 훨씬 더 많을 가능성이 높다.

세 번째 변수는 본인 수입의 변수다. 앞서 계산에는 매년 2500만 원을 저축한다는 전제를 두고 계산했다. 그런데 24년간 매년 2500만 원씩 저축하는 일은 대단히 어렵다. 큰돈 들어갈 일이 생겨 저축을 하지 못하는 때도 있고, 수입이 줄어드는 때도 있다. 그런데 그렇다 해도, 참 고맙게도 전세금의 상승은 예상대로 될 가능성이 높다. 물론 전세금 상승분도 우리의 생각과는 다르게 진행될 가능성이 있지만 전세금 상승의 변수는 오히려 수입의 변수보다도 더 적다.

설령 전세금 상승이 계산과 다르다 하더라도 그 폭이 매우 크지는 않을 테고, 어떤 해에 전세금이 적게 올랐다면 나중에 다시 전세금이 많이 오르는 일이 벌어져 결국 평균에 회귀한다. 전체적으로 전세금의 변수는 크지 않기에 수입의 변수가 있더라도 계획에는 그리 큰 영향을 줄 수 없다. 계획했던 것보다 투자 금액이 조금 줄어들고 그에 따라 결과물도 약간 적게 나올 뿐이다.

본인의 투자금에 맞게 응용하는 법

앞에서 든 사례는 수익형 전세 레버리지 기법을 만들기 위해 20억 원으로 출발했다. 그런데 이 금액을 너무 까마득하게 느끼는 사람들도 있을 수 있다. 아무리 부동산 사이클링 기법을 잘했다 해도 그 정도까지는 만들 수 없을 것 같다고 느끼거나, 생각보다 일찍 수입이 줄어드는 사람도 있을 것이다. 혹은 좀 더 일찍 리치 라이프를 누리고 싶은 사람도 있을 수 있다. 24년을 기다리기 너무 힘들다고 느낄 수도 있고, 이미 어느 정도 나이가 있어 24년간 투자를 하기 힘든 사람도 있을 수 있다. 이런 경우라면 수익형 전세 레버리지 기법을 쓸 수 없을까? 전혀 그렇지 않다. 목표치를 낮추고, 숫자를 조금 조정하면 된다.

예를 들어 12년간 모은 자금이 10억 원이라고 해보자. 그럼 이 자금을 가지고 거주할 집도 있어야 하고, 수익도 만들어야 한다. 가능할까? 얼마든지 가능하다. 5억 원으로는 거주할 집을 사고, 나머지 5억 원을 수익형 전세 레버리지용으로 활용하면 된다.

그렇게 12년을 운영한다면 결과는 어떻게 될까? 14년 차부터는 월 660만 원의 수익이 발생한다. 그 금액이 충분한지 충분하지 않은지는 사람에 따라 다르겠지만, 얼마든지 적은 자금을 가지고도 리치 라이프를 누릴 환경은 만들 수 있다. 5억 원은 내 집 마련에, 5억 원은 투자했을 때 4년 후 투자한 집은 어떻게 되었는지 살펴보자.

2번 부동산에 5억 원을 투자해 전세 비율 50%로 10억 원짜리 물건에 투자했다. 4년 후 연간 8.5%로 전세가가 상승했다고 가정했을 때 총 34%로 1억 7000만 원 상승했다. 여기에 4년간 저축액 1억 원(매년 2500만 원씩 저축)을 더해 2억 7000만 원으로 3번 물건(입주권)을 매수하는 것이다.

5년 차	
① 2번 투자금	5억 원
② 2번 매매가	10억 원
③ 2번 전세가	5억 원(전세 비율 50%)
④ 2번 4년간 전세가 상승률	34%(연간 8.5%)
⑤ 2번 전세가 상승분	1억 7000만 원
⑥ 저축액	1억 원(2500만 원×4년)
⑦ 총 금액 (⑤+⑥)	2억 7000만 원 · 3번 매수

그리고 또다시 4년이 지났다. 2억 7000만 원을 투자해 50%를 회수했다고 해보자. 1억 3500만 원이 다시 수중에 들어온다. 여기에 2번에서 다시 발생한 전세금 상승분 1억 7000만 원과 4년간 저축액 1억원을 더해 총 4억 500만 원을 가지고 4번 물건(입주권)을 산다.

9년 차	
① 2번 전세금 상승분	1억 7000만 원
② 저축액	1억 원(2500만 원×4년)
③ 3번 투자금	2억 7000만 원
④ 3번 예상 전세가	4억 500만 원(투자금의 1.5배)
⑤ 3번 회수 자금	1억 3500만 원(투자금의 50%)
⑥ 총 금액(①+②+⑤)	4억 500만 원 `4번 매수`

그다음 4년이 지난 13년 차에는 2번 상승분+3번 상승분+4년간 모은 저축액+4번 회수금을 더해 총 6억 1020만 원이 들어온다. 그럼 이것으로 5번 물건(입주권)을 매입한다.

13년 차	
① 2번 전세금 상승분	1억 7000만 원
② 3번 전세금 상승분	1억 3770만 원
③ 저축액	1억 원(2500만 원×4년)
④ 4번 투자금	4억 500만 원
⑤ 4번 회수 자금	2억 250만 원(투자금의 50%)
⑥ 총 금액 (①+②+③+⑤)	6억 1020만 원 `5번 매수`

13년 차가 되면 2번과 3번 물건에서 투자금을 모두 회수한 상태가 된다. 2번 물건은 12년을 보유했으므로 최초 전세가 5억 원에서 102%인(연간 8.5% 상승으로 가정) 5억 1000만 원 상승해 예상 전세가 10억 1000만 원이 되었고, 투자금 5억 원을 모두 회수했다. 3번 물건은 새 아파트가 된 지 4년 차로, 최초 전세가 4억 500만 원에서 34% 상승해(연간 8.5% 상승으로 가정) 1억 3770만 원이 올랐다. 남은 투자금 1억 3500만 원을 모두 회수하고도 남는 돈이다.

15년 차에는 드디어 수익을 사용할 수 있다. 2번 물건과 3번 물건에서 나온 수익을 앞으로 2년간 사용할 자금으로 생각하고 24개월로 나누면 한 달에 660만 원을 사용할 수 있다.

15년 차		
	2번	3번
① 2년 전 전세가	10억 1000만 원	5억 4270만 원
② 연수	2년	2년
③ 전세가 상승률	17%(연간 8.5% 상승)	17%(연간 8.5% 상승)
④ 전세금 상승분	1억 7170만 원	9226만 원
⑤ 양도세(40%)	6868만 원	3690만 원
⑥ 수익(④-⑤)	1억 302만 원	5536만 원
⑦ 월 수익(⑥÷24개월)	429만 원	231만 원
⑧ 월 수익 총 금액	660만 원	

이외에도 다양하게 응용이 가능하다. 좋은 집에 살기보다는 풍성한 리치 라이프를 누리고 싶다면, 내가 거주하는 집에 5억 원의 자금을 쓰고, 투자용으로 15억 원을 운영할 수도 있고(이럴 경우 계산해 보면 15년 후에 매달 나오는 수익은 1800만 원이다), 반대로 내가 거주하는 집에 15억 원을 쓰고, 투자용으로 5억 원을 운용할 수도 있다.

더 일찍 리치 라이프를 누리고 싶다면 전세가율이 50%가 아닌 60% 정도 되는 아파트를 적극적으로 공략하는 방법을 쓰면 된다. 일반적으로 전세가율이 높다면 구축 아파트인 경우가 많다. 구축 아파트는 향후 성장성이 별로 없다고 보이는 물건이 대부분이긴 하지만, 그중에서도 옥석을 가려낸다면 신축이면서 대단지, 심지어는 역세권의 아파트인데도 전세가율이 60%인 물건을 찾을 수 있다.

이런 가격이 형성된 데는 지역에 따라 여러 가지 이유가 있지만, 갑자기 주변에 입수하는 신규 아파트의 공급이 늘어났다든지 어떤 개발의 기대감이 갑자기 꺾였다든지 주변에 너무 탁월한 단지가 있는 바람에 대중들의 관심이 그쪽으로만 쏠려 상대적으로 소외됐다든지 또는 지난 기간 동안 너무 많이 올라 가격이 정체되면서 전셋값만 올라서 그런 현상이 만들어졌다든지 하는 식으로 일시적으로(1~2년 정도의 기간 동안) 이러한 높은 전세가율이 형성되는 때가 있다. 그렇다면 과감하게 매수를 하면 된다. 그럼 12년 만에 자금이 회수되는 것이 아니라 10년 또는 8년 만에 모든 자금이 회수되고, 이후부터는 바로 수익으로 만들어 더욱 빨리 리치 라이프를 누릴 수 있게 된다.

또한 이 책을 읽고 있는 독자들이 모두 5000만 원의 종잣돈을 가지고 출발하진 않을 것이다. 이미 충분한 재산을 만든 사람도 있고, 연수입이 훨씬 더 높은 사람들도 있을 것이다. 이 방법은 자신의 형편에 맞게 얼마든지 응용할 수 있다. 중요한 건 자산을 불리기 위한 시스템을 이해해야 한다. 시스템을 이해하고 확신을 가질 수 있다면, 얼마든지 본인의 형편에 맞게 계획을 짜고 미래에 대한 근거 있는 희망을 품고 장기간 프로젝트를 진행해 볼 수 있다.

수익형 전세 레버리지 기법이 막강한 이유

첫째, 세금에서 매우 유리하다

수입이 많은 사람들이 모두 공통적으로 느끼는 부분은 바로 내야 하는 세금이 생각보다 훨씬 많다는 점이다. 수입이 늘어날수록 세금도 같이 늘어난다. 그래서인지 실제로 많은 고소득자들이 한결같이 하는 말이 있다. "죽도록 일해서 돈 벌고, 쓰고, 세금 내고 나면 남는 게 하나도 없다." 공식적인 세금 외에 준세금도 상당히 많기 때문이다. 당장 건강보험과 국민연금만 해도 어마어마하다. 게다가 건강보험 같은 경우에는 돈을 많이 벌 때가 있고, 적게 벌 때가 있는 개인사업자의 경우에는 매우 곤란한 상황을 야기한다. 건강보험료는 한 해가 지난 다음 해에 그 이전 소득을 기준으로 부과되기 때문이다. 즉 올해에는 돈을 많이 벌고, 내년에는 돈을 적게 벌었다면 건강보험료는 거의 내후년부터 오르기 시작하는데, 돈을 잘 벌 때 내기라도 하면 부담이 없지만 만약에 돈을 잘 벌지 못하는 때에 내려고 한다면 상당한 부담이 될 수밖에 없다.

국민연금도 그렇다. 나중에 돌려받는다고 하지만, 사실 불안한 마음이 더 크다. 공무원 연금도 자꾸만 줄어가는 마당에 과연 모든 국민이 내고 있는 국민연금을 제대로 받을 수 있을까 하는 불안감은 어쩔 수가 없다. 게다가 소득이 크면 클수록 국민연금은 불리하다. 물론 모두가 잘 사는 나라를 만들기 위해 일정 부분은 이렇게 할 수밖에 없지만, 그렇다고 어떤 전략도 없이 무조건 국민연금도 많이 부담하고, 건강보험도 많이 부담하고, 세금도 많이 부담하는 식으로 모든 것을 떠안고 갈 수는 없다. 불법적인 방법이 아니라, 합법적인 부분만이라도 피할 수 있는 부분은 피해 가자는 뜻이다.

게다가 종합소득세는 합산과세다. 소득이 합산되면 세율은 올라간다. 현재 종합소득세 최대 세율은 45%이다. 거기에 지방소득세 10%를 추가로 내면 거의 절반은 세금으로 내야 하고, 거기에 국민연금, 건강보험까지 내야 한다. 기업을 운영하고 있다면 직원들의 4대 보험까지 부담해야 하고, 회사의 소득을 본인의 급여 또는 보너스로 가져오려고 하면 법인세와 개인소득세를 둘 다 내야 하기 때문에(이중과세에 대한 논란이 여전하지만 변경될 가능성은 희박하다) 결국 실제 피부로 느끼는 세금 부담은 거의 70% 수준에 다다른다.

부가세도 생각해 볼 필요가 있다. 상가의 경우 부가세를 낸다. 부가세야 돌려받는다고 하지만, 상가를 운영하려면 세무사의 도움을 받아야 하기 때문에 세무 비용이 나간다. 주택을 월세로 임대하는 경우도 마찬가지다. 월세는 종합소득세에 합산되고, 비용 등을 처리하려면 역시 세무사 비용이 나간다.

그러니 고소득자의 입장에서 보자면 딱 '정해진 비율의 세금'만 낸다고 해도 상당한 이익이라고 볼 수 있다. 즉 소득이 합산되지 않고, 소득 때문에 국민연금, 건강보험료가 올라가지만 않아도 상당한 이익이다. 그런 세금이 바로 양도소득세다. 양도소득세는 종합소득과 합산하지 않는다. 물론 양도소득세도 한 해에 여러 채를 매도하는 경우 합산해서 계산하지만, 이 책에서 설명한 기법으로 투자를 한다면 한 해에 여러 채를 매도할 일은 없다. 그러니 딱 양도소득세만 내면 되고, '수익형 전세 레버리지 기법'에 따르면 이렇게 양도소득세로 낼 금액을 계산해 미리 보관해 두고 나머지 금액은 수익으로 사용하면 된다. 얼마나 깔끔한가?

이 모든 것과 비교해 보면 수익형 전세 레버리지 기법은 탁월한 기법이라고밖에 볼 수 없다. 이 대목에서 워런 버핏이 사용하고 있는 유명한 전략이 생각난다. 워런 버핏의 회사인 버크셔 해서웨이는 배당을 주지 않기로 유명하다. 이에 대해서 사람들이 "그렇게 돈을 많이 벌면 배당을 줘야 하는 것 아니냐"라고 물어봤을 때 버핏은 이렇게 대답했다. "배당을 주면 그에 따른 세금이 엄청납니다. 세금으로 뺏길 돈을 재투자함으로써 회사의 가치를 올리는 편이 훨씬 이득입니다." 워런 버핏 같은 투자의 대가도 세금의 문제에서는 합법적인 범위라면 최대한 내지 않는 것이 유리하다고 말하고 있다. 수익형 전세 레버리지 기법이야말로 합법적으로 가장 적은 세금을 내는 방법이다.

둘째, 매물을 구하기가 상대적으로 쉽다

좋은 상가 물건을 구하는 건 상당히 어렵고 시간이 매우 많이 걸리는 일이다. 또한 배당주는 변동성이 있기 때문에 아무리 좋은 배당주를 골랐다고 해도 상당히 오랜 기간 불안함으로 잠 못 드는 날들을 보내게 될 수 있다. 그에 비해서 투자성이 있는 아파트를 사는 일, 입주권을 매입하는 일은 훨씬 쉬울 뿐만 아니라 거의 꾸준히 오르기 때문에 심리적인 안정을 유지하는 데에도 매우 탁월하다.

매수하는 과정을 생각해 보자. 아파트는 거의 규격화되어 있다. 복잡해 봐야 동호수 정도이다. 그러니 어려울 것이 없다. 투자성을 보려고 하면 향후 성장성에 비해서 가격이 어느 정도인지를 봐야 하는데, 그 부분은 어려울 수 있지만 분석이 끝난 다음에 매수하려고 할 때 물건이 없어서 매수를 못 하게 되는 경우는 거의 없다. 본인의 예상보다 조금 비싸게 사는 경우는 있어도 물건이 없어서 매수를 못하는 경우는 없다. 그러니 구입 과정도 상당히 쉽다.

입주권의 경우 감정가와 이주비, 그에 따른 프리미엄 변동이 있기 때문에 계산은 조금 복잡할 수 있으나 그것도 아주 이해하지 못할 정도는 아니다. 마찬가지로 그런 계산이 끝난 후, 물건이 없어서 매수를 못하는 경우는 없다. 그러니 다른 것들과 비교해 보자면 매입 과정은 너무나도 쉽다.

셋째, 관리가 쉽다

상가를 운영해 본 사람은 알 것이다. 상가에 월세를 놓는 일은 조금 과장해서 말하면 '내용증명과의 전쟁'이다. 세입자들이 월세를 꼬박꼬박 잘 내는 게 아니기 때문이다. 그런데 세입자가 월세를 내지 않을 때마다 바로 관리를 하지 않으면 나중에는 손을 쓸 수 없는 지경에 이르게 되기 때문에 월세가 밀리면 바로 내용증명을 보내야 한다. 관리를 소홀히 해서 결국 명도소송까지 하게 된다면 소송 비용도 비용이고, 그 과정에서 벌어지는 온갖 불쾌한 일들을 다 겪어야 한다는 문제가 있다.

보수 문제도 계속된다. 건물은 사실 종합예술이다. 건물에 얼마나 많은 기술이 숨어 있는지 생각해 보면 금방 알 수 있다. 그런데 그 모든 기술이 문제 하나 일으키지 않고 계속 잘 작동할까? 보일러, 수도, 환기, 전기, 화장실 문제 등등 소유자로서 신경 써야 할 문제들이 심심치 않게 발생한다. 물론 매일 일이 터지는 건 아니고, 많아야 일 년에 2~3번이지만, 때론 어떻게 손을 쓸 수 없는 심각한 문제들도 발생한다. 그러면 매우 골치 아픈 상황이 벌어진다.

세입자를 상대하는 것도 쉬운 일은 아니다. 세입자는 그 상가를 통해서 수익을 내야 하는 사람들이다. 그러니 세입자 입장에서 월세는 싸면 쌀수록 좋고, 어떻게 해서든 월세를 깎고 싶어 한다. 때로는 죽는 소리를 해가면서, 때로는 협박 아닌 협박을 해가면서 주인에게 압력을 넣기도 한다.

그에 비해서 아파트와 입주권은 어떤가? 신경 쓸 일이 하나도 없다. 세를 살아본 사람이면 모두 다 아는 일이다. 2년 동안 집주인에게 연락할 일이 있었는지 생각해 보면 된다. 입주권은 더 그렇다. 세입자도 없다. 그냥 권리다. 물론 입주권을 소유하고 있는 조합원이 되면 조합에서 귀찮게 하는 일들이 많긴 하다. 이런 서류 내라, 저런 서류 내라, 회의에 참석해라, 비대위에 참석해라 같은 일들이다. 정상적으로 진행이 된다고 해도 시공사 선정도 해야 하고 동호수 추첨도 해야 하고, 이주비 신청 등 소소하게 일거리는 많다. 그러나 심리적으로 '힘들다'라고 느낄 만한 일은 거의 없다. 상대적으로 상가 관리와는 비교가 되지 않을 정도다.

넷째, 늘 적정량의 현금 보유로 위험 대비에 능하다

우리가 본격적으로 전세금 상승분으로 수익을 만들어서 사용하는 데까지는 약간 시간이 걸리지만, 일단 그 수준에 들어섰다면 꼬박꼬박 나오는 수익으로 신나는 리치 라이프를 즐길 수 있게 된다. 이때 잘 생각해 보면 거액의 현금이 늘 통장에 들어 있는 상황이다. 이런 이야기가 있다. 부자가 되려면 항상 지갑에 현금을 두둑하게 넣어두고 다니라고. 요즘은 현금을 들고 다니는 사람들이 없어서 이런 조언이 좀 무색하지만, 한때 유명 자기계발서나 부자의 조언 같은 책에서 많이 볼 수 있는 이야기였다.

지갑에 현금을 두둑이 넣고 다니면 무슨 효과가 있을까? 일단 자신이 부자라고 느끼게 된다. 그리고 그 현금을 보면서 무의식적으로 여유를 느끼게 되고, 무의식적으로 부자처럼 행동하게 된다. 그렇게 부자처럼 행동하면 돈이 돈을 불러들이는 일이 계속 발생한다는 뜻이다. 현금을 보유하고 있으면 계속 돈을 더 벌 수 있다는 말은 논란의 여지가 있을 수 있지만, 현금을 가지고 있으면 마음에 큰 여유를 가질 수 있나는 것만은 확실한 사실이다.

잘 생각해 보면 인생에서 평생 억대의 자금을 통장에 넣어두고 있을 때가 언제 있었나? 거의 없다. 짧은 기간 보유했던 적은 있었겠지만, 장기간 통장에 머물러 있는 경우는 거의 없을 것이다. 그런데 거액의 현금을 장기간 갖고 있으면 상당한 마음의 여유가 생기게 된다. 그 자체가 리치 라이프 아니겠는가? 무슨 일이 벌어진다고 해도 대부분 해결할 수 있으리라 생각하는 상태. 워런 버핏의 파트너이자 버크셔 해서웨이의 부회장 찰리 멍거는 이런 이야기를 했다.

"남들이 저에게 '그렇게 돈을 많이 벌어서 뭐 하려고 합니까?'라고 물어봅니다. 그런데 저는 매일 아침 일어나면서 너무 행복합니다. 오늘 나에게 어떤 일이 벌어져도 다 해결할 수 있고, 나는 오늘 어떤 일이 갑자기 하고 싶어도 모든 것을 할 수 있으며, 오늘 갑자기 어떤 일이 하기 싫으면 하지 않아도 된다는 그런 마음이 들 때 너무 행복합니다. 그게 내가 돈을 버는 이유입니다.”

돈은 써야만 행복한 건 아니다. 언제라도 쓸 수 있다는 마음의 여유를 가진다는 자체만으로도 엄청난 행복감이 온다. 이런 상태로 만들어주는 것이 바로 통장에 찍혀 있는 긴 자릿수의 숫자들이다.

전세금을 수익으로 쓸 수 있는 상태가 되면 일단 전세금 상승분이라는 거액의 금액을 받는다. 그것을 24개월로 나누긴 하지만, 이것은 어찌 보면 2년치 급여를 한꺼번에 미리 받은 것과 같다. “2년치 급여를 한꺼번에 받을래, 24개월로 나눠서 받을래?”라고 묻는다면 뭘 선택하겠는가?(물론 그렇게 묻는 회사는 없겠지만) 그것뿐인가? 무려 40%나 양도세용으로 떼어놓는 돈이 있다. 이건 언제 쓸지도 모르는 돈이다. 매도할 때 쓸 돈인데, 매도를 언제 할지 모르니 말이다.

우리가 인생을 살면서 몇천만 원 정도의 급전이 필요할 때는 많다. 그럴 때마다 대출을 받으면 되겠지만, 때로는 그것도 막힐 때가 많다. 그러면 지인에게 돈을 빌려야 하는데, 누구도 그런 요청을 받았을 때 선뜻 응해주기는 힘들다. 하지만 그런 아쉬운 소리를 할 일이 없으니 얼마나 좋은가?

현금의 중요성은 내가 오랜 세월 투자자의 길을 걸어오면서 수많은 성공과 절망을 겪으며 깨달은 바이다. 또한 수많은 사람의 성공을 도와주면서 그들의 실패와 아픔을 지켜보고 고민하며 깨달았다. 결국 진짜 성공과 실패를 가르는 요인은 '현금'이었다는 사실을 말이다.

현금 자체는 절대 돈을 벌게 해줄 수 없다. 그러나 위험을 피할 수 있는 가장 탁월한 수단이다. 그럼 이런 생각을 할 수 있다. IMF 위기나 금융위기 같은 위기는 10년에 한 번씩 올까 말까 한데, 그것을 위해서 늘 현금을 대비하라는 말은 너무 교과서적인 이야기 아닌가? 그렇게 해서 언제 돈을 버나?

그러나 위기란 큰 경제적 위기만을 이야기하지 않는다. 매번 생활에서 느끼는 삶의 고통이 누적되면 결국 위기가 된다. 이자율이 올라 매번 나가는 돈이 2배가 되면 그게 공포가 되고 위기가 되는 것이다. 집값이 폭락하면 말할 것도 없지만, 폭락은 고사하고 내가 산 금액보다 떨어지거나 아무 움직임이 없다고 해도, 큰 이자를 내고 있다면 심각한 고통과 공포로 다가오게 된다. 심지어는 '이제 부동산은 끝났다' '임대주택으로 주거 문제는 해결된다' '부동산이 필요한 사람이 급격히 줄었다' 하는 식의 뉴스가 계속 나오면 공포에 시달리다 결국 손해를 보고 부동산을 파는 일까지 벌어지게 된다.

진짜 무서운 것은 당장 돈이 나가는 것보다 앞으로 더 안 좋은 상황이 벌어질 것 같다는 공포감이다. 그러니 언제나 무리하지 않는 투자를 해야 한다. 강세장에서 돈을 벌었다고 신나게 떠들던 사람들이 어느새 소리 소문 없이 조용히 사라지게 되는 이유다. 위기를 관리하지 못해서 결국 부자가 되지 못하고 다시 평범한 서민으로 돌아가게 된다.

그럼 현금은 위험을 피하기 위해서만 필요한 수단일까? 그렇지 않다. 기회를 잡는 역할을 하는 것 또한 현금이다. 투자의 대상이 되는 모든 것들은 결국 사이클을 만들 수밖에 없다. 그런데 어느 정도 예측 가능한 사이클이 있는가 하면 전혀 예측할 수 없는 사이클이 만들어지기도 한다. 만약 갑작스러운 폭락이 일어났다면 어떻겠는가? 투자 물건을 가지고 있던 사람들에게는 재앙이겠지만, 현금을 가지고 있던 사람들에게는 일생일대의 기회가 된다. 바로 이렇게 재앙은 예고 없이 다가오지만, 기회도 예고 없이 다가온다.

물론 언제 올지 모르는 기회를 위해서 현금만 계속 가지고 있을 수는 없다. 그러나 적당한 현금을 가지고 있다면 위기도 피할 수 있고, 기회도 어느 정도 활용할 수 있기 때문에 늘 일정 수준의 현금흐름을 유지하는 것이 매우 중요하다. 언제나 욕심을 다스리고, 나에게 적합한 투자의 수준이 어느 정도인지 파악하는 절제된 투자를 해야 한다.

그런데 사람들은 이런 식의 훈련은 받아본 적이 없고 그저 '어디어디가 돈 된다더라'라는 정도가 공부의 전부라고 생각하는 경우가 많다. 실제로도 '누가 영끌을 해서 어디를 사서 큰돈을 벌었다'라는 이야기는 더욱 욕심을 자극하니, '정석'에 관한 내용은 귀담아들으려고 하지 않는다. 그런데 진짜로 부자가 되어서 풍족한 삶을 사는 사람들의 인생을 길게 추적해 본다면, 이 말이 진리임을 반드시 깨닫게 될 것이다.

큰돈을 보유하고 있을 때의 문제점

수중에 큰돈이 있을 때 두 가지 문제가 발생한다. 이 돈은 그야말로 리치 라이프를 위해서 써야 하는데, 그렇게 쓰라고 한 돈도 쓰지 못하고 다시 투자를 해버리는 경우가 첫 번째다. 사람의 욕심은 끝이 없기 때문에 정작 돈이 더 필요하지 않아도 더 많이 갖고 싶어 한다. 그래서 눈에 보이는 거액을 그냥 두지 못하고, 더 불리고 싶다는 욕심에 투자해 버릴 수 있다. 이런 행동은 매우 조심해야 한다. 애써 만든 풍족한 생활을 다시 수년 후를 기약해야 하는 상황으로 바꿔버릴 수 있기 때문이다.

그래서 이렇게 많은 돈이 들어왔다면 관리를 잘해야 하는데, 통장을 따로 만들면 가장 좋다. 이 돈은 절대 '투자'로 다시 들어가지 않고 그야말로 삶을 즐기는 데에만 쓰는 것이다.

두 번째 문제는 본인이 리치 라이프를 살고 있는 사실을 남들이 알게 되는 경우다. 부자가 되면 주변 사람들이 알게 되는 건 당연한 일이긴 하지만, 이렇게 거액의 돈을 보관하고 있다는 내부 사정이 알려지면 곤란한 일이 발생할 수 있다. 거꾸로 급전이 필요한 사람들의 요청이 들어오는 아주 곤란한 상황에 처할 수 있기 때문이다. 그렇기 때문에 이 놀라운 기법은 우리끼리만 알기로 하자.

실패율을 감안해도
충분한 수익이 난다

12년이 지나는 동안 시장이 폭락하는 일은 없을까?

'과연 이 기법을 현실에서 딱딱 맞출 수 있을까?'라는 의구심이 드는 이들도 있을 수 있다. 투자를 하기에 앞서 이런 두려움이 생길 수 있다. 12년이 지나는 동안 시장이 폭락하지는 않을까? 가능성은 충분히 있다. 약세장에서 시작해 강세장을 지나 강세장의 끝자락까지 간다면 12년 정도의 시간이 걸릴 수 있겠지만, 각자 투자를 시작하는 시점도 다를 테고, 실제로 부동산 사이클이 어떤 기간을 정해놓고 움직이는 것도 아니니 말이다.

만약 본인의 예상보다 시장이 더욱 빨리 강세장의 끝자락으로 갔다면 매입을 멈춰야 맞다. 그러면 당연히 12년 만에 시스템을 완성할수는 없다. 하락장이 지나고 나서 매입을 시작해야 하기 때문에 당연히 시간이 더 걸린다. 그러나 시간이 더 걸린다고 한숨을 쉴 일만은 아니다. 강세장이 빨리 온다면 그 시점에 내가 보유하고 있는 부동산 자산의 가격이 상당히 오른다는 것을 의미한다. 그렇다면 시장의 흐름을봐서 매도하는 것으로 대응을 할 수도 있다. 이미 부동산 사이클링 기법을 통해서 시장의 흐름을 파악하는 훈련을 충분히 한 뒤라면 얼마든지 가능한 일이다.

이때는 부동산 사이클링 기법과 달리 자산의 일부만 매도해야 한다. 그만큼 자산의 규모가 커졌기 때문이다. 자산의 규모가 커져서 매도가 힘들 수도 있고, 한 해에 같이 매도를 한다면 양도세가 합산되기때문에 내야 하는 금액이 매우 커질 수도 있다. 그리고 더 결정적인 것은 만에 하나라도 본인의 판단이 잘못되는 경우 상당한 심리적인 타격을 받을 수도 있다. 그러니 일부만 매도를 하는 것이다. 본인의 생각이 맞으면 좋고, 설령 틀린다고 해도 아무런 문제가 없다. 강세장이 지속되면 지속되는 대로, 본인의 자산은 계속 오르기 때문이다.

반면 하락장이 올 것을 잘 인지하고 매수하기를 참았다면 어떤 일이 벌어질까? 부동산을 아주 싸게 살 찬스를 잡은 것이다. 즉 하락장이 오는 바람에 시스템을 완성하는 기간은 좀 길어졌지만, 그만큼 더큰 평가 이익을 얻는 일이 발생한다. 이런 전략의 유연성을 발휘할 수있다면 약세장과 강세장의 흐름이 계산대로 되지 않는다고 해도 큰문제가 되지 않음을 알 수 있다. 내 계산대로 시장이 흘러가 주길 바라기보다 언제든지 시장의 흐름에 따라 내 계산을 수정하겠다는 유연성을 가지면 된다.

그 사이에 역전세난이 없을까?

이 기법은 향후 전세가가 계속 올라간다는 전제에서 시작된다. 그런데 정말로 계속 전세가가 올라갈까? 결론부터 말하자면 전세가는 향후에도 계속 올라간다. 이렇게 확신할 수 있는 이유는 이 질문이 향후에 인플레이션이 일어날 것인가를 묻는 질문과 같기 때문이다. 인플레이션은 속도와 정도의 문제이지, 인플레이션 자체가 일어나는 것에 대해서는 의문을 품을 수 없다.

더 정확하게 말하면 집값이 상승하고 전세가가 상승하는 이유는 인플레이션 때문에 아니라 통화팽창 때문이다. 통화팽창과 인플레이션은 조금 다른 개념이다. 통화팽창은 쉽게 본다면 이와 같다.

A는 1억 원이라는 수익이 생겨서 은행에 저금을 했다. 그런데 B가 은행에 대출을 요청해서, 은행은 2000만 원을 남기고 B에게 8000만 원을 대출해 주었다. B는 사업에 쓰이는 원재료를 구입하기 위해 그 자금을 모두 사용했다. 원재료를 B에게 팔아서 자금이 생긴 C는 그 자금을 은행에 넣었다. 은행은 8000만 원이라는 예금이 다시 생겼다. 이때 D

가 와서 대출을 받겠다고 한다. 그럼 여기서 20%를 남기고 6400만 원을 대출해 준다. D는 그 자금을 쓰고, D가 쓴 자금으로 수익을 얻은 사람들은 다시 은행에 6400만 원을 예금한다.

- 은행은 총 얼마의 자금을 보관하고 있는가?
  1억 원 + 8000만 원 + 6400만 원 = 2억 4400만 원

- 현재 시중에는 얼마의 자금이 돌아다니고 있는가?
  8000만 원 + 6400만 원 = 1억 4400만 원

1억 원이라는 돈에서 파생된 효과는 이렇게 흘러간다. 그래서 정부는 통화량을 조절해서 통화량이 급격히 팽창하지 않도록 한다. 그런데 인플레이션은 정부가 정해놓은 품목들이 있다. 그 품목에 포함되지 않는 건 인플레이션율에 잡히지 않는다. 게다가 이 품목들 모두 일정한 비율은 아니다. 즉 사과값과 쌀값이 인플레이션에서 차지하는 비율은 동일하지 않다. 그러니 인플레이션율이 그렇게 높지 않아도 장바구니 물가는 대단히 올랐다고 느끼는가 하면, 더 결정적인 점은 월급은 올랐지만 생활은 점점 더 힘들어진다고 체감하는 것이다. 그럼 집값은? 전셋값은? 당연히 인플레이션에 잡히지 않는다. 그래서 인플레이션율이 안정적이라고 집값도 안정적일 거라는 생각은 크나큰 오산이다.

어쨌든 이런 식이다. 통화량은 계속 증대될 수밖에 없는 구조이고

(속도와 양의 문제일 뿐), 통화량이 계속 증대되면 자산의 가치는 올라갈 수밖에 없는 구조다. 결국 전셋값과 집값은 장기적으로 우상향할 수밖에 없다.

그런 데다 우리는 주식시장에 존재하는 시장지수 상품처럼 부동산 시장 전체의 상승에 투자하는 것이 아니다. 수많은 부동산 중에서도 수요가 많이 몰릴 수밖에 없는 일부 부동산에 투자하는 것이다. 이렇게 수요가 몰리는 부동산이 인플레이션의 속도와 정도를 크게 상회할 것이며, 통화량 팽창의 영향을 직접적으로 받을 것이라는 사실은 너무나 당연하다. 이러한 현상은 미래에도 지속된다고 봐야 한다.

그럼에도 역전세난을 겪어본 사람들은 전세가가 여전히 불안할 수 있다. 그러나 역전세난이 얼마에 한 번씩 오는지 살펴본다면 매우 이례적인 일이라는 것을 알 수 있다. 역전세난은 10년에 한 번 올까 말까 하는 일이다. 게다가 더 중요한 것이 있다. 역전세난이 일어나면 그다음에는 전세가 급등이 일어나는 경우가 많다는 것이다. 물론 그렇지 않은 때도 있는데, 이런 경우 이전에 너무 전세가가 올라버려서다. 역전세난을 통해 전세가가 조정되는 현상이다. 결국 전세가는 평균에 회귀한다는 사실을 알 수 있다.

따라서 이 사실을 알고 있다면 역전세난을 걱정할 필요는 거의 없다. 이 원리만 잘 이해했다면 전세가가 지나치게 많이 올라갈 때도 조심할 수 있다. 이때는 '전세가가 많이 올라가서 신난다'라고 할 것이 아니라, 평균에 비해 너무 많이 올라간 전세금은 예비용으로 따로 떼어놓는 등의 관리가 필요하다.

또 '임대차 갱신권에 의한 5% 인상'과 같은 제한을 그다지 걱정하지 않아도 된다. 이미 시장에서 확인된 바와 마찬가지로, 시장의 움직임을 억지로 제한하는 이런 정책들은 결국 더 큰 문제를 야기한다. 당장은 5% 제한으로 전세금의 상승을 억제할 수 있으나, 세월이 지나면 오히려 억지로 눌린 전세금이 폭등하는 현상이 만들어진다. 그러니 전세가 움직임의 원리를 잘 이해하고 관리한다면 전세가는 예상되는 상승률만큼 꾸준히 올라가 결국 원하는 결과를 만들어내는 사실을 확인할 수 있을 것이다.

투자금 회수율과 예상 전세금이
계산대로 맞을까?

투자금 회수율과 예상 전세금은 당연히 계산대로 정확히 맞지 않을 것이다. 그러나 회수율과 예상 전세금은 예상보다 낮게 들어오기도 하지만 높게 들어오기도 한다. 둘 중 어떤 확률이 더 높냐면, 오히려 후자 쪽이다. 예상보다 좋지 않은 결과가 나올 수도 있지만, 투자를 지속하다 보면 예상보다 더 높은 결과가 나올 때가 더 많기 때문에 결국 충분히 만족할 만한 결과를 가져올 수 있다.

물론 정말 예상보다 낮은 결과가 나올 수도 있다. 투자를 수도 없이 많이 하는 것이 아니기 때문에 어떤 사람에게는 안 좋은 결과가 계속 이어져 만족할 만한 결과를 보지 못할 수도 있다. 만약 그렇다 하더라도 방법이 있다. 그리고 설령 나쁜 결과라고 해도 목표치보다 몇 년 늦어지고 목표 금액보다 20~30% 못 미치는 결과일 것이다. 결정적으로 그런 결과가 나온다고 해도 다른 어떤 투자의 결과와 비교해 볼 때 매우 탁월하다. 이 내용에 관해서는 4장에 나오는 실제 사례를 통해 더욱 확신을 가질 수 있을 것이다.

실패를 감안했을 때 복리수익률의 상황

앞서 계산한 결과는 최대한 빨리 돈을 여유롭게 쓸 수 있는 단계에 이르는 것이 목표였기 때문에 그것에 초점을 맞춰 계산했다. 실제로 재산이 얼마나 불어났는지, 얼마의 투자 성적을 올렸는지는 계산하지 않았다. 실제로 몇 %의 수익을 올리냐는 것은 금융상품에 가입할 때 기준으로 삼기 위해서 필요하지, 실무에서는 '충분한 수익'이 나면 그게 몇 %인지는 별 의미가 없다. 예를 들어 5배의 수익이 났는데, 이때 5.2배의 수익과 5.3배의 수익은 실무에서는 별로 의미가 없다는 것이다. '충분한 수익'이 났는지가 더 중요하다.

그래도 한 번쯤은 정확히 계산해 보고 넘어가자. 과연 얼마나 '충분한 수익'이 났는지 숫자로 표현해 보겠다. 총 20억 원 중에서 10억 원은 내 집 마련을 위해 사용했고, 10억 원은 투자했다. 10억 원의 투자금으로 만든 결과는 다음과 같다.

월 순수익: 1226만 원
연 순수익: 1226만 원 × 12 = 약 1억 4710만 원

이를 자산으로 환산하면
기대수익률 3.5%
자산 약 42억 원

연 1억 4710만 원의 소득을 만들어내는 자산이라고 한다면 42억 원 정도의 시장 가치를 가진다고 볼 수 있다. 그러나 실제로는 웬만한 핵심권의 빌딩이나 안정적인 금융상품도 연 3.5%의 수익이 나오는 경우가 드물기 때문에(서울 핵심권의 꼬마빌딩의 평균 수익률은 2%, 정기예금 금리는 25년 초 기준 2.5% 정도이나, 금리가 인하될 경우 이보다도 낮을 것) 이것도 매우 보수적으로 계산했다. 즉 실제 자산의 가치는 이보다 더 높다고 봐야 한다.

이게 전부가 아니다. 여기서 나오는 연간 수익금 1억 4710만 원은 모든 세금을 제한 순이익이다. 자산의 가치로 계산한다면 수익금에서 세금까지 포함한 금액으로 다시 계산해야 한다.

1억 4710만 원(순수익)
세금 40% 순수익 60%로 계산 시
1억 4710만 원 ÷ 60% = 약 2억 4500만 원의 수익을 내는 셈
2억 4500만 원 ÷ 3.5% = 70억 원

세금을 포함했을 때 실제 자산의 가치는 약 70억 원이라고 봐야 한다. 그렇다면 이 정도의 자산은 복리로 계산했을 때 어떻게 되는지 계산해 보자.

연수별 수익과 시장가

연수	14년	16년	18년
월 수익	1226만 원	1500만 원	2100만 원
연 수익	1억 4712만 원	1억 8000만 원	2억 5200만 원
수익률	3.5%	3.5%	3.5%
환산가	42억 343만 원	51억 4286만 원	72억 원
세금 감안	60%	60%	60%
시장가	70억 571만 원	85억 7143만 원	120억 원

연수별 복리수익률표

복리수익률	연수	원금 증가 결과치
15%	14년	7.08
15%	16년	9.36
15%	18년	12.38

복리수익률계산식

원금 × (1 + 수익률)^{연수} = 현재 가치

(1 + 수익률)^{연수} = 원금 증가 결과치

∴ 10억 원 × (1 + 0.15)^{14} = 약 71억 원

연 15%의 수익률로, 그것도 복리로, 단 한 해도 거르지 않고 14년 간 불려온 결과가 바로 이것이다. 이게 끝이 아니라 향후 지속적으로 수익이 증가하기 때문에 지속적으로 복리 15%의 수익도 계속 이어나 갈 수 있다.

목표한 연수 이후 원금이 얼마나 증가했는지 보면 연 복리수익률 몇 %로 증가했는지 확인할 수 있다. 연간 수익률 15%로 14년 이상 지 속적으로 복리로 늘렸다는 점은 그 어떠한 투자상품보다 탁월하다는 뜻이다. 매일매일 변하는 세계 경제와 국내 경제의 상황을 파악하고, 개별적인 회사의 사정을 파악해야 하는 주식처럼 매우 복잡하고 힘들 고 일이 많지도 않다. 그저 큰 흐름만 파악하면 되고, 각각의 시점마다 거의 분명하게 보이는 투자 대상을 선정하기만 하면 되고, 회수율과 전세금 상승분에 대한 명확한 이해만 있으면 가능한 일이다. 더 결정 적인 장점은 2년에 한 번씩 심혈을 기울여서 투자 대상을 선정하는 일 외에는 거의 없다.

이게 끝이 아니다. 나머지 10억 원으로 마련한 내 집이 있다. 내 집 은 내가 거주하는 곳이기 때문에 거주 비용을 계산해야 한다. 그런데 거주 비용을 모두 계산하기는 힘들기 때문에 그것을 제외한다고 해도 내가 거주하는 집도 충분히 가격이 올랐을 점을 고려해야 한다. 또 이 와 같이 수익을 내주는 투자 대상의 양도차익은 전혀 계산하지 않았 다. 전세금 상승분에 대한 양도세만 차감했고, 그 이상이 되는 양도차 익에 대해서는 계산을 하지 않았다.

그리고 4개 정도의 투자 자산을 운영하다가(본인이 거주하는 집도 상황에 따라 매도할 수 있기 때문에 실제로는 5개) 상황에 따라서는 매도를 하면서 포트폴리오를 변경할 수도 있다. 그런 경우 계산하지 않았던 양도차익까지 덤으로 생기게 된다. 결국 본인이 거주하고 있는 집에 대한 거주 비용, 양도차익, 그리고 언젠간 매도하게 될 투자 자산들의 양도차익까지 고려한다면 복리로 계산해도 거의 20%에 육박하는 수익률이 나온다.

그렇다면 여기에서 실패율을 감안한다면 어떤가? 아무리 낮게 잡는다고 해도 복리수익률로 10% 이상은 나오게 된다. 실패율을 높게 잡는다고 해도 매우 놀라운 성적이 아닐 수 없고, 이런 일들을 해내는 사람들이 아주 전문적으로 트레이닝받은 소수가 아니라는 사실이 더욱 놀랍다. 누구나 쉽게 할 수 있는 일이고, 적은 자금을 갖고 있어도 누구나 꿈꿀 수 있는 실현 가능한 미래다.

자, 그렇다면 이제 이런 일이 진짜로 가능한지, 특수한 상황에서만 벌어지는 일은 아닌지, 특별한 사람만 할 수 있는 일은 아닌지, 정말로 이 책을 읽는 평범한 사람들도 달성할 수 있는 일인지 '확신'을 갖는 작업이 필요하다. 다음 장에서 실제 투자 사례들을 통해 확신을 얻어 보자.

4장

성공률 90%!
돈 되는 부동산 고르기

언제나 통하는 '원리'인지
먼저 파악하라

다음의 문제를 보고, 스스로 답을 해보기 바란다.

문제 1

7억 5000만 원에 신규로 분양하는 아파트가 있고, 입지가 같은 주변 신축가는 8억 원이다.

분양 신청하겠는가?

문제 2

A와 B 중 어느 아파트를 사겠는가?(입지 및 기타 제반 사항이 비슷하다는 조건)

A: 20년 차 구축 아파트(9억 원)

B: 신축 아파트(10억 원)

첫 번째 문제에는 뭐라고 답했는가? 아마도 대부분 이렇게 답했을 것이다. "당연히 신청해야지. 분양하는 아파트는 신축인데, 나중에 입주할 때면 기존의 신축보다 더 높은 가격을 형성하잖아. 게다가 지금 당장도 5000만 원이나 싼데."

그렇다. 이긴 당연한 일이다. 반드시 신청해야 한다. 부동산을 조금 더 공부했다면 이런 원리까지 알고 있을 것이다. 향후 입주 시점에 새롭게 입주하는 아파트가 주변의 신축보다 약 10%만 더 비싸게 가격이 형성된다고 해도, 투자로 보자면 170%가 넘는 상승률을 달성하게 된다. 분양권은 분양 가격의 10%만 투자금으로 투입하면 되기 때문에 레버리지 효과가 매우 크다.

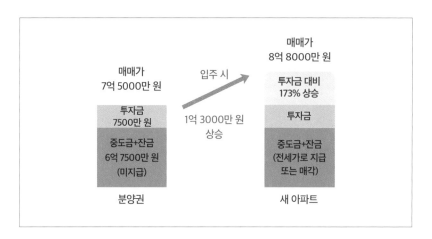

두 번째 문제에는 뭐라고 답했는가?

"B를 사는 게 낫지 않을까? 조금 비싸긴 해도 신축이 훨씬 더 오르니까 신축을 사야지" 대부분 B를 산다고 답했을 것이다. 그런데 이런 조건까지 붙는다면 어떨까?

A: 20년 차 구축 아파트(9억 원) → 전세 5억 원

B: 신축 아파트(10억 원) → 전세 6억 원

"너무 당연하잖아! 당연히 B를 사야지. 구축이랑 신축이랑 가격 차이가 10% 정도밖에 나지 않는 데다가 투자 금액까지 똑같이 들어가잖아!"

그렇다. 마음이 B 쪽으로 확고하게 기울었을 것이다. 구축과 신축의 가격 차이는 입지가 같다면 약 20% 이상 차이 나는 것이 일반적이다. 그런데 현재 10% 정도의 차이만 있다면 향후 20% 이상 격차가 벌어질 가능성이 높다는 뜻이다. 게다가 신축을 사든 구축을 사든 투자 금액이 똑같이 들어간다면 굳이 구축을 사야 할 이유가 없다.

본인이 거주하려는 아파트를 고를 때도 마찬가지다. B를 매수해서 거주하려고 한다면 당연히 A보다는 돈이 더 들어가겠지만, 전세가가 높다는 것은 언제든 자기 집에 세를 주고 이사를 하고자 할 때 자금을 많이 확보할 수 있다는 의미다. 그러니 어떻게 봐도 B를 사는 것이 유리하다.

그런데 이런 '당연한 이야기'가 과연 옛날에도 당연했을까? 전혀 그렇지 않다. 과거에는 첫 번째 문제를 만난 사람들도 불면의 밤을 보냈고, 두 번째 문제를 만난 사람들도 불면의 밤을 보냈다. 과거에 첫 번째 문제를 만난 사람들은 이렇게 생각했다.

"뭔가 흠이 있으니까 싸게 분양하는 것 아닌가?" "관리비가 얼마

일지 모르잖아. 이미 지어져서 안정적으로 운영되고 있는 아파트가 좋은 거 아닌가?" "5000만 원 싼 정도는 너무 애매한데… 더 확실하게 이익이 되는 곳에 청약하기 위해 청약 통장을 아끼는 게 낫지 않을까?" 하는 고민을 했다.

두 번째 문제를 만난 사람들도 마찬가지였다. "이미 1억 원이나 비싸잖아. 이치피 나중에는 똑같이 구축이 되는 건데 1억 원이나 너 주고 신축 아파트를 사는 건 바보 같은 짓 아닌가?" "세월이 지나면 결국 비슷한 가격이 되는 거 아닌가?" "내가 거주할 곳도 아닌데 몇억씩이나 넣어두는 건 미친 짓 같은데…" "부동산 가격이 맨날 오르는 건 아니잖아. 떨어질 때를 기다려야지" 하는 식이다.

여러분은 어떤가? 이런 고민을 보고 '어, 그러네? 그렇게 생각할 수도 있겠네?'라는 생각이 드는가 아니면 '와~ 저렇게 황당하게 생각할 수도 있나?'라는 생각이 드는가? 분명한 건 지금은 당연하게 생각하는 문제에 대해서 과거에는 매우 심각하게 고민을 했을 뿐만 아니라, 심지어는 매우 잘못된 선택을 하기까지 했다.

그런데 지금은 똑같은 문제가 거의 나오지 않는다. 왜 그럴까? 그건 바로 이미 앞서 말한 원칙들, 즉 입지가 같다면 '분양권은 주변의 신축보다 높은 가격을 형성한다' '분양권은 레버리지 효과가 있어 가격이 약간만 올라가도 높은 수익이 난다' '입지가 같다면 신축은 구축에 비해서 20% 정도 높은 가격을 형성한다'와 같은 '부동산 가격 형성의 원리'를 이미 알고 있기 때문에 그렇다. 이건 일시적으로 보이는 현상이 아니라 기본적인 원리다.

그런데 과거에는 많은 이들이 이 '원리'를 몰랐다. 과거에는 부동산에 관한 정보가 많지 않았고, 또 부동산 투자에 대해서 배울 기회가 없었기 때문에 이러한 원리를 파악할 방법이 없었다. 그러니 누군가 이러한 원리에 대해서 이야기를 해준다고 해도 믿을 수가 없었던 것이다. 이게 정말 보편적으로 해당되는 원리인지 아니면 그 지역에만 해당하는 일인지 또는 일시적으로 나타난 현상인지 확신을 가질 수가 없었던 시절이었다.

투자에 확신을 가질 수 있어야 한다

여기서 아주 중요한 투자 원칙 하나가 또 나온다. 그건 바로 '확신을 가질 수 있어야 한다'라는 원칙이다. 그저 수긍하는 정도의 수준에서는 아무런 효과를 볼 수 없다. 본인 스스로 확신을 가질 수 있느냐 없느냐는 매우 차이가 크다. 바로 내 전 재산을 베팅하는 일이기 때문이다.

부동산 동호회 같은 곳에 나가보면 부동산에 대해서 엄청나게 많이 아는 사람들이 종종 있다. 거기는 어떻고, 저기는 어떻고. 그런데 나중에 알고 보면 그런 사람들은 돈을 벌었기는커녕 형편없는 재산을 보유하고 있는 경우도 많다. 어떤 이유 때문일까? 지식으로 본인의 재산을 베팅할 만큼 확신하고 있지 못하기 때문에 그렇다. 훈수만 둘 뿐, 정작 자신의 재산을 베팅하라고 하면 이런저런 이유로 망설이다 기회를 놓치거나, 더 좋은 성적을 내보겠다는 생각에 엉뚱한 물건에 투자하는 경우가 비일비재하다. 그래서 부동산에 대한 지식은 훈수를 두는 정도, 그냥 알아듣는 정도의 지식만으로는 아무런 쓸모가 없다. 확신을 가질 만큼의 지식이 있어야 한다. 끊임없이 사례들을 확인하고, 시장의 변화를 지속적으로 따라가려는 노력이 계속되어야 한다.

우리는 가끔 로또 복권을 사기도 한다. 내가 당첨될 확률이 아주 낮다는 사실을 알면서도 로또 복권을 산다. 심지어는 로또 당첨 기법이라는 말도 안 되는 광고에 낚이기도 한다. 이유는 단순하다. 투자 금액이 적기 때문에 그렇다. 날려봐야 몇만 원, 몇십만 원이니 '혹시나' 하는 마음에 베팅한다. 그러나 내 전 재산을 걸고 베팅하라고 하면 어떻겠는가? 확신을 갖지 않으면 절대 행동할 수 없을 것이다. 그래서 투자에 있어서는 '확신'을 가지는 것이 매우 중요하다. 그리고 확신을 가지려면 어떠한 현상이 언제나 통하는 원리인지 파악해야 한다.

그렇다면 이제 본론으로 돌아와서 생각해 보자. 과연 내가 앞서 말한 수익형 전세 레버리지 기법은 원리로 적용될 수 있을까? 앞서 사례로 보여줬던 것처럼 만약 과거에 '분양권 가격 상승의 원리' '신축 아파트 가격 형성의 원리' 등을 알고 있었다면, 남들이 모르는 엄청난 기회들을 많이 잡을 수 있었을 것이다.

확언하건대 지금은 이 기법의 원리를 알고 있는 사람이 무척 드물다. 과거의 사람들이 그저 일시적으로 신축 아파트가 많이 오른 것이라 느꼈던 것처럼, 현재 시점에는 사람들이 그저 일시적으로 재개발 구역에서 자금이 회수된 것이고, 그저 일시적으로 투자 금액 대비 어느 정도의 비율로 전세가가 형성된 줄로만 알고 있다는 것이다. 그 누구도 그게 '원리'라는 개념으로 접근한 사람이 없으니, 당연히 그 원리를 알고 있는 사람들이 없는 것이다.

부동산 투자의 원리를 아는 자가
꾸준한 수익을 낸다

이 책에서 말하고 있는 원리는 내가 수많은 사례를 직접 겪고 보면서 부동산 투자에도 원리가 존재하고 작용하고 있다는 사실을 발견한 것이지, 특별한 기술이 아니다. 즉 '이 기술을 익히면 돈을 벌 수 있다'라는 차원이 아니라 투자의 원리를 정확하게 이해하고 있다면 무엇을 사야 하고, 언제 베팅을 해야 하고, 어떤 확신을 가지고 행동을 해야 하는지 알게 된다. 따라서 이미 이런 원리들을 통해서 기회를 포착해 수익을 낸 사람들은 무수히 많다. 다만 기회를 잡은 그들조차도 이게 어떤 원리가 적용되었는지, 우연히 운이 좋아서 이렇게 되었는지, 그 지역과 그 시점에만 벌어진 특수한 사정이었는지 알 수 없는 상황이 문제였다.

이는 마치 내가 2007년에 처음 전세 레버리지 기법을 시장에 공개했을 때와 똑같은 느낌이다. 전세 레버리지 기법은 내가 개발한 특별한 기법은 맞다. 그러나 이 역시 기술이라기보다 이미 시장에 활용되고 있는 방법이었지만 보통 사람들은 그걸 계속 써도 되는지, 그게 특정한 시점, 특정한 지역에서만 통하는 일인지 모르고 있었다. 그것을 내가 부동산 시장에서 원리로서 작용할 수 있음을 밝혀냈다. 그럼으로써 대중이 자신감과 확신을 가지고 전세 레버리지 기법을 사용해 과감하게 본인의 재산을 투자할 수 있게 되었고, 수많은 부자들이 탄생하게 되었다.

앞서 예시로 든 분양권으로 돈을 번 사람이나 신축 아파트로 돈을 번 사람들은 그저 운이 좋아서 돈을 번 것이 아니다. 원리가 작용했던 것이다. 지금도 그런 상황이다. 입주권으로 돈을 번 사람이 부지기수고, 입주권을 계속 보유하고 있다가 입주권으로 엄청난 현금이 창출되고, 그것을 재투자함으로써 큰 부를 이룬 사람들 역시 무수히 많다. 그들 역시 운이 좋았다고 생각하거나 아니면 본인의 분석이(엉뚱한 분석일지라도) 맞았다고 기뻐하고 있을 것이다. 그러나 원리를 모르면 다음 투자에서 또다시 망설일 수밖에 없다. 한 번의 성공으로는 다음에도 또 성공할지 확신할 수 없기 때문이다.

투자의 세계에서는 이러한 원리를 '일찍' 아는 것이 매우 중요하다. 언젠가 그 원리를 모든 대중이 알게 되는 날이 반드시 올 수밖에 없기 때문이다. 언젠가 그런 날이 오면, 수익률은 평범해진다. 마치 전세 레버리지 기법을 이제 모든 사람이 알게 되었고, 하다못해 정부까지 알게 되어서 규제가 중첩되는 바람에 처음 나온 전세 레버리지 기법을 쓸 수 없게 된 상황과 마찬가지다. 분양권의 위력을 일찍 알았던 사람들 역시 엄청난 부를 만들었지만, 이제는 따라 하고 싶어도 높은 경쟁률, 전매제한 등으로 분양권 투자를 쉽게 할 수 없게 되었다. 신축이 약간 비싸더라도 과감하게 샀어야 하는데 하며 후회를 해봤자, 너무 벌어진 구축과의 차이 때문에 속앓이를 해봤자 소용없는 일이 되었다. 일찍 알아야 한다. 대중보다 먼저 알아야 한다. 그래야 큰 기회를 잡는다.

이제부터는 여러 사례를 함께 보면서 이런 원리가 일반적으로 적용될 수 있는지와 그 증거들을 살펴볼 것이다. 최종적인 목표는 이러한 사례를 통해서 '확신'을 갖는 것이다. 그리고 그 확신에 근거해서 내 재산을 투자하고 '원리'를 파악해 성공을 계속 반복할 수 있는 길로 나아가야 한다.

일러두기 1

모두 실제 사례들로, 당시 비교적 쉽게 투자할 수 있었던 비싸지 않은 물건으로 선정했다. 재개발 입주권은 권리가(조합원이 보유하고 있는 재산에 대한 평가금액에 사업성인 비례율을 감안해서 정해진 금액)가 모두 다르고 그에 따라 이주비 등이 모두 다르기 때문에 계산의 편의를 위해 최대한 당시의 보편적인 금액대로 계산했다.

일러두기 2

투자 금액에 대한 기본적인 계산은 '감정가액 + 프리미엄 - 이주비'이다. 이주비는 일반적으로는 감정가액의 60%를 받으나, 무이자 이주비 외에도 유이자 이주비를 주는 경우가 있고, 또 이사 비용의 명목으로 실제로는 무이자 대출을 해주는 경우도 있나. 그러나 계산의 편의를 위해 60%를 초과하는 이주비의 경우에는 계산에 포함하지 않았다.

반면 강세장 때에는 규제가 나오면서 '감정가액 × 50% 또는 40%'로 지급하는 경우가 발생했으며, 이 경우 당시의 상황에 맞게 계산했다. 아울러 매수자의 사정에 따라(주택 소유 여부) 이주비가 나오지 않는 경우도 있었으나 계산상에서는 이주비가 나오는 것으로 가정했다.

일러두기 3

입주 시에는 전세금을 받아서 추가 분담금을 내야 하고, 이주비를 갚아야 하기 때문에 전세금에서 그 비용을 제한 금액이 회수금이 된다. 구역에 따라서는 입주 후 기존에 예상했던 것 외에 추가 분담금이 발생하는 경우도 있으나, 아주 큰 금액이 아니기 때문에 여기서는 제외했다. 반대로 예상을 뛰어넘는 사업의 성공으로 조합원들에게 일부 금액을 돌려주는 경우도 있으나, 이 역시 제외했다.

일러두기 4

입주 시점에는 감정가가 권리가액으로 바뀌게 되는데, 사업성을 나타내는 수치인 비례율을 곱해서 나온다. 일반적으로 재개발 구역에서는 비례율을 100%로 맞추려고 하고, 대부분 그렇게 나오는 것이 일반적이다. 그래서 대부분의 경우에는 감정가와 권리가액이 같거나 거의 비슷한 수준이다.

그러나 분양 성적이 아주 좋지 않은 시점이나 분양 성적이 나쁜 경우 비례율이 낮아지는 경우가 있으며, 그 반대의 경우에는 비례율이 높아지기도 한다. 이런 경우 수천만 원의 차이가 나기 때문에 입주 시점의 비례율에 맞춰서 변동된 권리가액도 함께 계산했다. 다만 비례율은 입주 시점까지 계속 변동되는 일이 흔하기 때문에 간혹 최종적인 비례율이 아닌 경우도 있을 수 있으나, 최대한 입주 시점에 확정된 비례율을 사용하려고 했다.

일러두기 5

부동산 시장은 시간이 흐르면서 계속 상황이 변하기 때문에 연도별로 하나씩 사례를 뽑았고, 당시의 시장 상황을 가장 잘 반영한 대표 단지들로 선정했다. 그러나 대표 단지들이라 성공한 것이라는 의구심이 들 수 있다는 점을 감안해서 비교적 유명하지 않은 단지들도 함께 골랐다. 또한 특별한 거래 사례로 혼동을 줄 것을 방지하기 위해 거래 사례가 많은 단지를 선택했다. 따라서 선택된 사례 외에 당시의 어떤 사례로도 거의 비슷한 결과가 나온다고 봐도 무방하다.

약세장에서 입주권을 매수한 사례

신금호파크자이(금호 13구역)

매입일	2014년 4월
매매가	2억 1000만 원(84형)
감정가	1억 4500만 원
프리미엄	6500만 원
이주비	8500만 원
투자금	1억 2500만 원

출처: 네이버 지도

지금으로부터 불과 10여 년 전의 일인데 매매가가 지금과 큰 차이를 보이고 있다. 지금 보면 서울권의 신규 아파트, 그것도 84형을 매입

입주 시점	2016년 4월
비례율	80%
권리가액	1억 1600만 원
조합원 분양가	5억 2100만 원
① 전세가	6억 원
② 추가 분담금	4억 500만 원
③ 이주비	8500만 원
회수금(①-(②+③))	1억 1000만 원(6억 원 - 4억 9000만 원)
투자금	1억 2500만 원
투자 금액 대비 회수율	88%
투자 금액 대비 전세가	480%

하기 위한 투자금이 1억 2500만 원밖에 들어가지 않는다는 점은 거의 충격에 가까울 정도의 숫자이지만, 2012년 당시에는 부동산 시장이 극심한 침체기였기 때문에 아파트를 사기 위해 1억 원이 넘는 기금을 미리 내고 기다린다는 일 자체가 매우 힘든 상황이었다. 이처럼 언제나 높은 투자 수익을 내는 길은 대중의 생각과 행동 너머에 있다는 사실을 인식할 필요가 있다.

아울러 당시 금호동 일대는 여전히 서울의 달동네라는 인식이 강했기 때문에 '이런 달동네에 아파트를 사서 뭐 하나' 하는 인식이 일반적이었다. 이미 지하철이 있었고, 서울의 중심권과의 연결이 모두 좋은데도 여전히 달동네였기 때문에 새롭게 변화할 미래의 모습을 상상하기 매우 어려웠던 탓이다. 이렇듯 대중은 이미 형성되어 있는 '기존의 인식'에 매우 큰 영향을 받는다. 또한 당시만 해도 주변에 신축 아파트가 거의 없었기 때문에 신축 아파트의 힘이 어떤 것인지 인식하기 힘든 상황이기도 했다. 하지만 부동산의 원리를 알고 있었다면 몇 년 후 초역세권에 대단지의 신축 아파트가 들어설 것이 확실시되는 이와 같은 상황은 충분히 투자할 만한 메리트가 있다는 점을 눈치챌 수 있었다.

결국 입주 시점에는 투자 금액을 거의 모두 회수하고 서울에 84형 신축 아파트가 하나 생기는 놀라운 결과가 만들어졌다. 2024년 말의 시세는 17억 5000만 원 정도로, 2016년에 원금을 거의 다 회수했기 때문에 이후 8년 동안 보유하고만 있었는데도 11억 5000만 원 정도의 차익이 생긴 셈이다. 양도세를 감안해도 순수익만 7억 원가량이다. 내 돈을 거의 들이지도 않고, 7억 원이라는 돈이 생기는 기적이 만들어졌다.

경희궁자이(돈의문뉴타운 1구역)

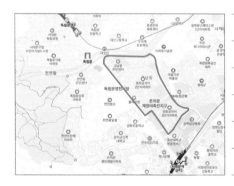

매입일	2014년 2월
매매가	2억 5000만 원(59형)
감정가	2억 원
프리미엄	5000만 원
이주비	1억 2000만 원
투자금	1억 3000만 원

출처: 네이버 지도

입주 시점	2017년 2월
비례율	96%
권리가액	1억 9200만 원
조합원 분양가	4억 8000만 원
① 전세가	5억 7000만 원
② 추가 분담금	2억 8800만 원
③ 이주비	1억 2000만 원
회수금(①-(②+③))	1억 6200만 원(5어 7000만 원 - 4억 800만 원)
투자금	1억 3000만 원
투자 금액 대비 회수율	**125%**
투자 금액 대비 전세가	**438%**

돈의문뉴타운은 2013년 말에 관리처분인가가 나서 2014년 2월 매입을 기준으로 했다. 관리처분인가까지 오래 걸렸으나, 관리처분인가가 나고 난 뒤에는 아주 빠르게 사업이 진행되어서 3년 만에 입주를 할 수 있게 되었다.

투자금을 모두 회수했을 뿐만 아니라 추가로 3200만 원의 자금이 생겼다. 심지어 3년 만에 만들어진 결과라는 것을 감안하면 매우 놀라운 일이 아닐 수 없다. 지금 보면 서울의 핵심 업무지구에서 가장 가까운 대규모 아파트 단지인 데다가 근처에 추가로 아파트 단지가 들어설 곳이 없어 희소성까지 있었기에 최고의 단지라는 것을 알아챌 수 있었을 텐데, 당시 대중들의 생각은 그렇지 않았다.

"도심 한가운데 아파트 단지가 있으면 시끄럽고, 복잡하고, 매연도 많아서 살기엔 나쁠 거 같은데. 게다가 주변에 애들 보낼 만한 적당한

> ### [2017 부동산 전망] 입주 폭탄에 금리 인상… 미분양·하우스 푸어 '현실'로
>
> 미국발 금리 인상 발표로 국내 부동산 시장도 타격을 입을 것으로 예상되는 상황에서 내년 입주 물량이 넘치는 것도 시장 침체에 한몫할 조짐이다.
> 15일 분양 업계에 따르면 내년부터 전국 민영 아파트 입주 물량이 급격히 늘면서 수요가 공급을 따라가지 못해 미분양·미입주 대란이 현실화 될 것이라는 관측이 나오고 있다.
>
> 2016.12.17, 미디어 펜

학교도 없잖아."

그러나 정작 지어놓고 보니 단지가 매우 커서 아주 쾌적한 상태를 유지할 수 있게 되었다. 초등학교가 조금 멀다는 단점은 있었으나 도심과 가장 가까우면서도 쾌적한 데다가 광화문 일대에서는 어쩌면 영원히 나올 수 없는 마지막 단지라는 점에서 그 희소가치가 더욱 컸기 때문에 단점을 모두 덮고도 남을 정도였고, 지금까지도 매우 강력한 상승을 이어오는 단지가 되었다.

특히 2017년도 당시에는 입주 물량이 너무 많아서 모두가 걱정하던 때였다. 그러나 막상 뚜껑을 열어보니 서울 도심 한복판에 입주하는 최초이자 마지막 단지가 될 경희궁자이는 전체 공급 물량의 영향을 전혀 받지 않는 모습이었다. 그래서 전세가도 강세로 가게 되었다.

2024년 말 시세는 19억 원 정도로, 2017년에 원금을 거의 다 회수했기 때문에 이후 7년 동안 내 돈 하나 들이지 않고, 보유하고만 있었

는데도 13억 원 정도의 차익이 생긴 셈이다. 양도세를 감안해도 순수익만 7억 8000만 원가량이다. 7년 만에 7억 8000만 원이면 투입 자금 하나 없이 연간 약 1억 1000만 원씩 벌어들인 셈이다.

아크로리버하임(흑석 7구역)

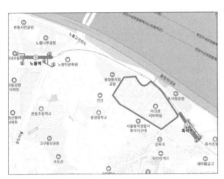

매입일	2015년 11월
매매가	3억 4000만 원(84형)
감정가	2억 원
프리미엄	1억 4000만 원
이주비	1억 2000만 원
투자금	2억 2000만 원

출처: 네이버 지도

흑석 7구역도 2015년 6월에 관리처분인가를 받았기 때문에 3년간의 결과를 기준으로 보았다. 지금 보면 이렇게 좋은 위치에 있는데 왜 투자하지 않았을까 싶겠지만, 당시 대중은 역시 장점보다는 흑석동의 고질적인 문제에 더 집착했었다.

흑석동의 가장 큰 문제는 일단 평지가 없다. 매우 가파른 경사 지형이 대부분이고, 평지라고는 아주 적은 일대였다. 그러다 보니 기반 시설이 형성될 여지가 거의 없었다. 그래서 흑석동은 '강남과 노량진을 가는 길 사이에 있는 어떤 동네' 또는 '현충원이 있는 동네' 정도의 이미지였다. 물론 달동네 이미지도 강했다. 그런 상황에서 한강변의

입주 시점	2018년 11월
비례율	108%
권리가액	2억 1600만 원
조합원 분양가	6억 2000만 원
① 전세가	7억 3000만 원
② 추가 분담금	4억 400만 원
③ 이주비	1억 2000만 원
회수금(①-(②+③))	2억 600만 원(7억 3000만 원 - 5억 2400만 원)
투자금	2억 2000만 원
투자 금액 대비 회수율	94%
투자 금액 대비 전세가	332%

아파트라고 해봤자 좀 뜬금없게 느끼던 시절이었다. 달동네에 올라가면 조망은 매우 좋지만 그렇다고 해서 달동네의 가치가 올라가는 게 아닌 것처럼, 좋은 동네에 한강조망권이 있어야 더 좋지 그렇지 않은 지역에 한강조망권이 있어봤자 그다지 가치가 있다고 생각하지 않던 분위기였다.

투자 금액 중 1400만 원을 제외하고 거의 모든 금액을 회수하는 결과를 만들어냈다. 아크로리버하임은 이후 한강조망권과 초역세권 아파트라는 장점이 본격적으로 부각되면서 입주 후 더 놀라운 성장을 했다. 2024년도 말 기준 가격은 24억 원 정도로, 한강 조망이 잘 나오는 집은 27억 원까지 한다. 6년 만에 20억 원 정도의 차익이 발생한 것이며, 양도세를 감안하면 12억 원 정도의 순수익이 발생하는 놀라운 일이 벌어지게 되었다. 연간 2억 원씩 순수익을 올린 셈이다.

현재는 주변의 흑석동 재개발이 속속 완공되면서 기존의 달동네 이미지에서 한강조망권이 나오는 지역이라는 고급 이미지로 변모했고, 주변 개발이 이루어지면서 부족했던 기반 시설 문제도 상당 부분 해결되었다. 이렇게 지역이 개발되다 보니 그동안 보이지 않았던 입지적 장점까지도 부각되기 시작했다. 바로 반포 옆에 붙어있다는 점이다. 아직 학군이 반포 학군과 동일하진 않기 때문에 같은 수준이 되진 않지만, 예전엔 '부촌 vs 달동네'로 봤다면 지금은 '부촌 vs 부촌 옆의 부촌' 정도로 보게 되었다. 이렇게 대중적인 시각에 같이 매몰되지 않고, 성공적인 투자를 위해서는 미래의 변화를 보려는 노력을 반드시 해야 한다.

홍제센트럴아이파크(홍제2구역)

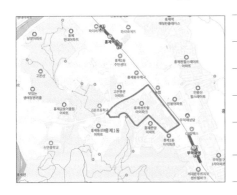

매입일	2015년 3월
매매가	2억 1000만 원(84형)
감정가	1억 8000만 원
프리미엄	3000만 원
이주비	9000만 원 (이주비 50%로 계산함)
투자금	1억 2000만 원

출처: 네이버 지도

포털사이트의 지도나 부동산 사이트에는 홍제센트럴아이파크가 2020년 6월에 입주한 것으로 나오지만, 실제 입주는 2019년 1월부터

입주 시점	2019년 1월
비례율	95%
권리가액	1억 7100만 원
조합원 분양가	5억 1000만 원
① 전세가	5억 5000만 원
② 추가 분담금	3억 3900만 원
③ 이주비	9000만 원
회수금(①-(②+③))	1억 2100만 원(5억 5000만 원 - 4억 2900만 원)
투자금	1억 2000만 원
투자 금액 대비 회수율	**101%**
투자 금액 대비 전세가	**458%**

진행되었다. 일부 건축상의 문제로 정식 승인은 2020년 6월이 되었으나, 임시사용승인을 받아서 2019년부터 입주가 가능했다. 그 시점부터 전월세를 놓을 수 있었기 때문에 그로부터 4년 전인 2015년 초에 매수한 시점을 기준으로 했다.

당시에는 부동산 시장에 조금씩 온기가 돌기 시작하긴 했으나, 강남 정도나 움직이던 상황이었기 때문에 강북에, 그것도 외곽에 가까운 홍제동은 여전히 극심한 침체기를 겪고 있었다. 또한 이 지역도 고질적인 두 가지 문제 때문에 대중들의 선호도가 낮았다. 하나는 도심과의 접근이 멀지는 않으나 오직 하나의 길밖에 없다는 것이었고, 또 하나는 거의 대부분 경사지였다는 것이다. 경사지의 문제점은 지형이 좋지 않고, 대부분 저소득층이 거주하고 있었기 때문에 기반 시설이 매우 부족하다는 문제점을 가지고 있다. 이곳 역시 그런 문제에서 자유롭지 못한 곳이었다.

그래서 대중들의 관심을 끌기에 매우 힘든 지역이었으나, 그런 상황이 반영되었기 때문에 프리미엄이 높지 않고 전체적인 투자 금액이 매우 적었다. 따라서 투자에 관심이 있었다면 충분히 접근해 볼 만한 상황이었다. 당시 분당의 핵심적인 아파트 84형을 갭으로 매수한다고 해도 1억 5000만 원 정도가 들어가는 상황이었기 때문에 그보다 적은 1억 2000만 원 정도로 서울의 신축 아파트를 살 수 있다면 꽤 매력적인 상황임을 눈치챌 수 있었을 것이다(당시 분당 시범삼성한신 84형 시세는 매매가 6억 7000만 원, 전세 5억 2000만 원 정도로 투자 금액이 1억 5000만 원 수준). 물론 당시에는 그 반대의 생각이 일반적이었다. 결국 투자 금액을 모조리 회수할 수 있었다.

혹자는 이렇게 생각할 수도 있다. '당시에 1억 2000만 원의 자금이 있었다면 조금 더 돈을 보태서 분당을 사거나, 아니면 분당에 작은 평수를 사는 편이 더 낫지 않았을까?' 물론 분당뿐만이 아니라 결과만 놓고 본다면 당시에 1억 2000만 원을 가지고 더 높은 성과를 낼 수 있는 투자처들은 분명 있었을 것이다. 그러나 중요한 건 투자 금액을 모조리 회수했다는 사실이다. 그렇다면 다른 투자 대상과 비교할 수가 없게 된다. 전액을 회수했기 때문에 수익률이라는 것이 존재할 수가 없는, 무한대인 투자다. 물론 욕심을 낸다면 전액을 회수하고도 수익이 더 많이 나면 좋겠지만, 이렇게 빠른 시일 안에 투자금을 전액 회수하기는 매우 힘들고, 그렇게 회수하고 난 이후에는 공짜로 돈을 번다고 생각하면 다른 투자 대상과는 비교할 수 없을 만큼 탁월한 투자라고 볼 수 있다.

2024년 말 시세는 13억 원 정도로, 5년 만에 7억 5000만 원 정도의 평가 차익을 냈고, 양도세를 감안한 순수익은 4억 5000만 원 정도니, 투자금이 없다는 점을 감안하면 역시 매우 놀라운 성적이다. 이렇게 잘 안 알려진 투자처라고 해도 사업의 속도와 단지의 조건이 좋은 곳은 결국 놀라운 성적을 낸다는 결과를 잘 보여주는 사례다.

강세장에서
입주권을 매수한 사례

보라매sk뷰(신길 5구역)

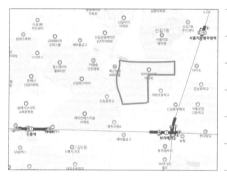

매입일	2017년 1월
매매가	2억 4000만 원(59형)
감정가	1억 2000만 원
프리미엄	1억 2000만 원
이주비	5400만 원
투자금	1억 8600만 원

출처: 네이버 지도

　이곳은 2015년 8월에 관리처분인가를 받았으나 철거가 늦어져 실제로 철거가 완료된 시점인 2017년 1월을 기점으로 했다. 따라서 3년

입주 시점	2020년 1월
비례율	100%
권리가액	1억 2000만 원
조합원 분양가	4억 2500만 원
① 전세가	5억 원
② 추가 분담금	3억 500만 원
③ 이주비	5400만 원
회수금(①-(②+③))	1억 4100만 원(5억 원 - 3억 5900만 원)
투자금	1억 8600만 원
투자 금액 대비 회수율	76%
투자 금액 대비 전세가	269%

만에 나온 결과라는 점을 감안하고 보도록 하자.

영등포에 대한 인식의 변화는 이미 2017년도에 입주한 래미안에스티움부터 시작되었다. 이곳은 전체적으로 지대가 높지 않아서 '달동네'로 불리진 않았지만, 경사도만 높지 않을 뿐 서울의 다른 달동네들과 별반 다를 게 없는 대표적인 낙후 지역이었다. 영등포의 이미지는 공업 지역의 배후지, 도시 빈민들의 거주지, 도시 노동자로 살아가기 위해 상경한 사람들의 임시거처 정도였으니 쾌적한 지역으로의 변화는 상상하기 힘들었다.

그러나 래미안에스티움이 준공되면서부터 이 지역이 많은 사람들의 관심의 대상이 되기 시작했다. 막상 다시 보니 여의도, 광화문과의 접근성이 무척 좋으며, 이미 완공되어 있던 7호선을 통해서 강남에 접근하기도 매우 좋았다. 게다가 래미안에스티움을 시작으로 많은 단지들이 속속 입주를 시작함으로써 그 지역 전체의 위상을 바꿔놓은 상황이 되었다.

이러한 상황에도 불구하고 2017년 당시에 사람들은 분양에만 몰렸다. 청약 경쟁률은 59A 타입의 경우 105대 1의 경쟁률을 보였고, 평균 경쟁률은 27.7대 1로 마감했다. 조금만 눈을 돌리면 입주권이라는 100%의 확률로 59A 타입을 살 방법이 있었음에도 대중들은 생각을 미처 하지 못했다. 물론 최초로 투입되는 투자 금액을 비교하면 분양에 당첨되는 것과 입주권을 매수하는 데 매우 큰 차이가 있다. 그러나 불과 3년만 기다리면 그 차이가 다 사라진다는 것과 확률 100%(59A 타입의 경우)라는 것을 생각했을 때 현명한 투자자라면 반드시 입주권으로 눈을 돌릴 수 있어야 한다.

마포프레스티지자이(염리 3구역)

매입일	2017년 12월
매매가	4억 2000만 원(59형)
감정가	1억 1000만 원
프리미엄	3억 1000만 원
이주비	4000만 원
투자금	3억 8000만 원

출처: 네이버 지도

입주 시점	2021년 12월
비례율	100%
권리가액	1억 1000만 원
조합원 분양가	4억 6000만 원
① 전세가	9억 2000만 원
② 추가 분담금	3억 5000만 원
③ 이주비	4000만 원
회수금(①-(②+③))	5억 3000만 원(9억 2000만 원 - 3억 9000만 원)
투자금	3억 8000만 원
투자 금액 대비 회수율	139%
투자 금액 대비 전세가	242%

2017년에 8.2대책이 나오면서 본격적으로 규제가 시작되었고, 서울 전 지역이 투기과열지구, 서울 대부분의 지역이 투기지역으로 묶이면서 매수 여건은 이전에 비해서 매우 좋지 않게 되었다. 그래도 따지고 보면 규제는 당시 가장 쉽게(?) 돈을 벌 수 있었던 '분양권'과 '재건축' 그리고 아파트에 집중되었다. 재개발 규제는 이주비가 줄어들거나, 이주비를 받을 수 없는 정도였다. 물론 재당첨 제한이라든지 관리처분인가 이후에 매매 금지라든지 하는 규제들도 있었으나, 수익형 전세 레버리지 기법의 측면에서 보면 관리처분인가 이후에 매입을 하고 입주 때까지 가져가는 전략이었기 때문에 규제가 강화되었다고 해도 영향을 주는 건 이주비가 줄어들었다는 것 외에는 거의 없는 상황이었다.

향후에 재개발에 대한 규제 또한 지속적으로 늘어나긴 했으나, 결국 지나고 보니 규제가 가장 극심하던 모든 시절을 통틀어 가장 규제가 덜한 대상이 재개발이었다. 재개발이 이렇게 규제를 덜 받은 이유는 크게 두 가지로 정리할 수 있다. 하나는 투자금이 많이 들어간다는 이유이고, 다른 하나는 대중들의 관심이 그다지 쏠리지 않았기 때문이다. 투자금이 많이 들어간다는 측면만 보자면 재건축도 다를 것이 없는데, 재개발만 다른 모습을 보였던 이유는 아무래도 재개발은 대중들의 눈에 미래의 모습이 잘 예상이 되지 않는다는 점 때문이다. 재건축은 다 쓰러져가는 아파트라고 해도 아파트의 모습이 이미 있다 보니, 미래의 모습을 상상하기 비교적 쉽다. 그래서 강세장에서는 개발이 한참 남았다고 해도 자금이 몰리고 또 몰리는 일이 벌어졌고 그에 따른 강력한 규제가 만들어지게 되었다.

반면 재개발은 아파트가 없던 자리이고, 구역 자체도 아예 보이지 않는다. 예를 들어 염리 3구역이라면 펜스를 치고 분양을 하기 전까지는 어디서부터 어디까지가 염리 3구역인지 보통 사람들은 알지 못한다. 그러니 미래의 모습을 상상하기는 더더욱 쉽지 않다. 만약 언젠가 대중이 재개발을 통해서도 미래의 모습을 쉽게 상상하는 날이 온다면 수익률은 매우 떨어지게 될 것이다.

'마용성'이라는 말은 2017년도부터 이미 나오기 시작했기에 그 당시 마포에 투자하기는 조금 부담스러운 상황이긴 했다. 59형 아파트를 사는 데 투자 금액이 거의 4억 원가량 들어간다는 것은 당시로는 꽤 부담스러운 상황이었다. 그러나 어떤 트렌드가 만들어질 때, 이러한 트렌드가 장기적으로 계속될 트렌드인지 반짝 유행으로 끝날 트렌드인지를 잘 살펴보는 것이 중요하고, 장기적인 트렌드라면 반드시 과감하게 그 흐름을 타야 한다는 것을 이와 같은 사례에서도 분명히 볼 수 있다.

마포는 내가 당시에도 특히 많이 강조한 지역으로, 이런 이야기를 했었다. "강남을 역전하진 못하겠지만 이제부터 격차를 줄여나갈 것이기 때문에 투자의 관점에서 매우 의미 있는 지역이다. 또한 기존의 마포의 이미지를 벗어버리고 강북권의 새로운 학군지로 재탄생할 곳이기 때문에 관심 있게 볼 필요가 있다." 결국 입주 당시 59형 전세가가 9억 2000만 원이나 되는 놀라운 일이 벌어졌고, 4년 만에 원금을 모조리 회수했을 뿐만 아니라 1억 5000만 원이라는 추가 투자금이 생기는 놀라운 일까지 벌어지게 되었다.

2024년 말의 시세는 18억 원 정도로 3년밖에 안 되는 사이에 무려 9억 원이나 올랐다. 입주권을 매수했던 사람이라면 3년 동안 투자 금액 하나도 없이 공짜로 9억 원이라는 자금이 생겨난 것이다. 게다가 이제 입주가 3년밖에 되지 않은 아파트 단지이고, 여전히 마용성이라는 트렌드는 계속될 전망이기 때문에 향후 10년 정도는 계속 강력한 상승세를 이어나갈 것으로 보인다. 이런 투자를 했다면 "부동산 투자 하나가 인생을 바꿔놓았다"라는 말이 결코 과장이 아니었음을 실감할 수 있다.

매교역푸르지오SK뷰(팔달8구역)

매입일	2018년 6월
매매가	2억 3800만 원(59형)
감정가	1억 6500만 원
프리미엄	7300만 원
이주비	9900만 원
투자금	1억 3900만 원

출처: 네이버 지도

당시에는 매교역 주변으로 4개의 단지가 거의 비슷한 속도로 재개발이 진행되고 있었다. 그래서 모든 단지가 완공되었을 때 상당한 시너지 효과를 일으킬 것이라 예상되는 상황이었다. 그러나 언제나 그렇듯이 대중은 '과연 잘 진행될 수 있을까?' 하는 의문을 품고 있었고, 당시만 해도 경기도 외곽에 대규모 단지가 들어서 봐야 무슨 큰 성장이 있을까 하는 의문이 있었다.

그러나 수원은 지난 강세장에 가장 많이 성장한 지역 중 하나가 되었다. 현재는 강남의 배후지 역할까지는 힘들지만, 경기 남부권에 대규모의 주요 산업단지들이 많이 생긴 덕에 산업단지의 배후 역할로서의 가치를 충분히 하게 되었다. 판교와 분당이 급부상했으며, 삼성전자의 지속적인 성장이 수원 전체에 매우 큰 영향을 미치게 되었다. 사실 이 산업단지들의 부상은 갑작스러운 일은 아니다. 오랜 시간을 두고 천천히 진행되었기 때문에 수원이 그 수혜를 입으리라고 충분히

입주 시점	2022년 6월
비례율	116%
권리가액	1억 9140만 원
조합원 분양가	2억 9000만 원
① 전세가	3억 5000만 원
② 추가 분담금	9860만 원
③ 이주비	9900만 원
회수금(①-(②+③))	1억 5240만 원(3억5000만 원 - 1억 9760만 원)
투자금	1억 3900만 원
투자 금액 대비 회수율	**110%**
투자 금액 대비 전세가	**252%**

예상 가능했다. 그런 측면에서 역을 중심으로 이뤄지는 대규모의 단지 개발은 당연히 주목했어야 하는 이슈였다.

수원은 수도권 중에서는 1기 신도시를 제외하고 가장 높은 성장세를 보인 도시가 되었다. 그런데 이렇게 높은 성장세를 보이는 경우 정작 이런 수혜를 모조리 누리는 투자자는 그렇게 많지 않다. 왜냐면 투자자 입장에서도 너무 가파른 성장이 무섭기도 하고, '많이 올랐으니 팔아서 이익을 취하고, 덜 오른 지역에 가서 또 높은 수익을 내야겠다'라는 계산을 하기 때문이다. 매수자의 입장에서도 쉽지는 않다. 막상 매수하려고 하면 '수원이 이렇게나 비싸? 꼭대기인 것 같은데'라고 인식하기 쉬웠기 때문이었다.

그래서 대규모 단지인 데다가 주변의 개발까지 합쳐져서 대규모 개발이 이뤄지는 지역임에도 불구하고, 거래는 의외로 그렇게 많이 되지 않은 상태를 이어오면서 입주까지 하게 되었다. 그리고 결과는 보는 바와 같이 놀라운 성장으로 나타났다. 이러한 결과 덕분에 그다음부터 수원의 부동산 시장은 매우 뜨거운 상태가 되었다. 수원에서 분양을 하거나 입주하는 아파트들은 모두 놀라운 경쟁률과 놀라운 가격을 기록하면서 연일 고가 행진을 하게 되었다.

좋은 투자자로 성장하기 위해서는 이렇듯 새롭게 지어지는 대규모 아파트가 바꿔놓을 도시의 가치를 미리 그려볼 수 있는 능력을 갖추기 위한 훈련을 하는 것이 중요하다.

e편한세상금빛그랑메종(금광 1구역)

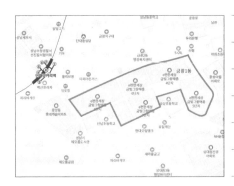

매입일	2018년 11월
매매가	4억 4000만 원(84형)
감정가	1억 7000만 원
프리미엄	2억 7000만 원
이주비	8500만 원
투자금	3억 5500만 원

출처: 네이버 지도

당시 성남에서는 신흥 2구역, 중 2구역, 그리고 금광 1구역이 가장 빠르게 진행되고 있는 구역이었다. 그중에서는 금광 1구역의 가격이 가장 저렴했었다. 그러나 성남 역시 기존의 이미지(철거민들의 이주 정착지)가 좋지 않았고, 또 가파른 경사지라는 입지의 특성상 많은 사람들에게 외면받던 지역이었다.

입주 시점	2022년 11월
비례율	130%
권리가액	2억 2100만 원
조합원 분양가	4억 100만 원
① 전세가	5억 5000만 원
② 추가 분담금	1억 8000만 원
③ 이주비	8500만 원
회수금(①-(②+③))	2억 8500만 원(5억 5000만 원 - 2억 6500만 원)
투자금	3억 5500만 원
투자 금액 대비 회수율	**80%**
투자 금액 대비 전세가	**155%**

성남은 잘 살펴보면 매우 핵심적인 위치다. 송파구와 붙어있는 데다가 강남의 업무밀집지역과도 접근이 용이하다. 게다가 계속 확장되어 가고 있는 최고의 핵심 업무지역인 판교와도 붙어있고, 강남 다음으로 학군이 좋다고 알려진 분당과도 붙어있다. 그러니 입지적으로는 이보다 더 좋은 곳이 없을 정도로 최적의 위치라고 해도 과언은 아니다. 그러나 이러한 장점보다 기존의 이미지가 훨씬 더 강하게 남아 있었기 때문에 새로운 변화가 일어난다고 해도 그 변화를 인식하기란 쉽지 않은 일이었다. 그래서 대부분의 사람들은 고정관념에 지배당한 채 '이런 경사지에 새 아파트가 들어서 봤자지' '이런 빈민촌에 새 아파트가 들어서 봤자지' 같은 인식을 갖고 있었다.

비례율은 원래부터 130%가 될 것으로 예상하긴 했으나, 사업을 진행하는 과정에서 그렇게 순탄하진 못했다. 일반적으로 재개발 사업장의 비례율이 100%라는 것과 분양의 성과 등에 대한 부정적인 견해들이 나오면서 비례율은 낮아질 거라는 소문도 많이 돌았다. 그러나 이미 분양 및 입주를 마친 산성역포레스티아의 성공 등을 봤을 때, 일반분양가를 아주 보수적으로 예측해도 비례율 130%는 충분히 나올 만한 상황이었다는 것을 예상할 수 있었다. 결국 비례율 130%가 나오게 되었고, 재개발 구역 중에서는 보기 드물게 높은 비례율이 만들어져 높은 감정가를 받았던 사람들이 아주 큰 이익을 보았다.

그러나 입주 당시에는 상승장의 맨 끝이기도 했고, 5320세대라는 워낙 많은 물량이 한꺼번에 입주를 해서 전세를 맞추는 데 고전하기도 했다. 그러다 보니 고질적인 문제인 지형이 좋지 않다는 단점이 부각되면서 이후 가격이 많이 하락하는 안 좋은 시기도 겪게 되었으나, 그럼에도 투자로서는 충분히 성공적인 결과를 가져왔다고 할 수 있다.

2024년 말 시세는 11억 5000만 원 정도로 2년 만에 6억 원 정도 상승했다. 하락장을 견뎌내고 기다린 결과, 결국 신축 대단지 그리고 성남의 숨겨진 입지의 가치가 다시 빛을 발하게 되었다고 할 수 있다.

실패 확률 10%?
실패처럼 보여도 실패가 아니다

　이쯤 되면 아무래도 의문이 들 것이다. 과연 불변의 법칙처럼 이와 같은 방식에는 절대 실패가 없을까? 예외가 있지 않을까? 예외가 있다면 내가 하는 투자가 '마침' 그 예외에 속하지 말라는 법이 어디 있겠는가?

　그렇다. 모든 일에 100%는 없듯이, 여기에도 예외가 있다. 법칙에 어긋나는 결과를 보인 사례들이 있다. 왜 안 좋은 결과가 나오게 됐는지, 실패를 겪지 않을 방법은 없을지, 이런 결과를 두고 어떻게 대처해야 할지 이제부터 실패 사례와 대처 방법에 대해 알아보도록 하자.

평촌센텀퍼스트(덕현지구)

매입일	2019년 11월
매매가	4억 원(84형)
감정가	1억 2000만 원
프리미엄	2억 8000만 원
이주비	7200만 원
투자금	3억 2800만 원

출처: 네이버 지도

1기 신도시는 오랫동안 다져진 인프라 덕분에 대중의 선호도가 매우 높은 곳이지만 일대에 신규 아파트 공급이 잘 이뤄지지 않는다는 점이 가장 큰 문제였다. 그런 면에서 덕현지구는 충분히 주목을 받을 수 있는 지역이었다. 분당에는 아예 공급이 없었고, 일산에는 일부 공급이 있었으나 주상복합 형태로 만들어져 그다지 선호하는 형태의 주거환경이 아니었다. 킨텍스 일대의 공급이 신규 아파트 수요를 어느 정도 채워줬으나, 역시 충분한 공급량은 아니었다. 그 외 평촌이나 중동, 산본 등에는 거의 공급이 없는 정도였다.

그러니 1기 신도시 주변의 신규 아파트 공급은 매우 큰 의미가 있었다. 이미 충분한 기반 시설을 갖춘 신도시의 인프라를 이용할 수 있으면서 신축 아파트라는 메리트가 있기 때문이었다. 게다가 투자의 측면에서 봐도 매우 유리했는데, 1기 신도시에는 신규 공급이 거의 불가능했고 신축에 대한 수요는 거의 폭발적일 정도이니 깊이 생각할 것도 없는 상황이었다.

입주 시점	2023년 11월
비례율	104%
권리가액	1억 2480만 원
조합원 분양가	4억 3700만 원
① 전세가	5억 5000만 원
② 추가 분담금	3억 1220만 원
③ 이주비	7200만 원
회수금(①-(②+③))	1억 6580만 원(5억 5000만 원 - 3억 8420만 원)
투자금	3억 2800만 원
투자 금액 대비 회수율	51%
투자 금액 대비 전세가	168%

다만 언제나 그렇듯 가격은 항상 매도자와 매수자 사이의 치열한 경합이기 때문에 아슬아슬한 선에서 형성된다는 점은 언제나 넘어야 할 산이었다. 그 외에도 덕현지구는 역세권이 아니라는 단점 때문에 매수자 입장에서는 추가로 고민을 해야 하는 상황이었다.

앞서 수익형 전세 레버리지 기법을 설명할 때 투자금 회수율을 50%로 계산했다. 그런데 지금까지의 사례를 보면서 약간 의문이 들었을 것이다. 사례에서는 회수율을 아무리 낮게 잡아도 70% 이상이었기 때문이다. '그렇다면 일반적으로 회수율 70%가 넘는다고 봐도 되지 않을까? 그런데 왜 50%로 계산한 것인가? 너무 보수적으로 계산한 거 아닌가?' 하는 의문이 들 수 있다. 이와 같은 실제 사례에도 불구하고 회수율을 50%로 잡은 이유는 지금의 약세장과 과거의 약세장이 다른 모습을 보이고 있기 때문에 그렇다.

약세장은 그저 가격이 잘 오르지 않는 상태를 의미하는 것이 아니다. 정확히는 대중이 참여하느냐 안 하느냐, 그리고 대중이 참여할 수 있는 여건이 되느냐 그렇지 않느냐로 결정된다. 일반적으로라면 대중이 참여하지 않으면 가격은 오르지 않는다. 그런데 지금의 약세장은 과거와는 달라졌다. 사람들이 매우 똑똑해졌고 정보에 대한 접근이 상대적으로 쉬워졌기 때문에 적은 수가 참여하는 시장이라고 해도 가격이 강세를 보이는, 특이한 현상을 보이고 있다. 다시 말해 매수자가 적다고 하더라도 매도자가 싸게 팔지 않는다는 뜻이다.

똑똑해진 매수자 역시 아무 물건이나 사지 않는다. 그 나름 투자성이 있다고 여겨지는 물건만 매수하려고 하니 쏠림현상이 발생한다. 그래서 전체적으로 보면 시장의 힘이 약하게 보이지만, 투자성이 있다고 판단되는 특정 지역의 물건들은 지속적으로 가격이 오르는 현상을 보인다.

이제는 약세장이라고 해도 예전처럼 아주 낮은 금액에 매수할 수 없기 때문에 회수율은 과거보다 낮아질 거라고 봐야 한다. 또한 50%라는 수치는 실제로 요즘 투자성이 있는 재개발 구역들의 회수율을 계산해 나온 수치다. 지금은 우리가 50%의 회수율을 기대할 수 있는 시대에 살고 있다.

다시 사례로 돌아가 보자. 70%의 회수율이 나오던 시절에 50%의 회수율은 당연히 매우 뚝 떨어진 수치라는 생각이 든다. 지금 같으면 충분히 만족할 만한 회수율이지만 당시에는 기대에 못 미치는 결과였다. 이런 상황에서 그 이유를 정확히 알고, 대처 방법을 알 수 있다면 미래에 현재 목표로 삼은 50%에 못 미치는 결과를 피하거나 대처할 수 있을 것이다.

2023년은 부동산 시장에서 약 15년 만에 한 번씩 올까 말까 하는 역전세난이 벌어진 때다. 이러한 역전세난도 이유가 없었던 것은 아니다. 전세가가 너무 오르다 보니, 전셋값을 잡겠다고 무리하게 만든 임대차 갱신권이 원인이었다.

시장의 원리에 따르지 않고 억지로 전셋값을 잡으려다 보니, 외적으로는 전셋값이 잡힌 듯한 모습이었지만 임대차 갱신권에 해당되지 않은 일부 물건들은 오히려 희소해져서 가격을 기형적으로 올릴 수 있는 상황이 되었다. 그러다 보니 기형적으로 비싼 전셋값이지만 세입자 입장에서는 시장에 물건이 없어(대부분 갱신권을 사용해 재계약을 한 상황이라) 따라갈 수밖에 없는 상황이 되었다. 기형적으로 오른 전셋값은 결국 하락기에 부동산 가격이 떨어지면서 같이 폭락했다. 이 사례는 운이 나쁘게도 그 시점과 딱 맞아떨어진 때였다.

그러나 입주 시점에 기대에 못 미쳤던 모습은 오래지 않아 금방 바뀌었다. 24년 말 매매 시세는 12억 7000만 원 정도로, 1년밖에 지나지 않았음에도 전세가를 기준으로 2.5배 수준으로(전세가율 약 40%) 매우 높은 상승을 했다. 현재 전세가는 7억 5000만 원 정도로 2억 원 정도 상승한 모습이며, 이미 평가상으로 투자금을 모두 회수한 상황이기 때문에 향후 전세를 갱신할 시점에는 전세금이 조금 더 상승한다는 사실을 굳이 감안하지 않더라도 원금은 모조리 회수할 가능성이 높다.

결론적으로 입주 시점이 전세가가 크게 변동되는 시점과 맞물리는 경우, 목표치에 못 미치는 결과가 나타날 수도 있다. 그러나 전세가의 비정상적인 움직임으로 인해 회수율이 목표치에 못 미친다 하더라도 1~2년 이내에는 바로 회복되는 것이 일반적이다.

이 사례는 원래 목표했던 회수율에서 조금 못 미치는 정도의 결과를 보였기 때문에 '실패했다'라는 생각이 들지 않을 수도 있다. 그런데 '이건 정말 실패한 투자구나'라고 생각될 정도의 사례도 있다.

실패 시 대처할 수 있는 세 가지 솔루션

'e편한세상부평그랑힐스'와 '힐스테이트부평'의 사례는 투자 금액 대비 회수율이 19~43%에 이르는 상황으로, 목표치에 많이 못 미치는 결과가 나왔다. 부동산 투자는 거의 대부분 본인의 선 새산을 걸고 하기 때문에 이런 예외적인 사례를 만나게 되면 '내가 그 예외에 걸리면 어떻게 하나' 하는 두려움을 갖지 않을 수 없다. 하지만 그렇다 하더라도 확실한 해결책이 존재한다.

e편한세상부평그랑힐스(청천 2구역): 2023년 10월 입주

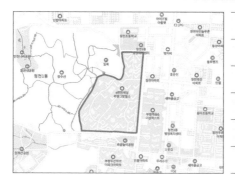

매입일	2019년
매매가	2억 1200만 원(84형)
감정가	1억 2300만 원
프리미엄	1억 5000만 원
이주비	6100만 원
투자금	2억 1200만 원

출처: 네이버 지도

입주 시점	2023년 10월
비례율	124%
권리가액	1억 5250만 원
조합원 분양가	3억 원
① 전세가	3억 원
② 추가 분담금	1억 4750만 원
③ 이주비	6100만 원
회수금(①-(②+③))	9150만 원(3억 원 - 2억 850만 원)
투자금	2억 1200만 원
투자 금액 대비 회수율	43%
투자 금액 대비 전세가	142%

힐스테이트부평(백운 2구역): 2023년 6월 입주

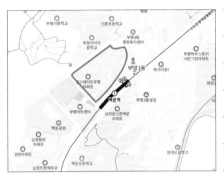

매입일	2019년 6월
매매가	1억 7500만 원(59형)
감정가	9000만 원
프리미엄	8500만 원
이주비	5500만 원
투자금	1억 2000만 원

출처: 네이버 지도

입주 시점	2023년 6월
비례율	110%
권리가액	9900만 원
조합원 분양가	2억 7100만 원
① 전세가	2억 5000만 원
② 추가 분담금	1억 7200만
③ 이주비	5500만원
회수금(①-(②+③))	2300만 원(2억 5000만 원 - 2억 2700만 원)
투자금	1억 2000만 원
투자 금액 대비 회수율	19%
투자 금액 대비 전세가	208%

솔루션 1. 강세장에서 매도하기

수익형 전세 레버리지 기법은 기본적으로 입주권을 입주 시점까지 보유하고, 입주 시점에 전세금으로 투자금을 회수하면서 새로운 아파트를 취득해서 그것을 본인의 자산으로 계속 키워나가는 것을 원칙으로 한다. 그런데 이러한 원칙보다 앞서는 것이 시장의 흐름이다. 앞서 이야기한 것처럼 우리는 부동산 사이클링 기법을 통해 사이클을 활용하는 것이 얼마나 중요한지 배웠다. 그리고 그대로 훈련을 해왔다면 현재 시점의 부동산 사이클이 어떤 상황인지도 잘 알게 된다.

부동산 사이클링 기법을 통해서 자산을 만든 이후에는 수익형 전세 레버리지 기법으로 넘어와야 하지만, 그렇다고 부동산의 사이클을 아예 무시해도 된다는 뜻은 절대 아니다. 오히려 수익형 전세 레버리지 기법을 쓰는 중에 더욱 세심하게 부동산 사이클을 살펴야 한다. 그래서 본인의 계획과 부동산 사이클이 뭔가 어긋난다면, 그때는 빠르게 계획을 수정해서 부동산의 사이클을 따라야 한다.

실패한 두 사례에서 보자면 2021년과 2022년은 거의 명백한 강세장의 끝자락이었다. 강세장 끝자락의 신호가 너무 많이 나타나고 있던 상황이었다. 직장인들이 모이기만 하면 부동산 이야기를 하고, 지방의 구석까지 찾아다니면서 부동산 투자를 하던 시기였다. 그러니 한 발짝만 물러나서 생각해 보면 말도 안 되는 상황이라는 것을 금방 눈치챌 수 있었다. 실제로 입주 당시인 2023년에는 역전세난이 심했고, 전셋값이 가장 낮았다.

이렇게 강세장의 끝자락에 도달했다고 느꼈다면 원래 계획이었던 입주 후 보유한다는 계획을 수정할 필요가 있다. 과감하게 입주 전에 매도하는 대응 전략을 세울 수 있었다.

만약 3년이 지난 시점이었던 2022년에 매도를 했다면 어떻게 되었을까?

2022년도에 매도했을 경우: e편한세상부평그랑힐스

타입	84형
감정가	1억 2300만 원
프리미엄	3억 6000만 원
차익	2억 1000만 원
투자금	2억 1200만 원
상승률	99%

> 1억 5000만 원 → 3억 6000만 원 상승 ↗

2022년도에 매도했을 경우: 힐스테이트부평

타입	59형
감정가	9000만 원
프리미엄	2억 원
차익	1억 5000만 원
투자금	1억 2000만 원
상승률	96%

> 8500만 원 → 2억 원 상승 ↗

이렇게 매도를 했었다면 3년 만에 거의 100%의 수익을 얻을 수 있었다. 그래서 투자할 때는 유연한 대처 능력이 중요하다. 원래 계획을 고집하기보다는 늘 시장의 흐름에 따라 본인의 계획을 조정해야 한다.

솔루션 2. 전세 정상화를 기대하며 조금 더 보유하기

아무리 부동산 사이클링 기법을 통해서 사이클에 대한 훈련을 했다고 해도, 언제나 사이클을 잘 타며 투자할 수 있지는 않다. 잠깐의 착오를 통해서 사이클을 놓칠 수도 있고, 그때 마침 바쁜 일들이 겹쳐서 시기를 놓쳐버릴 수도 있다. 그렇게 매도 타이밍을 놓치면 치명적인 일이 벌어질까? 절대 그렇지 않다. 그런 경우에는 일단 입주를 하고 나서 조금 더 시간을 보내기만 하면 된다.

입주 시점에는 일반적으로 전세가가 낮아진다. 당연한 일이지만, 전세 물량이 한꺼번에 쏟아져 나오기 때문이다. 그래서 일반적으로 2년이 지나면 전세가는 꽤 높이 상승한다. 게다가 신규 아파트의 매력은 계속 올라가는 상황이다. 그래서 오히려 입주 당시에는 들어오지 못했으나 '언젠간 꼭 그곳에 들어가서 살겠다'라고 생각했던 잠재 수요자들까지 몰리는, 즉 신규 수요까지 발생하면서 전세 가격이 꽤 높은 상승을 하는 것이 일반적이다.

마침 2023년은 그동안 쭉 이어져 왔던 부동산 상승장이 꺾이면서 반대급부적으로 강한 충격을 받으며 역전세난이 이어지던 해였다. 마침 그런 시점에 이 두 곳의 입주장까지 겹친 상황이었다. 상식적으로만 생각해도 매우 불리한 여러 상황이 겹쳤기 때문에 조금만 시간이 지나면 모두 정상화되리라 기대해 볼 수 있었다.

입주 후 1년만 지난 시점에 평가해 봐도 미회수금까지 모두 회수할 수 있었을 것으로 보이며, 그렇게 되면 그 이상 회수하는 자금은 수익형 전세 레버리지 기법에 따라 양도세 40%를 제외한 금액이 순수익이 된다. 결과적으로 놓고 보면 투자한 시점부터 투자 자금을 모두 회수한 시점이 결국 6년밖에 되지 않았다. 입주 시점에 투자금을 충분히 회수하지 못해 '투자에 실패한 것 아닌가' 하는 불안감은 있었지만 결과적으로 보면 충분히 성공한 투자였다. 성공을 확인하는 데 2년 정도의 시간이 더 길린 깃뿐이었다.

입주 1년 후: e편한세상부평그랑힐스

2023년 전세	3억 원
2025년 말 전세(예상)	4억 5000만 원
① 전세금상승분(예상)	1억 5000만 원
② 최초 투자금	2억 1200만 원
③ 1차 회수금	9150만 원
④ 미회수금(②-③)	1억 2050만 원
예상 수익((①-④)×60%)	1770만 원

예상 수익은 원금을 모두 회수하고 남은 금액에서 양도소득세 40%를 제외한 순수익임

입주 1년 후: 힐스테이트부평

2023년 전세	2억 5000만 원
2025년 말 전세(예상)	3억 7000만 원
① 전세금상승분(예상)	1억 2000만 원
② 최초 투자금	1억 2000만 원
③ 1차 회수금	2300만 원
④ 미회수금(②-③)	9700만 원
예상 수익((①-④)×60%)	1380만 원

예상 수익은 원금을 모두 회수하고 남은 금액에서 양도소득세 40%를 제외한 순수익임

솔루션 3. 2년 후 매도하기

이런 계산에 또 한 가지 의문을 품는 독자들도 있을 것이다. 전세 시세가 아무리 높게 올랐다고 해도 '임대차 갱신권'이 있기 때문에 시세대로 모두 금액을 올릴 수는 없다. 갱신권을 없앤다는 논의가 있긴 하지만 이 책이 출간되는 현재까지는 갱신권이 존재하기 때문에 이를 염두에 둬야 하는 상황이다.

만약 갱신권 때문에 5%밖에 전세금을 올릴 수가 없다면 모든 계획이 틀어지게 된다. 그런데 사실 생각해 보면 이렇게 계속 안 좋은 상황에만 처하기도 쉽지 않은 일이다. 그 많은 투자처 중에서 하필 고른 곳이 회수율이 낮게 나오는 지역인 데다가 마침 입주하는 시점이 부동산 하락장에 역전세난이 가장 심한 시점이었고, 겨우 입주시킨 세입자는 2년 후에 갱신권을 주장하는 상황이라? 이렇게 계속 운이 나쁘기도 힘들긴 하지만 그래도 이런 상황에 걸리면 어떻게 해야 할까? 역시 방법은 있다. 매도로 대응을 하면 된다.

2년 후에 매도하면 일반과세로 매도할 수 있으니, 2년 후 매도한다고 가정하고 수익을 계산해 보면 다음과 같다.

2년 후 매도하는 경우: e편한세상부평그랑힐스

최초 매입가	2억 7300만 원
추가 분담금	1억 4750만 원
매수가	4억 2050만 원
매도가	7억 원
양도차익	2억 7950만 원
최초 투자금	2억 1200만 원
양도세(38%)	1억 621만 원
실제 수익	1억 7329만 원

상승률 132%
(6년간 매년 약 22%
씩 상승)

수익률 82%
(6년간 매년 약 14%
씩 수익)

2024년 말 84형의 매매 시세는 6억 8000만~7억 5000만 원 정도의 수준이고, 향후 추가로 가격이 오를 것으로 예상이 되나 그 부분은 제외하고 계산함

2년 후 매도하는 경우: 힐스테이트부평

최초 매입가	1억 7500만 원
추가 분담금	1억 7200만 원
매수가	3억 4700만 원
매도가	6억 원
양도차익	2억 5300만 원
최초 투자금	1억 2000만 원
양도세(38%)	9614만 원
실제 수익	1억 5686만 원

상승률 211%
(6년간 매년 약 35%
씩 상승)

수익률 131%
(6년간 매년 약 22%
씩 수익)

2024년 말 59형의 매매 시세는 6억 원~6억 5000만 원 정도의 수준이고, 향후 추가로 가격이 오를 것으로 예상이 되나 그 부분은 제외하고 계산함

양도세를 계산한 실질적인 수익률을 계산해 보면 약 82~131% 가 나온다. 투자를 시작한 지 6년 만에 나온 결과이므로, 연간 수익률로 계산해 보면 연 14~22%의 수익률을 달성할 수 있다. 6년간 매년

14~22%의 수익률을 달성했다고 한다면 결코 나쁘지 않은 결과이기 때문에 실패라고 할 수 없는 상황이다.

물론 이 시점에 반드시 팔아야 한다는 뜻은 아니다. 보유하고 있으면 계속 전세가, 매매가가 오르기 때문이다. 그러나 반대로 이런 부분도 생각해 볼 수 있다. 수익형 전세 레버리지 기법에서는 입주권을 매입한 후 신축 아파트가 되면 그 물건을 계속 보유하지 않아도 된다. 자금이 더 모아졌거나 좀 더 미래의 성장성이 높은 아파트가 나타났다면 언제든지 매도하고 갈아탈 수 있다. 과거의 전세 레버리지 기법처럼 계속 주택 수를 늘려갈 수도 없고, 또 나이가 들수록 너무 많은 수의 부동산 자산을 관리하기는 체력적으로 힘들다. 정권에 따라 비난의 대상으로 몰릴 위험도 있다. 그래서 5채를 넘지 않는 게 좋다. 그렇다면 어차피 일정 부분 매도와 매수를 하면서 포트폴리오를 변경할 필요가 있는 것이다.

따라서 입주권을 산 지 6년 정도, 즉 신축 아파트가 된 지 2년쯤 지난 시점에서는 꼭 이와 같은 일이 생기지 않더라도 매도를 하는 게 더 나은 선택은 아닐지 진지하게 고민해 보면서 다음 스탠스를 정하는 것도 좋다.

강세장에서
거품을 구별하는 법

강세장이 지속될 때는 기대치를 낮춰야 한다

강세장이 계속되는 시점에서는 투자를 하지 말아야 할까? 그건 아니다. 대신 기대치를 낮춰야 한다. 아마 대부분의 사람은 지금의 이 조언이 얼마나 중요한지 이해하지 못하고 평범한 조언처럼 느낄 것이다. 그러나 '기대치를 낮추라'라는 조언이 실전에서 얼마나 중요한 가이드라인인지 투자를 하다 보면 뼈저리게 느끼게 된다.

이미 앞에서 부동산 사이클링 기법을 통해서 강세장과 약세장의 흐름을 이용하는 법을 배웠다. 하지만 현실에서 막상 적용하려고 하면 쉽지 않다. 그럼에도 부동산 사이클링 기법은 부동산을 계속 매도할 뿐만 아니라 매도 시 양도세를 내지 않는 것을 기본으로 하기 때문에 설령 타이밍을 조금 잘못 맞춘다고 해도 큰 피해가 발생하지 않는다. 또한 이 시기는 자산의 규모가 작을 때인데, 이때는 오히려 사이클을 판단하기가 쉽다.

그러나 자산의 규모가 커지면 사이클을 판단하기가 굉장히 힘들어진다. 왜 그럴까? 당연히 그로 인한 결과가 크게 차이 나기 때문에 그렇다. 1억 원을 가지고 20%를 벌면 2000만 원이지만 10억 원을 가지고 20%를 벌면 2억 원이다. 같은 20%라고 해도 무게감에서 너무나도 큰 차이가 난다. 그러니 더욱 신중을 기하게 되기도 하고, 반대로 욕심을 쉽게 제어할 수 없는 상태가 되기도 한다. 너무 신중을 기하다가 시기를 놓치기도 하고, 너무 욕심을 부리다가 기회를 날려버리기도 하는 것이다.

그래서 수익형 전세 레버리지 기법을 쓸 때, 강세장이 계속 진행되는 시점이라면 특히 주의해야 하는데, 이때 거품 수준이 아니라면 '기대치를 낮춘다'라는 전략으로 접근하기 바란다. 왜냐하면 이때는 투자를 안 하기 어려운 환경이기 때문에 그렇다. 매일 부동산 가격이 오르고, 매번 부동산 상승에 대한 기사가 나오고, 여길 가도 부동산 이야기 저길 가도 부동산 이야기를 한다. 그러다 보면 오늘 투자하지 않아서 후회하는 상황이 벌어진다. 단 하루 늦게 투자했다고 수천만 원이 달라진다면 어떤 기분이 들겠는가? 이 시기에는 설령 '이 가격은 너무 비싸' '아무래도 떨어질 거 같아'라는 생각이 들어도 투자를 하지 않고 끈기 있게 버티기가 매우 어렵다. 그러니 차라리 차선으로 '기대치를 낮춘다'라는 전략으로 접근하는 편이 더 낫다.

이쯤 되면 굉장히 헷갈려하는 독자들이 있을 수 있다. 분명 부동산 사이클링 기법을 설명할 때는 강세장이 계속되는 시점에는 자산을 팔아서 하락장을 대비하라고 했는데, 지금은 다시 기대치를 낮추고 투자를 하라니 앞뒤가 안 맞는 느낌이 들 것이다.

조금 더 자세히 설명하자면 이렇다. 부동산 사이클링 기법에서 이야기한 대로 강세장이 계속되는 시점에는 자산을 매각해야 한다. 그런데 자산이 꽤 커진 상태에서는 이 원칙을 지키기가 매우 어렵다. 예를 들어 강세장에서 원칙을 지켜 부동산을 매도했는데 그 이후로 1000만 원, 2000만 원도 아닌 수억 원이 오른다면 심리적으로 힘들어지는 것이 사람 마음이다.

혹은 전세금 상승분이 나와서 재투자를 해야 하는데, 아무래도 거품인 것 같아 투자를 하지 않고 현금을 가지고 기다리고 있었다고 해보자. 그런데 오라는 하락장은 오지 않고, 생각하고 있던 부동산은 수억 원씩 오른다면 상당한 스트레스를 받는다. 그래서 머리로는 알고 있어도 행동으로 옮기기에는 매우 힘들다.

이 모든 것은 그나마 금액이 적으면 가능하고, 게다가 비과세까지 받는다면 충분히 실천 가능하다. 그래서 부동산 사이클링 기법을 실천할 때는 심리적으로 힘든 부분과 실패(팔았는데 떨어지지 않고 계속 강세가 유지되는 상황)의 위험이 있어도 해보라는 것이다. 소액이기 때문에 그나마 심리적인 부분도 극복할 만하고, 실패를 해도 어차피 충분한 이익을 챙겼기에 괜찮다.

하지만 자금이 커지고 이미 보유하고 있는 부동산의 숫자도 어느 정도 되는 상황에서는 그런 결정을 하기는 현실적으로 무척 어렵다. 그래서 그런 상황에 아주 명백한 거품이 아니라는 판단이 든다면 차라리 '기대치를 낮춘다'라는 전략으로 접근하면서 매수 포지션을 취하는 것이 훨씬 현실적이다.

트리우스광명(광명 2구역): 2024년 12월 입주

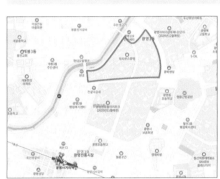

매입일	2020년 12월
매매가	6억 원(84형)
감정가	9000만 원
프리미엄	5억 1000만 원
이주비	4000만 원
투자금	5억 6000만 원

출처: 네이버 지도

'트리우스광명'은 프리미엄의 가격만 봐도 놀라운 수준이다. 감정가가 1억 원도 안 되는 물건이 프리미엄만 5억 원이라니! 가격이 상당히 올라와 있다는 것을 알 수 있다.

그렇다면 이건 거품일까? 거품인지 아닌지를 판단하려면 어떻게 해야 할까? 전문가들의 의견을 들으면 될까? 놀랍게도 전문가들의 의견을 들어봤자 대중은 거품인지 아닌지 판단하기 힘들다. 왜냐면 전문가들의 의견에 귀 기울이겠다고 마음을 먹고 있어도 다수결 쪽으로 마음이 기울기 때문이다. 즉 더 많은 전문가들이 이야기하는, 다수의 전문가가 그렇게 된다고 하는 게 맞다고 생각한다.

그런데 이런 시기의 문제는 전문가도 대부분 시장에 팽배해 있는 믿음을 그대로 반복해서 이야기한다는 것이다. 결국 변곡점을 아는 전문가들은 극소수밖에 없다. 그 핵심적인 변화를 알아채는 사람은 소수인데, 전문가의 의견을 들으려는 사람들은 이미 마음속으로 '다수결로 하겠나'라고 생각하고 접근하니 탁월한 소수의 의견을 받아들일 리 만무하다. 게다가 대중은 자신이 듣고 싶은 이야기만 들으려는 경향이 강하기 때문에 설령 올바른 이야기를 들었다고 해도 그것을 올바른 이야기라고 생각하기 힘들다. 결국 자신의 머릿속에 만들어진 틀을 벗어나기가 힘들다.

사실 거품 논쟁은 부동산 가격이 상승하기 시작하면 계속 나오는 이야기이기도 하다. 그러니 신빙성이 떨어지기도 한다. 심지어 과거의 거품 논쟁은 부동산 가격이 오르기 시작한 지 2년이 채 되지 않은 2017년부터 계속 나왔다. 그러니 이에 대한 견해가 많냐 적냐를 가지고 시장이 거품이지 아닌지 판단하는 것은 매우 바보 같은 짓이다. 그보다는 상승을 얼마나 지속했는지, 그러면서 시장의 공급은 원활히 되고 있는지 보는 것이 진실에 접근할 수 있는 비교적 유력한 잣대이다.

2020년이라면 본격적인 상승이 시작된 지 5년 정도 지난 시점이다. 그리고 누가 봐도 가격이 매우 많이, 매우 급격히 올라왔다는 사실을 알 수 있는 상황이었다. 그러면 이때는 정말 거품일까?

여기서 잠깐, '거품'이라는 개념과 '비싸다'라는 개념을 짚고 넘어갈 필요가 있다. '거품'과 '비싸다'는 다른 개념이다. 비싸다고 다 거품은 아니다. 거품은 그야말로 '비싸다'를 뛰어넘어 그 이상의 비용을 지불하는 것으로, 결국 손해를 볼 정도의 가격을 지불한다는 의미다. 그러나 비싸다는 뜻은 손해를 보는 수준의 가격이 아니라, 이익이 많이 남지 않는 수준의 가격을 의미한다. 그래서 비싸다고 해도 투자를 해볼 만하다. 다만, 바로 이때 기대치를 낮추고 접근해야 한다.

입주 시점	2024년 12월
비례율	100%
권리가액	9000만 원
조합원 분양가	4억 3700만 원
① 전세가	5억 2000만 원
② 추가 분담금	3억 4700만 원
③ 이주비	4000만 원
회수금(①-(②+③))	1억 3300만 원(5억 2000만 원 - 3억 8700만 원)
투자금	5억 6000만 원
투자 금액 대비 회수율	**24%**
투자 금액 대비 전세가	**93%**

이 사례는 투자금 회수율이 24%로 다른 예에 비해 상당히 떨어진 것을 볼 수 있다. 이런 사례를 보면 수익형 전세 레버리지 기법이 언제나 통용되는 법칙은 아니라는 반발감이 들 수도 있다. 하지만 그렇지 않다. 언제나 적용되는 법칙은 맞다. 다만 경우에 따라서 만족스럽지 않은 결과가 나타날 때가 있을 뿐이다. 굳이 이상적인 이야기를 하자면 이렇게 가격이 올랐고, 강세장이 4~5년 이상 지속된 시점에서 투자를 하지 않는다면 수익형 전세 레버리지 기법에서 말하는 일정한

결과가 나올 수 있다. 그러나 우리에게는 어떤 법칙이 일정한 결과를 나오게 한다는 사실이 중요한 것이 아니다. 결국 '돈을 번다'라는 사실이 훨씬 더 중요하고, '돈을 번다'라는 말을 더 정확하고 솔직하게 하자면 '다른 사람보다 더 많이 벌기만 하면' 되는 것이다.

어차피 동시간대 시장의 힘을 벗어날 수 있는 사람은 없다. 즉 시장이 10% 정도를 벌어주는 시점이라면 15%, 20%를 벌어야 성공한 투자겠지만, 시장이 2% 정도밖에 벌어주지 못하는 시점이라면 10%의 수익을 내기만 해도 충분히 괜찮은 투자다. 이때는 그런 개념으로 접근해야 할 필요가 있는 시점이다.

그런 생각으로 이번 사례를 살펴보자. 이전 사례들과 비교해 볼 때 확실히 수익률은 낮아졌지만 투자의 성적으로만 보자면 결코 나쁜 성적이 아니다. 우선 입주 시점에 추가로 들어가는 자금이 전혀 없다. 그뿐만 아니라, 오히려 얼마라도 자금을 회수했다. 전세 레버리지 기법의 최대 장점은 투자 대상에서 계속 자금이 나오고, 그 자금을 가지고 다른 곳에 또 투자할 수 있다는 점이다. 이렇게 투자 자금이 다시 나오는 것 자체로 강력한 힘을 발휘한다. 언제 어떤 기회가 있을지 모르기 때문이다.

그런데 주택을 구입한 것도 아니고 엄밀히 말하면 입주할 권리를 구입한 것인데, 4년이 지난 후 자금을 만들어낸다고 한다면 그 자체로 대단한 일이다. 생각해 봐라. 우리가 청약에 당첨되었거나 분양권을 매입했다고 해도 입주 시점에는 대부분 많은 돈을 준비해야 한다. 전세금으로 잔금의 일부를 처리할 수 있으나 그렇다고 해도 꽤 많은 자금이 들어가야만 '내 집'으로 만들 수 있다. 그런데 입주권은 입주할 때 오히려 자금의 일부를 돌려받을 수 있고, 그러면서 '새집'을 온전히 소유할 수 있으니 결코 나쁜 투자가 아니다. 게다가 일반적으로 신규 아파트가 입주부터 7년까지 가장 높은 상승을 한다는 점을 감안하면 앞으로는 더 큰 발전을 하리라고 기대할 수 있는 상황이다.

실제로 광명 2구역은 역세권이 아니라는 단점과 고분양가로 인해서 입주 당시에 마이너스 프리미엄이 쏟아지는 등 좋지 못한 결과를 냈었다. 그러나 광명 1, 4, 5구역, 철산주공 8, 9단지 재건축이 차례로 입주하게 되면 광명 일대가 대규모의 신규 단지촌으로 새롭게 변신할 것이고, 그에 따라 높은 성장이 예상된다. 따라서 입주 시점에서부터 일부 자금을 회수하고 시작하는 투자라면 이미 충분히 성공한 투자라고 볼 수 있다.

거품인지 헷갈리면 누가 봐도 좋은 곳에 투자해라

비싸게 느껴지는 것과 거품은 다르다. 그리고 일반적으로 비싸게 느껴졌다고 해서 시장이 무너지지는 않는다. 시장은 기어코 거품의 지경까지 이르게 되어 있고, 그 상황에서 매수하지만 않았다면 언제나 괜찮은 수익을 낼 수 있다.

거품의 상황은 이미 앞서 설명한 대로다. 그야말로 대중이 대부분 부동산에 몰두하는 상황이고, 말도 안 되는 대상에도 투자해야 한다며

흥분하고 몰리는 시점이다. 그런 상황이 온다면 냉정해져야 할 필요가 있지만, 그런 상황이 아니라면 아직은 '투자를 하는 것이 더 유리한 상황'이다.

그런데 아무리 이렇게 설명을 해도 지나고 보면 그 시점에 대한 구분이 명확하지만, 막상 그러한 시기를 지날 때는 알아채기 힘들다. 그래서 거품인지 아닌지 헷갈리는 상황에서 확실한 투자 팁이 있다. 그건 바로 누가 봐도 좋은 곳에 투자해야 한다.

누가 봐도 좋은 곳은 이런 곳이다.

좋은 지역 + 새 아파트 + 대단지
수요가 줄어들지 않을 지역 + 대단지

구체적으로 이야기하면 서울의 대단지 아파트, 수도권의 대단지 새 아파트, 강남 아파트 등이다. 이런 곳들은 누가 봐도 좋은 곳이다. 문제는 딱 하나다. 이런 곳들은 매우 비싸다. 그럼에도 이런 시점에서는 비싼 아파트를 사야만 하고, 만약 본인의 형편상 비싼 아파트를 살 수 없는 상황이라면 어쩔 수 없이 기다려야 한다. 말도 안 되는 투자 대상을 찾아다니면서 '이런 소액 투자처가 여기에 숨겨져 있었다니! 내가 착한 일을 많이 하고 살아서 신께서 이런 은혜를 주셨구나!'라고 하면서 혹해서는 안 된다.

래미안라그란데(이문 1구역): 2024년 12월 입주

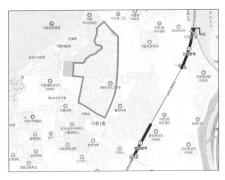

매입일	2020년 12월
매매가	5억 5500만 원(59형)
감정가	8500만 원
프리미엄	4억 7000만 원
이주비	3500만 원
투자금	5억 2000만 원

출처: 네이버 지도

이곳은 광명 2구역 사례와 비슷하다. 이미 프리미엄만 5억 원 가까이 형성되어 있는 상황이다. 아무리 서울이라고 해도 매우 비싸게 느껴진다. 자, 이제 비싼 가격 때문에 망설여지고, 그렇다고 매수를 하지 않자 집값은 연일 오르고 있는 상황이다. 오늘 시세를 조사하고 며칠 뒤에 다시 물어보면 이미 내가 봤던 물건은 팔려 있고, 더 비싼 물건만 남아 있는 상황이다. 판단을 빨리 해야 한다.

생각해 보자. 이문 1구역은 누가 봐도 좋은 곳인가? 그렇게 물어보면 당장 흠부터 보일 것이다. 그다지 정리되지 못한 주변 환경, 떨어지는 인프라, 역세권이라고 하기에는 애매한 위치, 경사지 등 단점이 먼저 보인다. 그러나 '누가 봐도 좋은 곳'이라는 것은 흠잡을 데가 하나도 없는 지역을 고르라는 뜻이 아니다. 누가 봐도 좋은 곳은 대중의 입장에서 매우 선호하는 대상이 될 수 있겠냐는 정도의 기준으로 봐야 한다.

그럼 대중의 입장에서 생각해 보자. 이문 1구역은 대중의 입장에서 선호할 수 있는 곳일까? 그 각도에서 보면 이곳은 그럴 수밖에 없는 곳이라는 것을 금방 알 수 있다. 왜냐면 일단 서울에서 이런 대단지의 새 아파트 자체가 매우 희소하기 때문이다. 대중은 새 아파트에 살고 싶어 한다. 그런데 새 아파트가 그렇게 많지 않다. 게다가 완벽한 역세권은 아니어도 준 역세권 수준은 되고, 서울 도심과의 접근이 매우 가까운 위치다. 이런 조건을 갖춘 곳이 널려 있는지 생각해 보면 알 수 있다. 매우 매우 희소하다. 그럼 선호도는 더욱 높아질 수밖에 없다.

입주 시점	2024년 12월
비례율	100%
권리가액	8500만 원
조합원 분양가	4억 700만 원
① 전세가	4억 7000만 원
② 추가 분담금	3억 2200만 원
③ 이주비	3500만 원
회수금(①-(②+③))	1억 1300만 원(4억7000만 원 - 3억 5700만 원)
투자금	5억 2000만 원
투자 금액 대비 회수율	**22%**
투자 금액 대비 전세가	**90%**

이곳 역시 이전에 소개한 다른 사례들과 비교해 보면 그다지 좋지 않은 결과다. 그러나 매매 가격을 보면 놀라운 결과가 나타났음을 알 수 있다. 25년 2월 기준으로 래미안라그란데의 매매가는 11억 5000만 원 수준으로, 투자 금액 대비 2배 이상 상승했다. 2020년부터 2024년까지는 그동안 이어져 오던 부동산 상승기가 끝났고, 폭락장이 이어졌

다. 그리고 다시 회복되는 기간이었음을 감안하면 2배 이상 상승했다는 사실 자체가 대단히 놀라운 성장이라고 볼 수 있다. 게다가 2020년에는 이미 부동산 가격이 많이 올랐기 때문에 '이 가격을 주고 사도 이익이 날 수 있나?'라는 불안감이 매우 높아지는 시기였다. 그런데 이렇게 높은 가격을 주고 샀음에도 불구하고 이만한 성적이라면 최상의 결과라고 해도 과언이 아니다.

명백한 거품일 때는 반드시 쉬어야 한다

지금 시점에서 결과를 판단할 수 있는 물건은 2020년에 투자한 대상까지다. 그럼 2021년, 2022년에 투자한 대상들은 어떻게 될까?

2021년과 2022년은 2020년보다도 가격이 더 올랐다. 그러니 더 높은 가격에 매수를 해야 했다. 그리고 알다시피 2022년을 기점으로 부동산 사이클은 하락으로 접어들게 되었다. 대부분의 경우 좋지 못한 결과가 나왔고, 현재 시점(2025년 상반기)까지도 매입가 수준을 회복하지 못한 부동산이 훨씬 더 많은 상황이다.

그러니 명백한 거품의 상황에서는 뛰어난 자제력을 발휘해서 매수를 하지 않는 게 맞다. 물론 방금 설명했듯 이런 시기라고 할지라도 '누가 봐도 좋은 지역'을 매수했다면 결국 투자의 이익을 얻게 되었다. 그러나 우리가 목표하는 수준까지는 못 미치는 수준이므로 거품의 신호가 명백한 상황에서는 반드시 매수를 자제하는 노력을 해야만 한다. 이를 위해 먼저 부동산 사이클링 기법을 수행하면서 현재 부동산은 어떤 사이클인지, 그 시점에 대중들이 어떤 생각을 갖고 어떻게 행동하는지, 그에 따라 본인의 마음은 어떻게 흔들리고 어떻게 생각이 바뀌는지를 잘 살펴보면서 높은 수준의 투자 실력을 갖추려 노력해야한다.

물론 모두 모호한 경계처럼 보일 것이다. 강세장이 진행되고 있는 상황인지 명백한 거품인지도 모호하고, 이 지역까지가 누가 봐도 좋은 지역인지, 저 지역까지가 누가 봐도 좋은 지역인지 명백한 경계 같은 건 존재하지 않는다. 그런데 그렇게 경계가 모호하기 때문에 투자에도 공부가 필요하다. 끊임없이 사례들을 확인하면서 그 모호한 경계선을 찾는 노력을 해야 한다. 그리고 이러한 경계선은 상황에 따라서 시대에 따라서 계속 바뀐다.

과거엔 강남권이라고 해도 전세가율 60% 정도가 평균이었지만, 지금은 45% 정도가 뉴노멀이 된 현실처럼 말이다. 이런 사례는 부지기수다. 불과 10년 전까지만 해도 신축과 구축의 차이는 20% 정도 수준이었지만, 지금은 30%에서 40%까지 차이가 난다. 같은 신축끼리도 더 벌어졌다. 불과 5년 전까지만 해도 10년 정도 차의 신축과 준신축의 가격은 약 15% 정도의 차이였는데, 지금은 25% 정도다. 조망권 같은 건 더하다. 20년 전이라면 같은 단지라도 조망권이 있는 집과 조망권이 없는 집은 약 5% 정도 차이가 났다. 그러나 지금은 30%까지도 차이가 난다. 이처럼 경계는 정해져 있지 않다.

이 책을 잘 읽으면서 차근차근 잘 따라왔던 독자 중에서 매우 민감한 사람이라면 '지금의 약세장은 과거와 다르다'라고 말했던 대목이 평범하게 들리진 않았을 것이다. 지금은 약세장을 지나고 있기는 하지만, 과거와는 여러 가지로 모습이 달라졌다. 가장 크게 달라진 점은 대중의 정보력이고, 그에 따른 대중의 전반적인 부동산 투자의 실력이다. 결국 상대적인 우위를 점해야 하는 투자의 세계라는 시각에서 보면 이는 매우 중요한 체크 포인트이다.

그렇다면 이제 과거와 같은 약세장의 모습은 똑같이 재현되지 않는다고 봐야 한다. 그럼 어떤 형태의 모습을 띠게 될까? 지금의 상황을 고려해 보면 과거와는 달리 좋은 부동산이 마냥 하락하거나, 하락한 채로 오래 머물러 있는 상황이 펼쳐지기는 상당히 어렵다. 투자성이 있는 대상은 지속적으로 오를 가능성이 높고, 사이클의 기간도 짧아질 것으로 보인다.

시장은 계속 살아 있는 생물처럼 끊임없이 변신한다. 그래서 언제나 그 경계는 모호할 수밖에 없다. 살아남는 방법은 오직 하나다. 시장이 움직이는 원리와 투자의 정석을 철저하게 익힌 다음에, 지금의 시장에서는 그게 어떤 형태로 나타나고 응용되는지 끊임없이 관찰하는 길밖에 없다.

나 역시 어떤 부동산 투자 기술을 배워서 그것을 평생 써먹고 있는 게 아니다. 아무리 초강력 엔진을 가진 자동차를 갖고 있어도 연료를 주입해야(또는 충전을 해야) 달려 나갈 수 있듯이 부동산 투자도 그렇다. 초강력 엔진을 갖춘 자동차를 손에 넣기 위해서 투자의 정석을 공부하는 것이다. 부동산 리치 라이프는 그 차를 손에 넣기만 하면 그냥 이뤄지는 것이 아니라, 끊임없이 연료라는 인풋이 있어야만 실현된다.

그렇다고 너무 두려워하진 마시라. 끊임없는 사례 연구, 끊임없는 시장의 변화를 공부해야 한다고 해서 대학교에 들어가는 일만큼 어렵지 않고, 취직하고 승진하는 과정만큼 어렵지 않다. 운전면허 따는 정도보나도 쉽다. 다만 꾸준히 해야 할 뿐이다. 꾸준히 시장을 관찰하다 보면 모호한 경계가 모호하지 않게 다가오고, 과감하게 행동할 수 있게 될 것이다. 그러면 부동산 리치 라이프는 꿈이 아니라 현실로 다가오고, 먼 훗날 만들어지는 일이 아니라 곧 누리게 될 당신의 삶이 될 것이다. 그날을 곧 현실로 만들어낼 여러분들을 응원한다.

평범한 사람도 '쉬운 길'을 만나면 성공할 수 있다

한 남자가 본인의 아내가 될 사람에게 물었다.

"우리한테 지금 5000만 원이 있잖아. 이 돈을 가지고 대출을 받아서 조그만 집이라도 살까, 아니면 이 돈을 가지고 남미 여행을 갈까?"

그러자 아내 될 사람이 대답했다.

"남미 여행!!"

"정말? 후회하지 않는 거지?"

"집은 또 돈을 벌어서 사면 되지만, 신혼여행은 한 번밖에 없는 거잖아. 난 우리들의 소중한 추억이 돈보다 더 소중하다고 생각해."

그래서 둘은 남미로 신혼여행을 떠난다. 무려 6개월간이나. 그리고 그들은 생각했던 것만큼이나 멋진 추억을 만들 수 있었다.

그 후 그들은 어떻게 되었을까? 현실은 남미 여행을 다녀온 추억만으로 버티기에는 너무도 혹독하고 잔인했다. 집을 구할 보증금마저도 없어 월세방을 전전해야 했고, 여행 가이드였던 남자는 그나마 있던 일마저 코로나의 직격탄을 맞아 수입이 끊겼다. 거주 환경은 열악하고 불안정했고, 수입은 끊겼고, 더 암담한 것은 미래마저 불투명하다는 것이었다. 언제 코로나가 끝날지, 언제 다시 일을 하게 될지 알 수 없었다. 결국 그는 막노동, 택배, 정육점 알바 등을 하면서 겨우 생계를 이어나갔다. 그리고 문득 이런 생각을 했다. '우리가 그때 남미 여행을 갔다 온 게 정말 잘한 일일까?'

이 이야기는 지난해 유럽 여행을 갔을 때, 가이드가 '눈물 없인 들을 수 없는 이야기'라며 말해준 자신의 이야기다. 본인도 웃으면서 이야기했고 사람들도 모두 웃으면서 들었지만, 나는 마냥 웃음이 나오진 않았다. 너무 안쓰럽게 느껴졌다. 여행 가이드였으니 여행이 그에게 그저 단순한 즐거움만이 아닌 자기계발의 측면도 있었을 테니, 남미 여행은 자기계발 겸 추억도 쌓기 위해 전 재산을 쏟아부은 과감한 결정이었을 것이다.

그러나 무모하기 짝이 없는 계획이다. 자기계발도, 미래에 대한 투자도, 심지어는 사랑도, 경제적인 뒷받침 없이는 아무것도 이뤄지지 않는다. 경제적인 조건이 가장 중요한 기준은 아니지만, 이런 뒷받침 없이는 그 어떤 것도 제대로 되는 일이 없다는 사실을 알아야 한다.

나는 여러 가지를 배우길 좋아해서 다양한 운동도 배우고, 취미생활도 비교적 다양하게 해봤다(그런데도 잘하는 것은 하나도 없다는 사실도 놀랍다). 그런데 그곳에서 사람들의 모습을 살펴보면 참 놀랄 때가 많다. 취미생활에 모든 것을 바치다시피 하는 사람들이 너무 많기 때문이다. 그렇게 몰두하는 사람들을 옆에서 지켜보면, 대충만 계산해 봐도 상당히 많은 돈이 들어가는데, 그 돈은 다 어디서 나는지도 궁금하고 그렇게 많은 시간을 쏟아붓는 것도 이해되지 않을 때가 있다. '일은 언제 하는 거지?'라는 생각이 절로 든다. 가끔은 우연히 그들의 속사정을 알게 되기도 하는데, 그럴 때는 더 놀라게 된다. 대부분은 한마디로 무리해서 돈을 쓰고, 무리해서 시간을 냈다. 물론 그들의 항변은 이렇다.

'인생 뭐 있나, 이렇게 즐겁게 살다 가면 되는 거 아닌가?'

그렇다. 평생 즐겁게 살다가 가면 된다. 맞는 말이다. 그런데 문제는 그렇게 살다가는 평생 즐겁게 살기는커녕 그 즐거움이 너무 짧게 끝난다는 게 문제다.

우리의 인생은 리스크가 상당히 많은 여정이다. 이제는 희망퇴직이 일상화가 되었지만, 정년퇴직이 당연한 줄 알고 살았던 세대들에게 희망퇴직은 매우 큰 충격이었다. 그렇게 갑작스럽게 희망퇴직을 맞이한 사람 중에는 분명 '인생은 즐기는 거야'라며 살아온 사람들도 상당히 많았을 것이다.

지금은 어떤가? 확신하건대 지금 우리는 AI 혁명의 시대를 지나고 있다고 본다. 그런데 정말 놀라운 점은 AI가 우리의 삶을 어떻게 바꿀지 전혀 예측이 안 된다는 사실이다. 물론 무수히 많은 사람이 AI가 바꿔놓을 우리의 미래를 예측하고 있다. 그러나 나는 그러한 예측들이 별로 믿기지 않는다. 왜냐하면 이미 인터넷 혁명 시대를 거치면서 실제로 우리의 생활과 우리의 경제활동이 어떻게 변할지 이전에 구체적으로 예견한 사람들이 거의 없었다는 과거의 경험 때문이다.

단적인 예로 과거 닷컴 열풍이 불던 시절에 '새롬기술'이라는 회사가 있었다. 컴퓨터를 이용하면 전화를 공짜로 걸 수 있게 해준다는 회사였다. 당시엔 세상을 완전히 뒤바꿔놓을 기술처럼 생각이 되었다. 다들 '이게 바로 인터넷 혁명이라는 거구나'라며 감탄했다. 그런데 결과는 어땠나? 이동통신비의 대폭적인 하락, SNS의 등장, 휴대폰의 전 국민화 등으로 인해 별 쓸모없는 기술이 되어버렸다. 결국 그 회사는 망했다.

그렇기 때문에 나는 AI의 시대를 섣불리 예측하는 건 오히려 화를 불러일으킬 수 있다고 생각한다. 지금으로서는 그저 세상의 변화를 계속 면밀히 주시할 수밖에 없다. 그래서 결과는 어떻게 될지 모르겠지만, 분명한 건 사람의 업무영역 중 상당 부분은 AI에게 뺏길 가능성이 높다는 점이다. 그렇다면 현재 본인이 하고 있는 일이 안전하다고 자부할 수 있는 사람은 몇이나 될까?

이런 리스크를 피할 방법은 뭘까? 석학들이나 소위 전문가들은 매우 현학적인 말들로 여러 방안을 제시할 수 있겠으나, 나는 아주 간단명료하게 가장 확실한 피난처는 결국 '자산'이라고 말하고 싶다. 자산을 구축하는 전략과 시스템, 그리고 실천만이 이 모든 위험을 피할 가장 확실한 방법이다. 따라서 할 수만 있다면 우리는 최대한 빠른 시간에 충분할 만큼의 자산을 구축해야 한다. 그래야 변화하는 세상과 점점 사라져가는 본인의 젊음에 대한 대비책을 마련할 수 있다.

다시 앞의 이야기로 돌아가 보자. 첫 번째 여행 가이드의 사례처럼 '추억 쌓기가 자산을 구축하는 것보다 우선이다'라는 착각으로 실수를 하는 사람들도 있지만, 두 번째 사례는 그렇지 않다. 취미에 몰두하는 사람들 대부분은 자산 구축의 중요성을 몰라서 그렇게 행동하는 게 아니다. 너무 어려우니까 포기하는 거다. 예를 들어 가수의 노래를 듣다가 너무 감동을 받으면 '나도 노래를 잘했으면' 하는 마음이 생겨난다. 그래서 '나도 한번 해볼까?' 하며 노래를 배웠다가 잘 되지도 않고 힘들어서 금방 포기하게 되는 것이나 마찬가지다. 자산 구축이 중요하고, 자산을 빨리 구축할수록 인생이 더 활기차진다는 사실쯤은 누구나 알고 있다. 그러나 막상 해보면 어렵다. 그러니 '나랑은 잘 안 맞나봐. 너무 어려워. 이렇게까지 힘들게 인생을 살고 싶지는 않아, 그냥 적당히 만족하고 살고, 내가 좋아하는 것이나 하면서 살자' 하는 식이 된다.

나는 복음과 같은 소식을 알리고 싶은 마음에서 이 책을 썼다. 자산 구축은 절대 어렵지 않은 기술이다. 그리고 시간을 많이 요구하지도 않는다(전체적인 시간은 걸리지만, 일상에서 시간 할애가 많이 필요하지 않다는 뜻이다). 그저 조금만 신경을 쓰고, 조금만 시간을 내기만 하면 되는 일이다. 그럼에도 왜 자산 구축이 어렵다고 생각하냐면, '쉬운 길'을 찾아내기가 어려워서 그렇다.

그래서 나는 지금까지 열심히 그 '쉬운 길'을 제시했다. 독자들 입장에서는 내가 아무리 '쉬운 길'이라고 말해도, 이 역시 수많은 사람의 주장 중 하나라고 생각할 테니 선뜻 믿기 어려울 것이다. 그러나 책의 맨 앞에서 추천사를 통해 증명했듯 이 '쉬운 길'을 통해서 이미 많은 자산을 이루고 리치 라이프를 사는 수많은 증인이 있다. 그들 모두 평범한 사람들이다. 그들의 증언을 믿고 한번 따라가 볼 만하지 않을까?

그 길을 차분히 그리고 꾸준히 가다 보면 언제든지 여행도 갈 수 있고, 취미생활도 실컷 할 수 있다. 그동안 '에라 모르겠다' '이건 나한테는 너무 머리 아픈 일인데'라며 덮어놓기만 했다면 이 책을 만나서 여기까지 읽게 된 본인의 운을 믿고 다시 한번 도전해 보길 바란다. 그리고 이번에는 진짜로 쉬울 거라고 크게 외치는, 이 길의 끝에 서 있는 선배들의 음성에 귀를 기울여 보길 바란다.

부동산 투자 황금 로드맵

초판 1쇄 발행 2025년 6월 11일
초판 2쇄 발행 2025년 6월 20일

지은이 김원철
펴낸이 김선식

부사장 김은영
콘텐츠사업2본부장 박현미
책임편집 여소연 **디자인** 마가림 **책임마케터** 오서영
콘텐츠사업5팀 마가림, 남궁은, 최현지, 여소연
마케딩1팀 박태준, 권오권, 오서영, 문서희
미디어홍보본부장 정명찬 **브랜드홍보팀** 오수미, 서가을, 김은지, 이소영, 박장미, 박주현
채널홍보팀 김민정, 정세림, 고나연, 변승주, 홍수경
영상홍보팀 이수인, 염아라, 석찬미, 김혜원, 이지연
편집관리팀 조세현, 김호주, 백설희 **저작권팀** 성민경, 이슬, 윤제희
재무관리팀 하미선, 임혜정, 이슬기, 김주영, 오지수
인사총무팀 강미숙, 이정환, 김혜진, 황종원
제작관리팀 이소현, 김소영, 김진경, 이지우, 황인우
물류관리팀 김형기, 김선진, 주정훈, 양문현, 채원석, 박재연, 이준희, 이민운

펴낸곳 다산북스 **출판등록** 2005년 12월 23일 제313-2005-00277호
주소 경기도 파주시 회동길 490 다산북스 파주사옥
전화 02-704-1724 **팩스** 02-703-2219 **이메일** dasanbooks@dasanbooks.com
홈페이지 www.dasan.group **블로그** blog.naver.com/dasan_books
용지 스마일몬스터 **인쇄·제본** 한영문화사 **코팅·후가공** 평창피엔지

ISBN 979-11-306-6707-2(03320)